ESPACIOS
Vivir Disfrutar Trabajar

ESPACIOS
Vivir Disfrutar Trabajar

Ana G. Cañizares

H KLICZKOWSKI

✳ Idea y concepto: **Paco Asensio y Hugo Kliczkowski**
Editora: **Ana G. Cañizares**
Editora en jefe: **Haike Falkenberg**
Directora de arte: **Mireia Casanovas Soley**
Maquetación: **Ignasi Gracia Blanco**
Corrección: **Raquel Vicente Durán**

Foto de la cubierta © Susana Aréchaga y Luís Ambrós
Foto de la contracubierta © Jordi Miralles

HK Copyright para la edición española:
© H Kliczkowski-Onlybook, S.L.
La Fundición, 15. Polígono Industrial Santa Ana
28529 Rivas-Vaciamadrid. Madrid
Tel.: +34 91 666 50 01
Fax: +34 91 301 26 83
onlybook@onlybook.com
www.onlybook.com

Proyecto editorial:
2003 © **LOFT** Publications
Via Laietana 32, 4° Of. 92
08003 Barcelona. España
Tel.: +34 932 688 088
Fax: +34 932 687 073
loft@loftpublications.com
www.loftpublications.com

ISBN: 84-96241-07-6
DL: B-44266-2003
Impreso en Egedsa Arts Gràfiques,
Barcelona, España

Febrero 2004

LOFT garantiza que posee todos los derecos necesarios para la publicación incluido el pago de todo tipo de royalties que pudieran derivarse de la relación con los autores del texto y/o de las fotografías, y que la obra no usurpa ningún derecho de propiedad de las leyes comunes ni derechos de autor o cualquier otro derecho. LOFT garantiza, asimismo, que la obra no contiene elementos obscenos ni difamatorios.

La reproducción total o parcial de este libro no autorizada por los editores viola los derechos reservados; cualquier utilización debe ser previamente solicitada.

Contenido

8	**Introducción**
12	**Estudios personales/oficinas**
14	Casa Cloe
20	Patio en Girona
24	Estudio flotante
28	El loft del arquitecto
32	Casa Ravenwood
36	Loft en Milán
40	Loft en Chelsea
44	Apartamento en Margareten
48	Apartamento modular
54	Todo en un armario
58	Apartamento en Michigan Avenue
62	Pliegues funcionales
66	Casa Sampaoli
70	Loft en la plaza Mayor
76	Un establo reformado
80	Residencia Rosenberg
86	Loft en Jersey
92	Apartamento Lipschutz-Jones
98	Estudio móvil en Remscheid
104	**Arquitectos**
106	Torre reformada
112	Apartamento Christophe Pillet

116	Oficina y salón
122	Loft Oriol
128	Casa y estudio en Essen
132	La oficina del arquitecto
136	Casa en La Clota
142	Una herrería
148	Loft en Pimlico
154	Vivienda translúcida en California
158	Casa en Pforzheim
162	Loft en cuatro niveles
168	Hogar Crepain
172	Pintora y arquitecta
180	Casa y estudio ecológicos
184	**Diseñadores**
186	Hogar para un diseñador gráfico
192	Apartamento en Shepherd's Bush
196	Apartamento en Rosoman Street
202	Estudio Claret Serrahima
208	Casa T
212	Ático en Barcelona
220	Casa y estudio en Estocolmo
224	Estudio en Barcelona
232	Loft de diseñadores
238	Loft en Barcelona

244	Loft Campana
248	Loft París
252	El loft de un decorador
256	**Artistas**
258	Estudio de pintura
262	Loft Siegel-Swansea
268	Durham Press
274	Casa Alonso Planas
278	Casa y taller
284	Casa Muzi Falcone
288	El loft del artista
292	El loft del tipógrafo
298	Casa y estudio Isobe
302	Loft Davol
308	**Servicios**
310	Loft Greenberg
316	Residencia cerca de Paderborn
320	Mad River Boat Trips
326	**Soluciones**
328	Con apoyo
360	Dentro
380	Sin soportes
400	Encima/debajo
410	Mobiliario

Introducción

La idea de trabajar en casa es hoy en día un concepto bastante común. Incluso aquellos que no trabajamos profesionalmente desde nuestro propio lugar de residencia reservamos algún rincón de la vivienda donde poder instalar un escritorio o un ordenador. Pese a lo común de este fenómeno en la sociedad moderna, nos vemos constantemente ante situaciones nuevas y espacios insólitos que nos invitan a encontrar soluciones apropiadas para adaptar nuestras cambiantes necesidades a los hogares.

Desde el comienzo del siglo XX, cuando los artistas bohemios vivían en su propio taller, personas de diferentes profesiones han continuado incorporando sus lugares de trabajo a sus viviendas. Para los artistas, se trataba primordialmente de una conveniencia física y económica; eran libres de materializar el fruto de su inspiración en cualquier momento y reducir al mismo tiempo por la mitad los gastos de alquiler. Actualmente las razones se han multiplicado. Al tiempo que las ciudades crecían, aumentaron también las distancias entre la oficina y el hogar: los viajes para desplazarse fueron más largos y menos agradables. Además, la jornada laboral de ocho horas se hizo menos compatible con las tareas de la casa y se convirtió en una limitación para aquellos que llevaban a cabo una carrera alternativa por las tardes. Gradualmente, la gente vio en el trabajo desde casa una oportunidad para crear un espacio íntimo y personalizado que tendría como resultado un lugar profesional más cómodo, conveniente y familiar que la oficina convencional.

Más crucial aún en esta evolución fue, en cualquier caso, la llegada de la tecnología de la información y su impacto en el sector laboral. Por primera vez se concede a la población la posibilidad de viajar sin moverse. Enormes cantidades de información podían ser recopiladas y enviadas en cuestión de segundos sólo pulsando unas teclas. El concepto de *freelance* había nacido y la gente adquirió la idea de crear sus propias oficinas en sus hogares, desde los cuales poder disfrutar de la libertad de un horario flexible y de un lugar de trabajo cómodo y estéticamente agradable.

Desde entonces muchos profesionales han establecido sus oficinas en sus lofts, casas y apartamentos, y han logrado resultados prácticos y atractivos que varían en forma, tamaño y estilo. La obra *Espacios. Vivir, Disfrutar, Trabajar* recopila un sinfín de proyectos de todo el mundo que representa las últimas tendencias en diseño de oficinas en el hogar y ofrece multitud de ideas para cualquiera que esté interesado en crear su estudio en casa.

El libro comienza con una inspiradora sección sobre distintos tipos de oficinas, que ofrece una mirada a los hogares y estudios privados de *freelances*, arquitectos, diseñadores, artistas y comerciantes. Cada proyecto es el ámbito profesional de un arquitecto contemporáneo, un diseñador de interiores o un propietario que ha utilizado un diseño ingenioso y atractivo para crear su propia área de trabajo. Mientras algunos prefieren separar físicamente la oficina y la vivienda y formar dos entidades separadas; otros utilizan reservados, particiones y niveles para combinar ambas funciones bajo el mismo techo cómodamente. Para aquellos que siempre buscan nuevas ideas encontrarán la inspiración, página tras página, en esta colección de prácticas y atractivas soluciones de fácil adquisición. En cualquier caso, "llevarse el trabajo a casa" nunca nos pareció tan agradable.

Trabajar

Estudios personales/oficinas

Diseñadores

Arquitectos

Parte de este libro se basa en proyectos que han sido llevados a cabo por algunos de los mejores arquitectos y diseñadores de interiores de todo el mundo. Entre los nombres destacados se encuentran Aidlin Darling Design, Kennedy Violich, Claesson Koivisto Rune, Jo Crepain, Pablo Uribe y Antoni Arola. Muchos de los proyectos fueron diseñados por estos creadores para ellos mismos, mientras que otros estaban destinados a los artistas y *freelancers* anónimos que habitan los distintos espacios.

Estos trabajos han sido organizados en relación con la profesión de sus habitantes, de tal manera que podemos observar cómo estos expertos de un campo en concreto organizan sus propios hogares y oficinas. El primer capítulo expone una serie de oficinas ubicadas en la vivienda que representan una miscelánea de actividades; los propietarios han diseñado el espacio o contratado un arquitecto para ello. Los capítulos siguientes exhiben los estudios de arquitectos, diseñadores –de interiores, gráficos o textiles– y artistas, y algunos comerciantes al por menor que ofrecen servicios particulares. Esta fascinante colección profundiza en las vidas íntimas y profesionales de especialistas visuales y personas anónimas para ofrecer soluciones fiables, prácticas y asombrosas.

# Estudios personales/ oficinas

12

Carles Gelpí i Arroyo

Casa Cloe

15

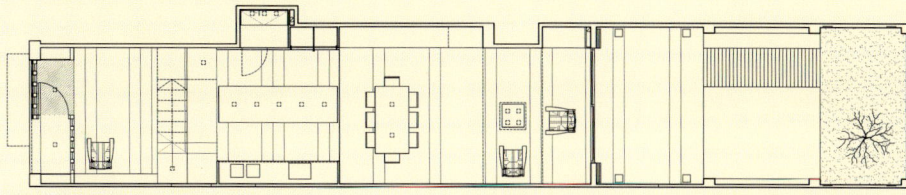

Planta primera

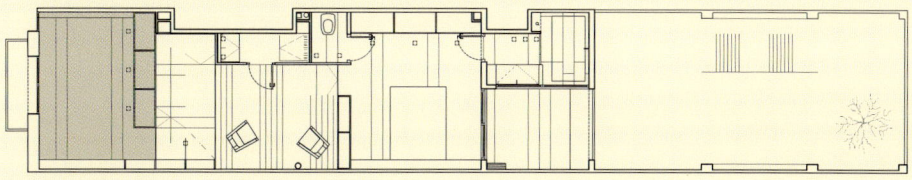

Planta segunda

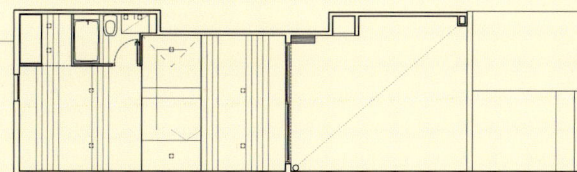

Planta tercera

Vivir

Trabajar

Localización
Barcelona, España

Superficie
140 m²

Fotógrafo
Eugeni Pons

Esta vivienda unifamiliar está emplazada en una calle de casas bajas, que poseen 20 m de profundidad, en el barrio de Gracia, en Barcelona. De los tres niveles de la casa, el primero contiene la entrada, la zona destinada a la vivienda, la cocina y la terraza; el segundo, el dormitorio principal, el salón y un estudio, y en la parte superior un dormitorio para niños o invitados y una terraza.

Los tres niveles varían en profundidad: el primer piso es de 15 m, el segundo de 12 m y el tercero de 7,5 m. El elemento clave del proyecto es una escalera escultural que conecta los tres niveles y se sitúa de manera paralela junto a la fachada principal. Esta escalera organiza y divide las distintas áreas de la casa tanto horizontal como verticalmente.

En la planta segunda, donde se ubica el estudio, la mesa de trabajo fue instalada a lo largo de la pared perpendicular a las ventanas de la fachada, que se abren hacia un pequeño balcón. Abundante luz natural ilumina esta área, caracterizada por un mobiliario sencillo, de tonos claros y por su privacidad con respecto a otras zonas de la vivienda.

Al área de trabajo, situada en el nivel superior, se accede por una escalera escultural que recorre verticalmente el núcleo del hogar.

Jordi Hidalgo y Daniela Hartmann

Patio en Girona

21

Localización
Girona, España
Superficie
140 m²
Fotógrafo
Eugeni Pons

En este complejo proyecto situado en la parte antigua del centro de Olot, en Girona, se incluyó la reorganización de un patio de 6 x 5 m que incluyó la instalación de un tragaluz, una sauna, una trascocina y un estudio. Debido a la construcción de varios niveles a lo largo de los años, el espacio había evolucionado de manera desordenada y caótica; la solución fue liberar la fachada de los niveles existentes y reubicar la nueva construcción en la parte trasera de la parcela para producir un espacio vacío entre el edificio nuevo y el antiguo.

El estudio se elevó para evitar la interferencia con el patio y se trató como un terrazo típico de Olot, con un tejado inclinado de hierro y un abstracto panel de cristal que refleja y organiza su entorno. En el interior, un extenso escritorio se ubicó a lo largo del muro de cristal para ofrecer la sensación de espacio abierto y la posibilidad de disfrutar intensamente de la luz y las vistas panorámicas

La complejidad del proyecto necesitó de un insólito orden a la hora de llevar a cabo la obra, y de un lento y gradual proceso que impidió una visión global del resultado hasta su conclusión. Según fue desarrollándose, la textura de roca volcánica en la fachada existente se vio expuesta y la cacofonía visual de volúmenes, chimeneas, cisternas y tejados, en contraste con la suavidad y pureza del panel de cristal, creó un diálogo entre los diferentes periodos y estilos arquitectónicos.

El estudio fue elevado y tratado como un terrazo típico de Olot, con un tejado inclinado de hierro y un abstracto panel de cristal que refleja y organiza su entorno.

Thomas de Cruz Architects

Estudio flotante

25

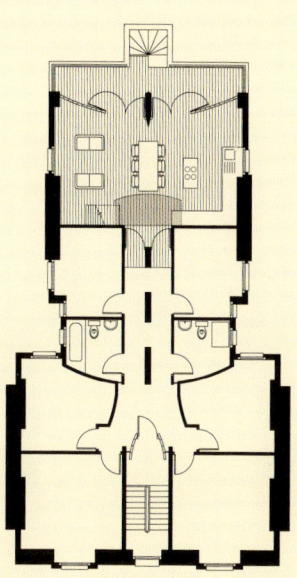

Vivir

Trabajar

Localización
Londres, Reino Unido
Superficie
80 m²
Fotógrafo
Nick Philbedge

Los elevados techos de este loft abierto permitieron la introducción de un pequeño estudio. Estos techos inclinados están recubiertos de ligeros paneles de madera, algunos de ellos perforados para acomodar ventanas y tragaluces. Sobre el nivel principal, que consiste en el salón, la cocina, el dormitorio y el baño, placas de madera recubren el suelo y las paredes están pintadas de blanco. El muro frontal está compuesto de pequeños bloques de cristal que permiten a la luz extenderse por todo el espacio.

En la sala, que ocupa la parte central de la vivienda, sofás de cuero negro unidos con marcos de metal quedan situados a ambos lados de una oscura mesa de madera. Una alfombra delimita el área. En la cocina, armarios que se elevan desde el suelo hasta el techo ocultan a la vista todos los artículos del hogar, y un panel sobre los armarios donde están instalados los focos que iluminan el área de trabajo. Lo más interesante en este nivel inferior es una isla de madera acabada en laca roja.

El altillo, sujeto por una estructura de acero que comunica con una escalera, fue instalado en el punto más alto del techo. Este espacio alberga una oficina y separa el ámbito profesional de cualquier otra área de la vivienda. La inusual altura de los techos confieren intimidad a este espacio que se integra perfectamente con el resto del hogar.

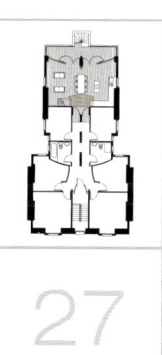

27

Claudio Nardi

El loft del arquitecto

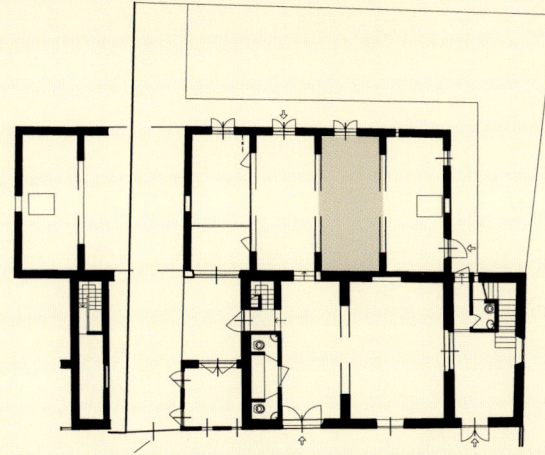

Planta primera

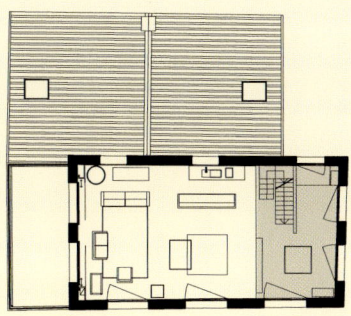

Planta segunda

Vivir

Trabajar

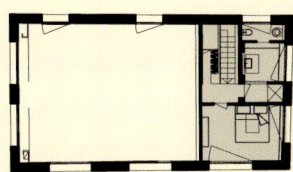

Altillo

Localización
Florencia, Italia

Superficie
150 m²

Fotógrafo
Davide Virdis

Esta vivienda y oficina está ubicada en un paisaje no urbano, en medio de un verde prado rodeado de huertos y granjas. Sin embargo, está situada en el centro de la ciudad, justo en el exterior de las antiguas murallas florentinas.

La casa es accesible por dos vías: la primera conduce a la puerta de un taller de arte y la segunda a la vivienda principal. Una escalera de madera, un camino verde y un antiguo pozo actúan como puntos de referencia hacia el jardín, que delimita la parte norte del edificio. El nivel inferior, donde se ubica el estudio y el dormitorio, fue diseñado para garantizar la independencia de cada una de las funciones y pone énfasis especial en los elementos más importantes de la construcción: la altura, el tragaluz, las cerchas y la luz. El tragaluz, la divisón horizontal del volumen y las vigas de madera expuestas, contribuyen a mantener una atmósfera de taller. Los dormitorios están situados en los dos niveles que se extienden por toda la superficie de la planta baja, que es el área más íntima.

Los materiales utilizados, principalmente acero, hormigón, yeso y cristal, son materias primas tanto en términos de aspecto como en términos funcionales. El arquitecto cree firmemente que la intervención en una estructura de este tipo requiere una reverencia absoluta por el lenguaje estructural existente, de tal modo que la introducción de los elementos no tenga como resultado una transformación inapropiada caracterizada por un diseño excesivamente premeditado. La cualidad diáfana del interior confiere al lugar un ambiente puro y armonioso.

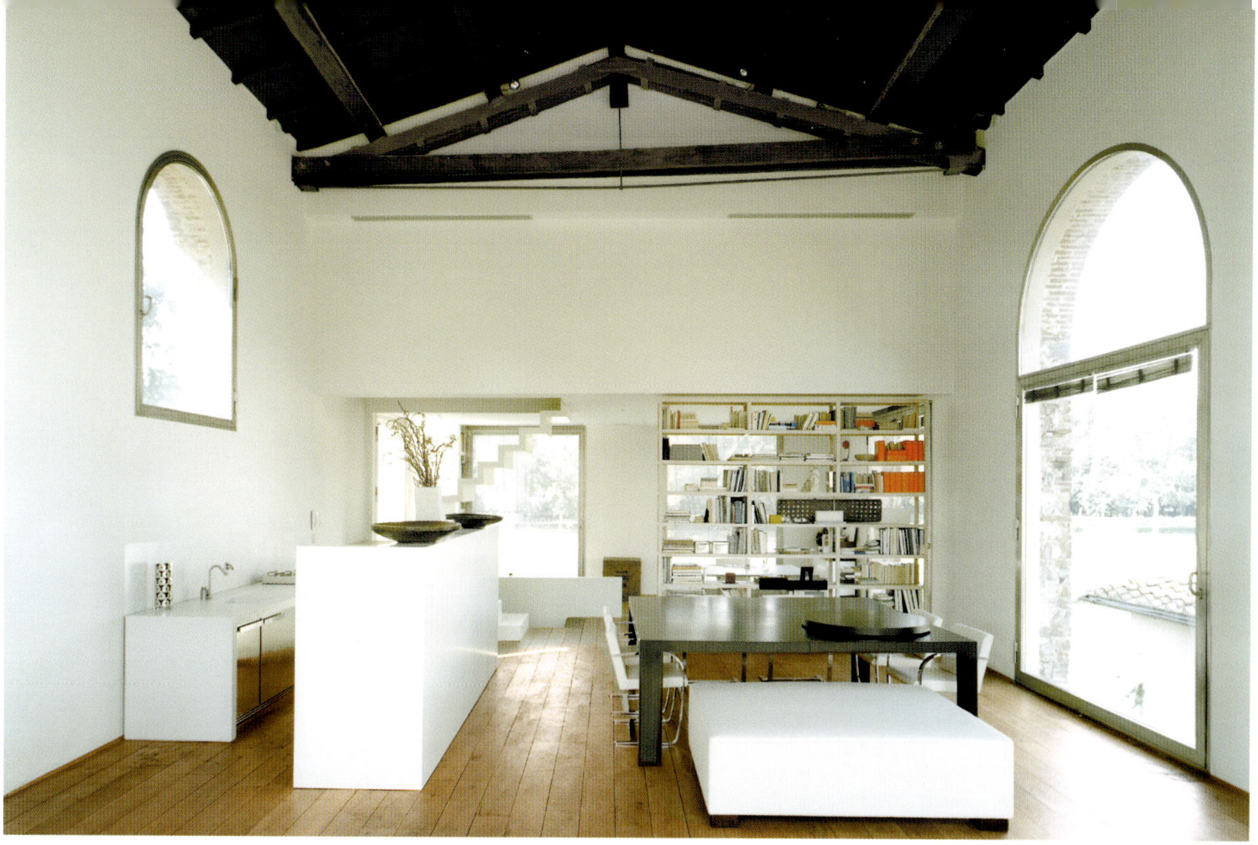

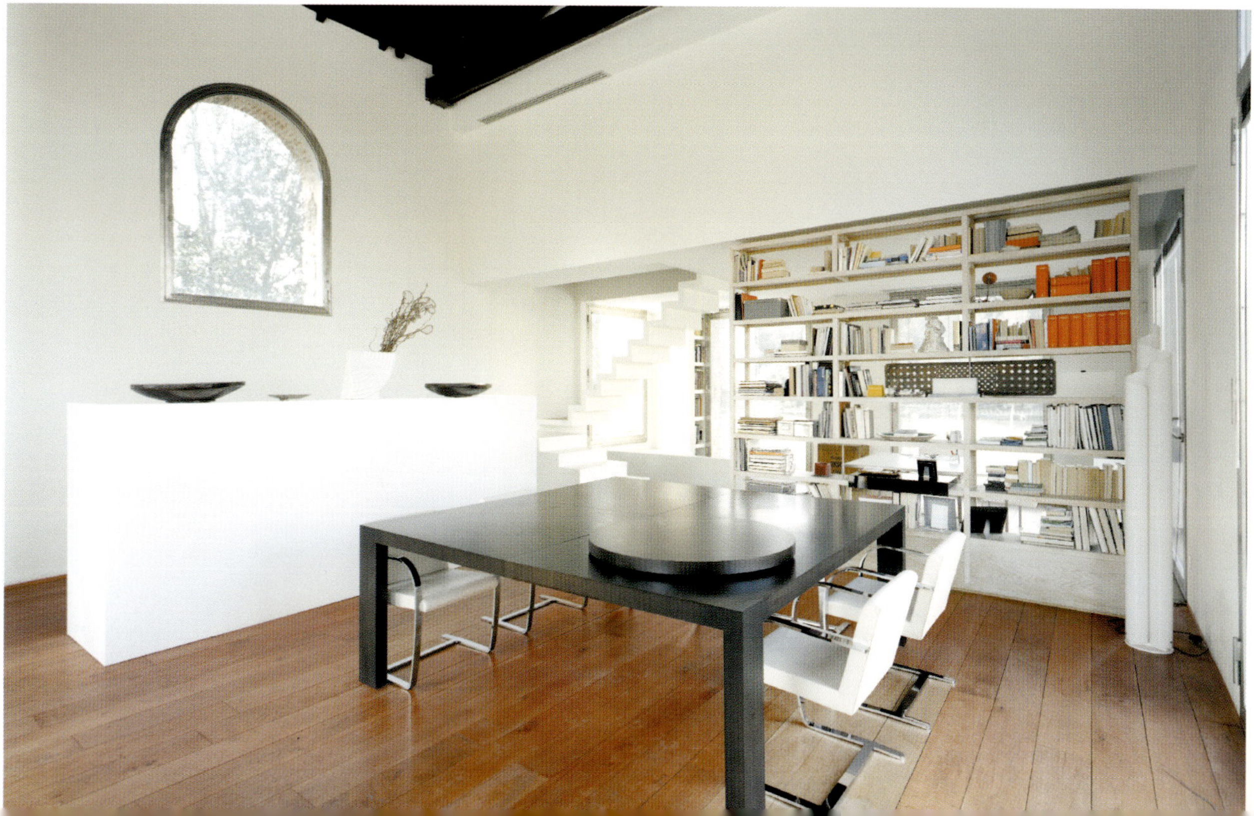

David Salmela

Casa Ravenwood

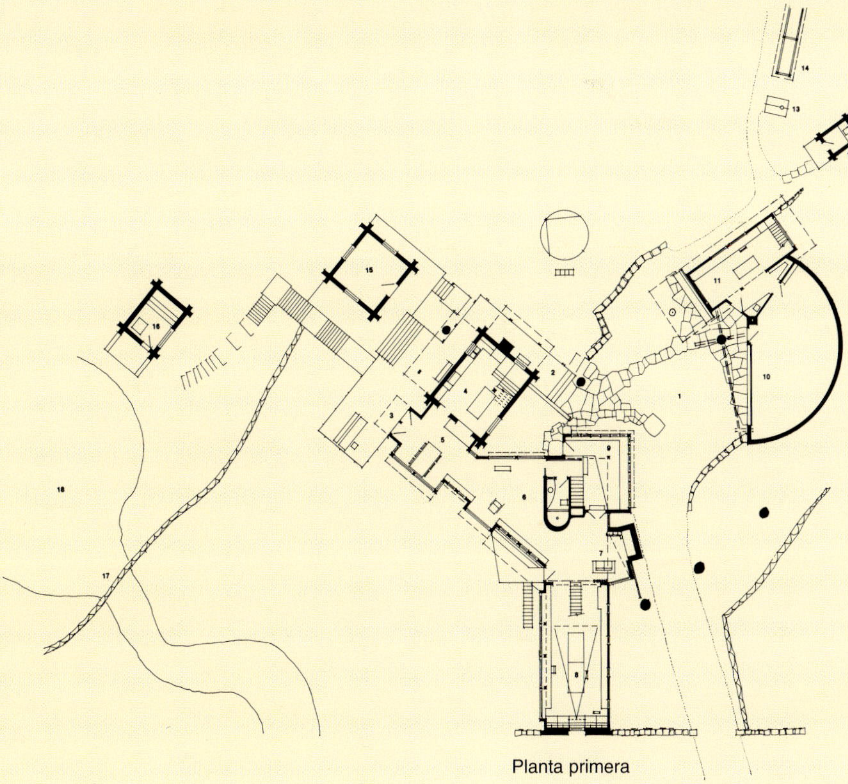

33

Planta primera

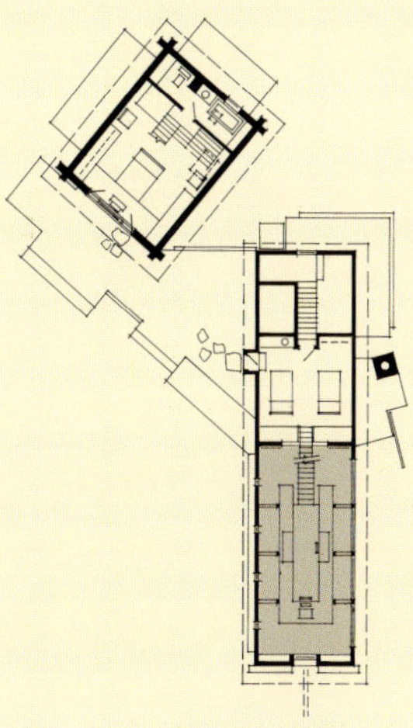

Planta tercera

Vivir

Trabajar

Localización

Northwoods, Minnesota, Estados Unidos

Superficie

425 m²

Fotógrafo

Peter Kerze

En 1979 Jim Brandenburg descubrió el emplazamiento para la futura casa Ravenwood, en Northwoods, Minnesota, durante un viaje para fotografiar el Bosque Nacional Superior para la revista *National Geographic*. Brandenburg y su esposa construyeron primero una cabaña en el bosque, pero años después decidieron ampliarla para poder residir en ella durante periodos de tiempo más largos.

Brandenburg, probablemente a causa de su origen noruego, concibió una vivienda alargada, que recordase las casas de los vikingos. El edificio principal, de 435 m aproximadamente, se sitúa en un ángulo de 45 grados hacia el sudoeste con respecto a la cabina original, a la cual queda conectado por el espacio de la planta primera, donde se ubica el comedor y la galería. Este edificio tiene tres secciones claramente diferenciadas: una de doble altura, con una despensa y un baño; otra sección de dos pisos con una sala en la zona inferior y un dormitorio para invitados en el área superior; y una tercera, que consta de tres niveles, para el estudio principal, el área del ordenador y un loft en el último nivel.

La mayoría de los interiores están acabados en cedro, aunque el arce es también utilizado para los elementos verticales; el suelo es de pizarra. Todas las nuevas estructuras han sido teñidas de negro –el mismo tono utilizado para pintar los troncos de los edificios que ya se encontraban en el emplazamiento–. El resultado es una apariencia camuflada, pero también evoca las construcciones de los vikingos; del mismo tono que adquiere el pino con el tiempo, cuando se utiliza en regiones húmedas para viviendas y embarcaciones.

Laura Agnoletto & Marzio Rusconi Clerici

Loft en Milán

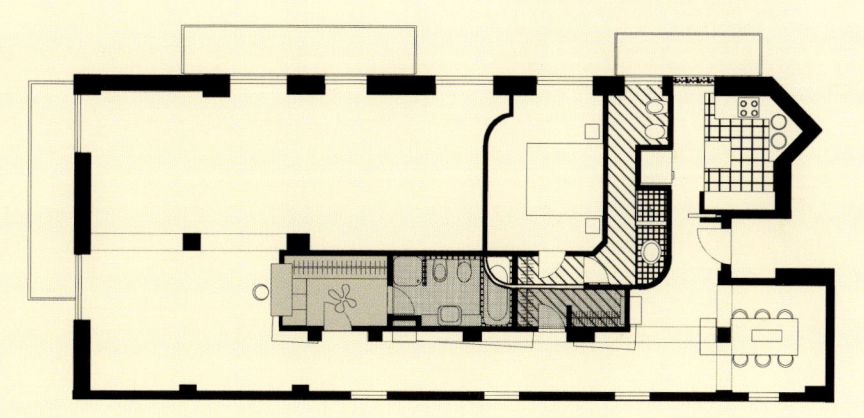

Vivir

Trabajar

Localización
Milán, Italia
Superficie
144 m²
Fotógrafo
Matteo Piazza

La imagen más reciente de este loft, remodelado repetidas veces durante años, es una fusión de pasado y presente con una clara identidad urbana. El desarrollo del diseño ofrece un viaje por la historia de las tendencias del diseño de interiores y revela las tensiones espaciales que enriquecen las áreas de la vivienda.

El encargo implicaba la unión de dos áreas autónomas en un espacio único y unificado. El resultado es una amplia vivienda, definida por sus tres elementos principales: una zona para el salón, el comedor y la biblioteca; un sencillo sistema de columnas y la esfera privada, que alberga los baños, el vestuario y el dormitorio.

El sistema de columnas organiza la vivienda, que permitió la instalación de pequeños cubos que interrumpen su ritmo estructural. La entrada fue proyectada como una pequeña área que comunica la cocina con el baño, y un conducto hacia el comedor; su punto más ancho, que comienza frente a una pequeña mesa construida alrededor de una columna, es un espacio de actividad más que una simple área de paso. La oficina está oculta en un armario de madera al final del vestíbulo, entre la entrada y el salón. Uno de los muros está cubierto de estanterías que transforman el pasillo en una biblioteca. Los arquitectos diseñaron algunas piezas del mobiliario del loft con el objetivo de añadir un toque de color en contraste con los blancos muros.

BOB DYLAN
ANALISI MATEMATICA
DICKENS
Il grillo del focolare

REGGIANI
Artemide
ICF ICF ICF
DSI
HERB RITTS
TRADITION
S,M,L,XL
THE VILLAS OF LE CORBUSIER
GORDON BUNSHAFT
PIERRE CHAREAU

Kar-Hwa Ho

Loft en Chelsea

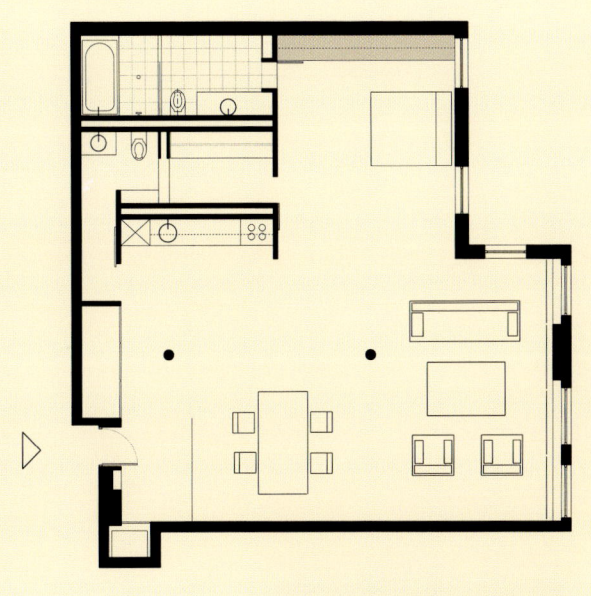

41

Vivir

Trabajar

Localización	
Nueva York, Estados Unidos	
Superficie	
112 m²	
Fotógrafo	
Björg	

El armazón de esta vivienda, en un viejo almacén de ropa en Chelsea, es lo suficientemente homogéneo y neutral como para permitir que el mobiliario y otros objetos queden expuestos y definan el espacio. El uso de la luz indirecta mitiga también cualquier molestia procedente de la calle. La profundidad de campo que buscaba el diseñador se logra mediante capas de materiales translúcidos y cristal mate tratado con arena, resaltado por una paleta de colores colores.

El loft fue concebido para un solo habitante y la distribución es abierta para que cada área permanezca libre de cualquier límite marcado. Esta disposición flexible permite reorganizar el mobiliario de manera frecuente. Una oficina queda situada en un lado del espacio, con largas estanterías y una superficie continua de trabajo por la pared lateral. La biblioteca fue diseñada a medida para el proyecto, con monturas desnudas de acero inoxidable uniformemente espaciados para crear un módulo ordenado. Unas finas estanterías de metal fueron fijadas en la parte posterior de las monturas. Un futón integra el área del dormitorio en el espacio de oficina, y crea una sala multifuncional ilimitada.

El uso de pocos materiales aporta uniformidad a la vivienda: el suelo es de parqué y los muros están recubiertos de yeso. En la cocina, el acero inoxidable combina con la madera pintada de blanco de los armarios.

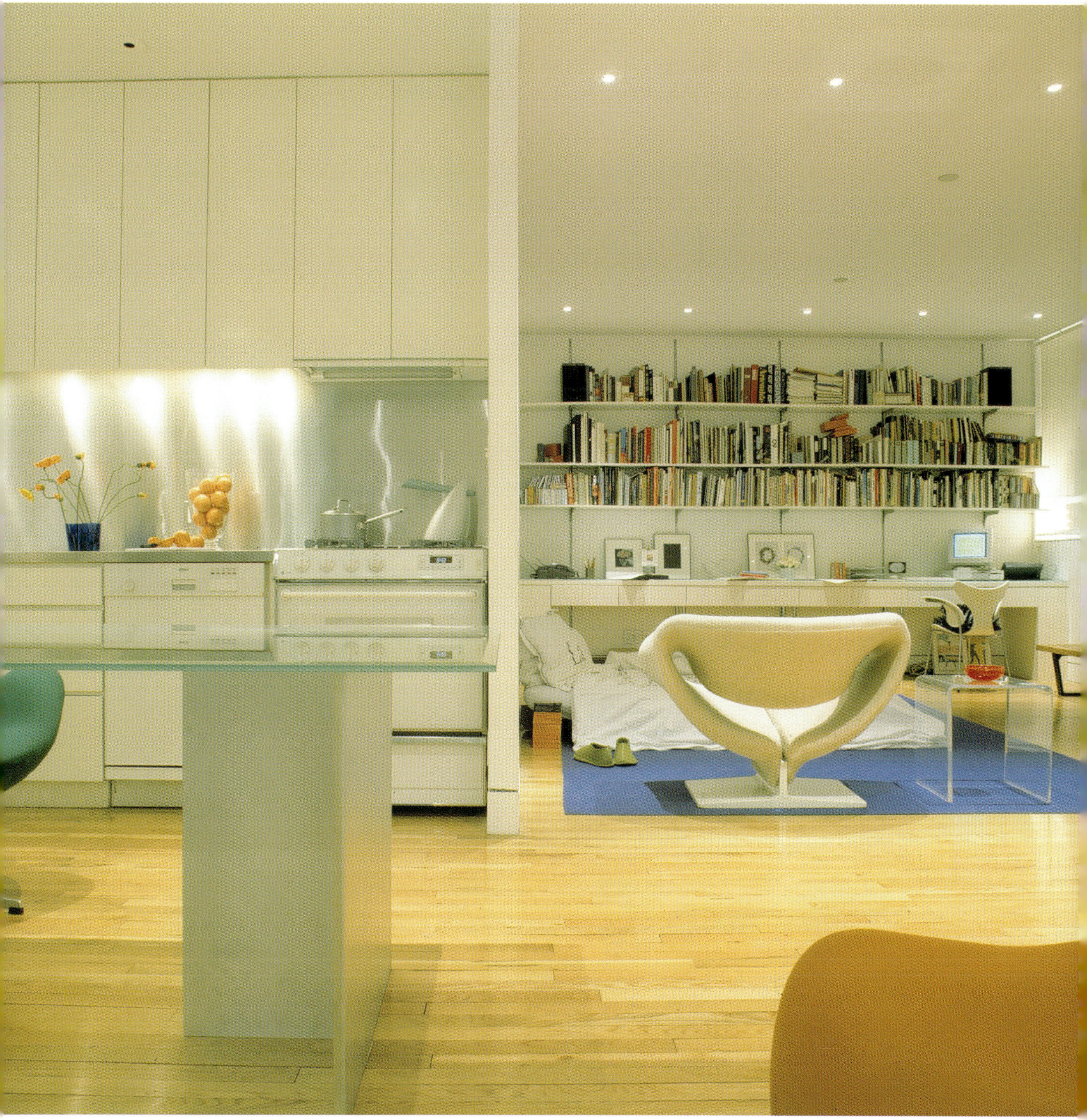

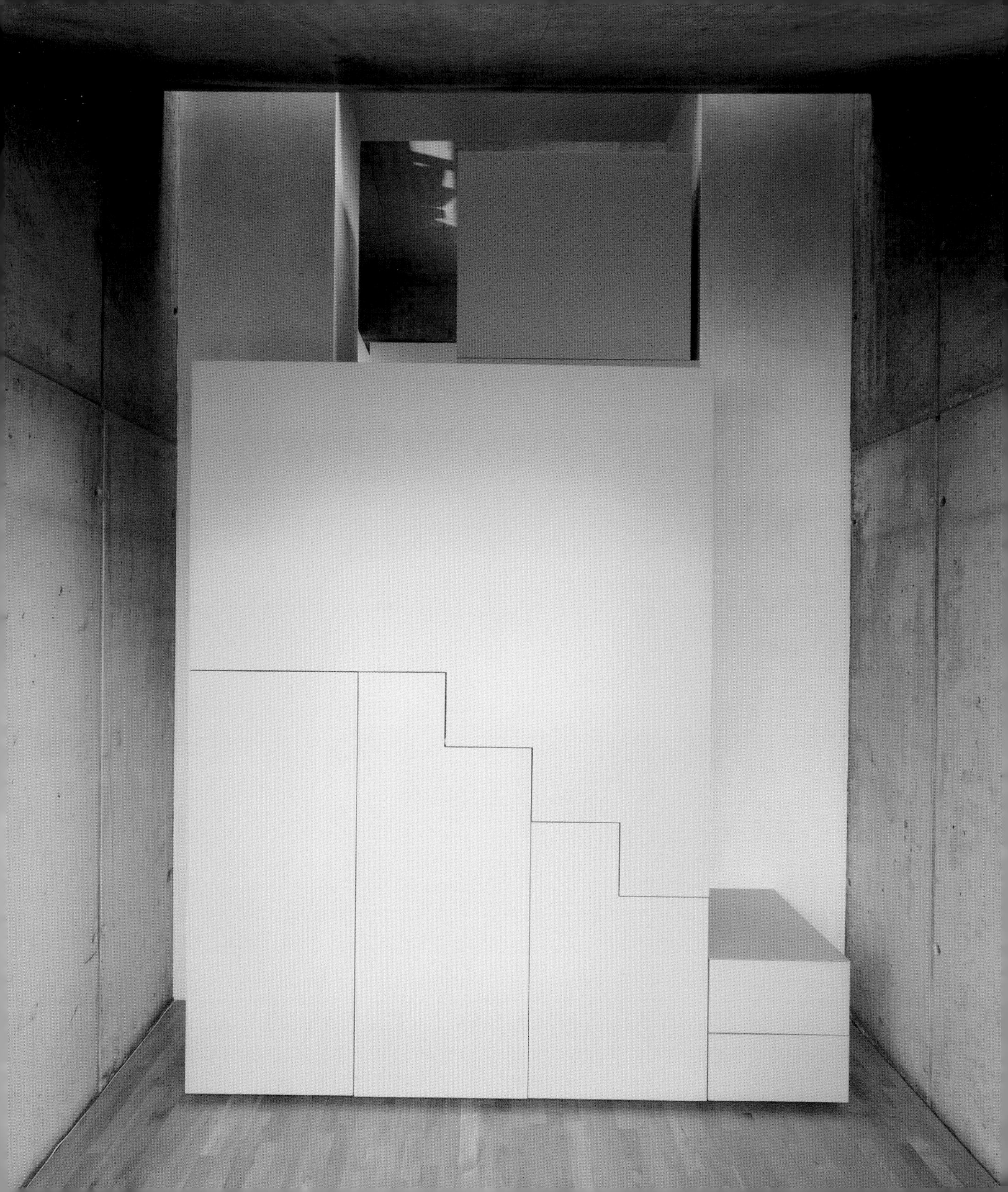

Lichtblau. Wagner Architekten
Apartamento en Margareten

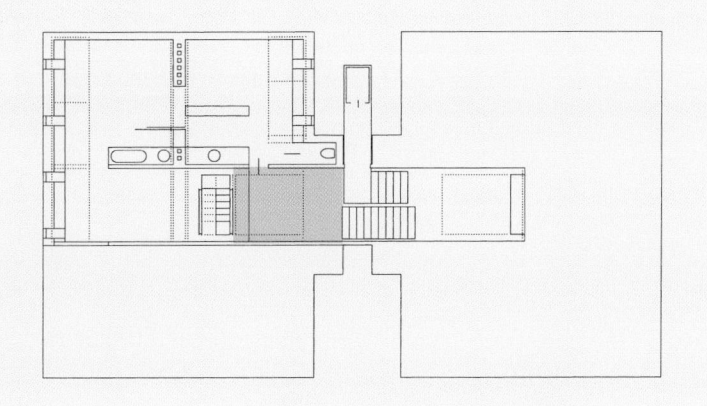

45

Vivir

Trabajar

Localización
Viena, Austria
Superficie
50 m²
Fotógrafo
Bruno Klomfar

El piso superior de un edificio fue convertido en cuatro pequeños apartamentos. El objetivo de los arquitectos fue crear unos espacios originales, contemporáneos, funcionales y a un precio razonable, sin acabados lujosos ni detalles sofisticados. Gracias a este proyecto, los arquitectos demostraron que es posible encontrar soluciones de vivienda verdaderamente originales. Ellos creen que el bajo coste deriva de la adecuada combinación de los aspectos estructurales, energéticos y de construcción del proyecto.

Las unidades de vivienda son concebidas como dos tipos de apartamentos simétricos. Un área extra queda situada entre los dos apartamentos, que pueden ser conectados entre sí. Para compensar el reducido tamaño de estos, un área común situada junto a las escaleras es utilizada para almacenamiento, como lavandería, o área social. La ausencia de paredes internas y acabados innecesarios redujeron aún más los costes, en armonía con la estética interior. En este caso, los acabados son el mismo cristal y el cemento pulido, que funcionan además como elementos conectores.

En uno de los apartamentos, un muro de cemento separa el baño de una serie de cubos que contienen los dormitorios y una oficina casera. Esta estructura amarilla incorpora una escalera que puede empujarse hacia fuera, como una pieza de puzzle, para facilitar el acceso al dormitorio y a la oficina. La oficina, que recibe luz natural de unas aperturas largas y estrechas que tienen las paredes de cemento, se oculta del resto del espacio de vivienda.

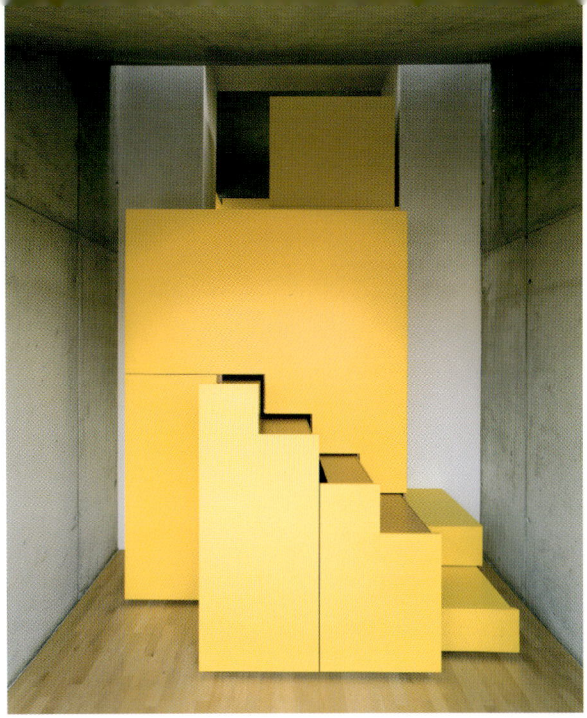

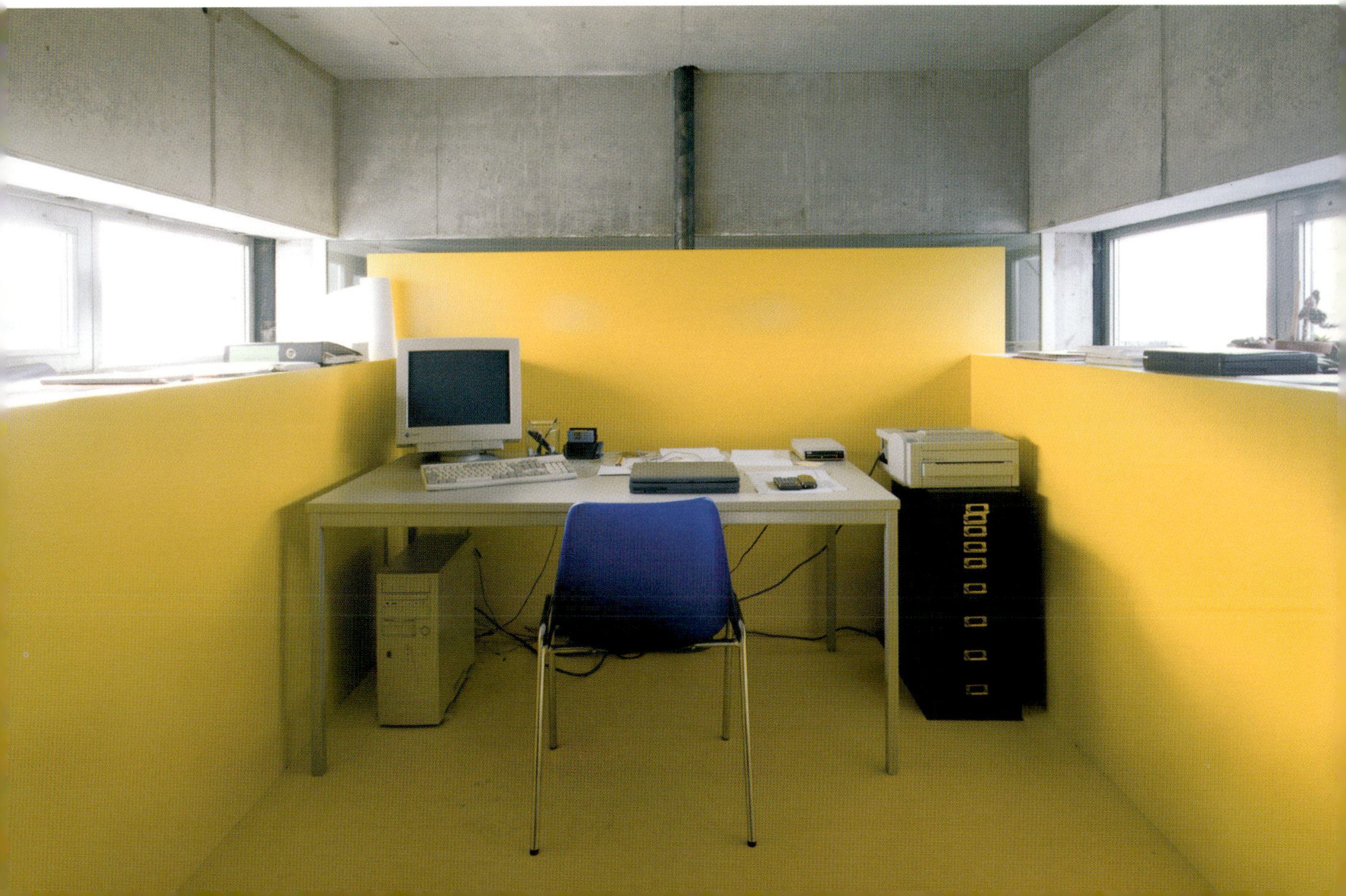

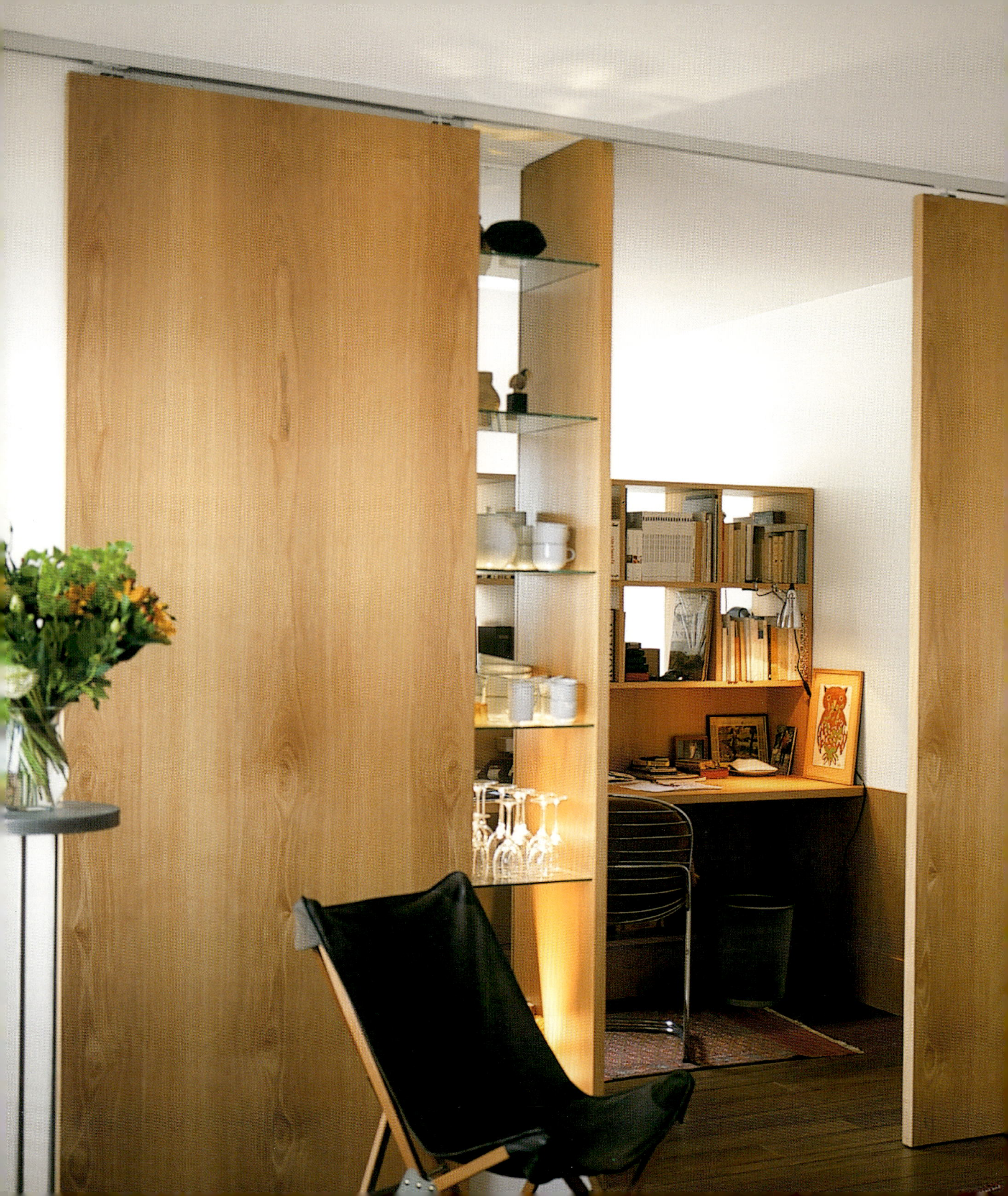

Guilhem Roustan

Apartamento modular

Vivir

Trabajar

Localización
París, Francia |//
Superficie
53 m²
Fotógrafo
Alejandro Bahamón

Este apartamento está situado en un edificio de 30 plantas. Construido en 1968 por el arquitecto A. Zerfus, el diseño responde perfectamente a las demandas de la era del espacio funcional y de la ventilación y luz naturales. Las necesidades y los requerimientos contemporáneos de los nuevos propietarios impulsaron una renovación.

La entrada no tenía luz natural, el salón era pequeño y el dormitorio enorme; la cocina aunque funcional era bastante incómoda, y el espacio para guardar objetos era insuficiente.

La renovación comenzó con un plan altamente eficiente y original, con las ventajas de un diseño moderno y los pasos precisos para lograr un equilibrio entre el espacio y la luz. Dos muros compuestos de puertas correderas de madera pueden organizarse de distintas maneras para separar la cocina, el salón, el estudio y los dormitorios. El espacio de trabajo puede ser configurado para que pueda ser totalmente, parcialmente o nada visible desde el área de vivienda.

El apartamento se decoró con el mínimo mobiliario para acentuar las blancas paredes que reflejan la luz y actúan de fondo para las obras de arte. La mayoría de los armarios son empotrados, que aumenta el espacio para guardar objetos sin llenar la casa de abultados muebles. Un suelo de pizarra negra en las áreas propensas al vaho contrasta con el de madera pulida utilizado en el resto del apartamento.

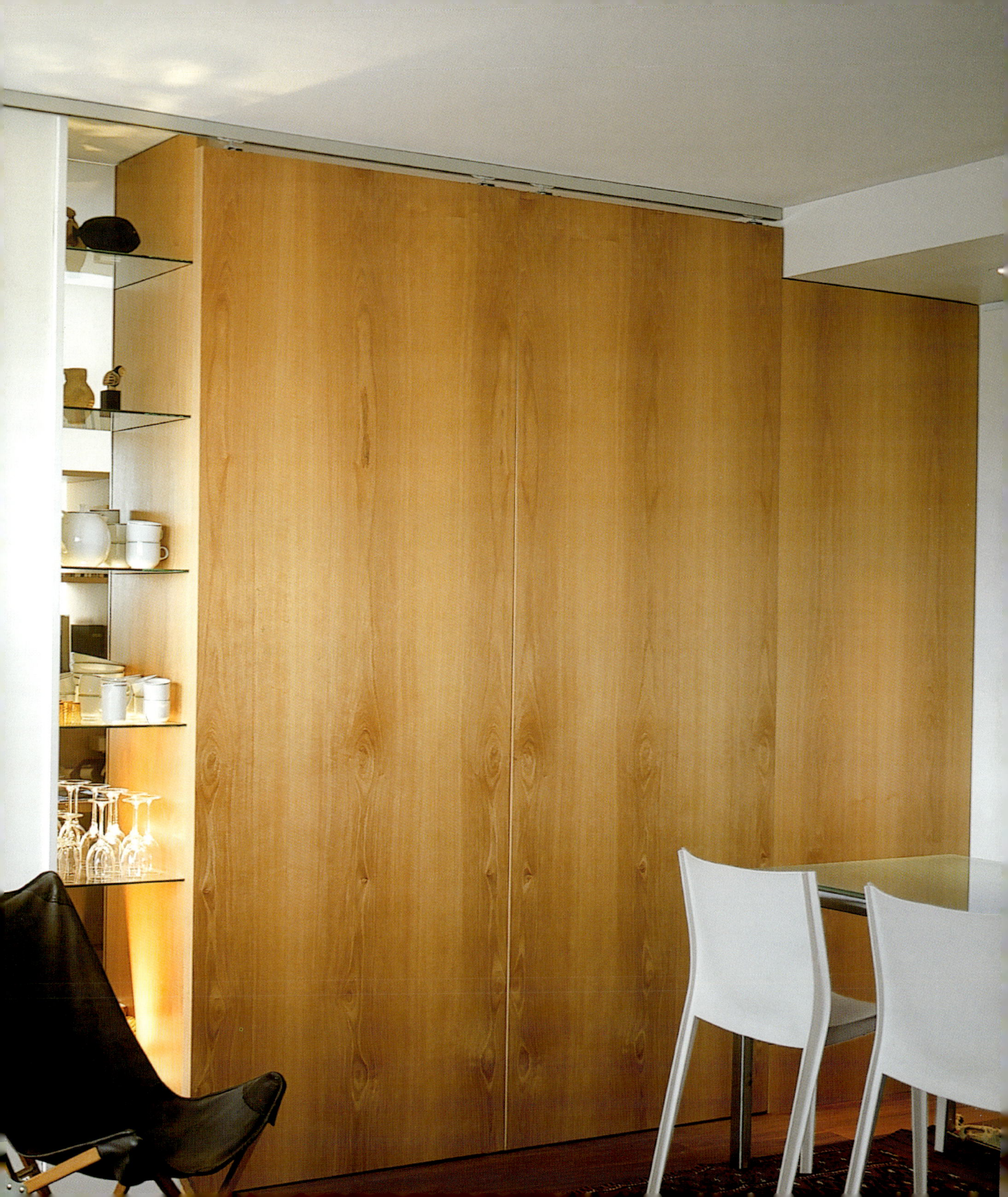

52

53

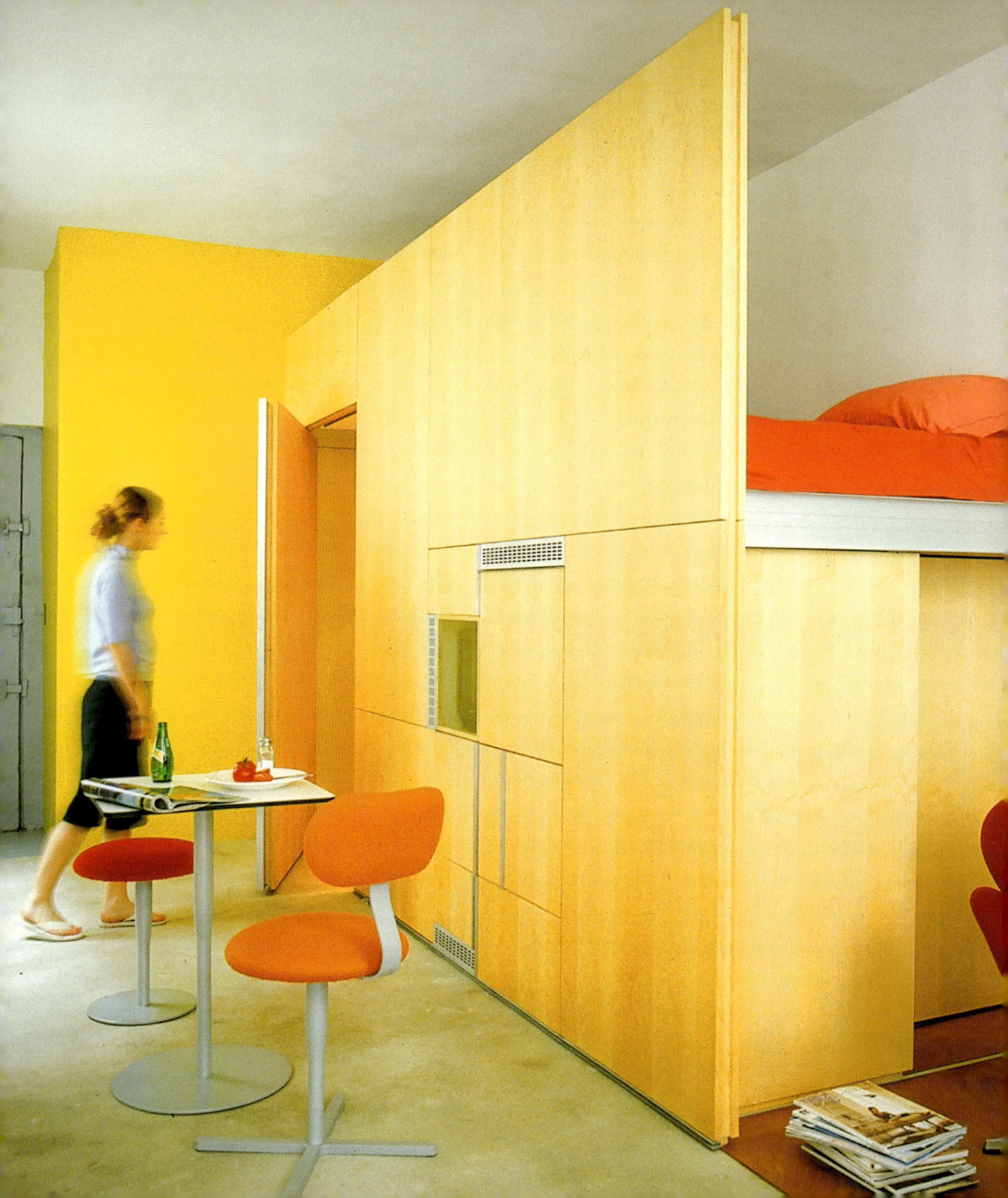

Guillaume Terver y Fabienne Couvert

Todo en un armario

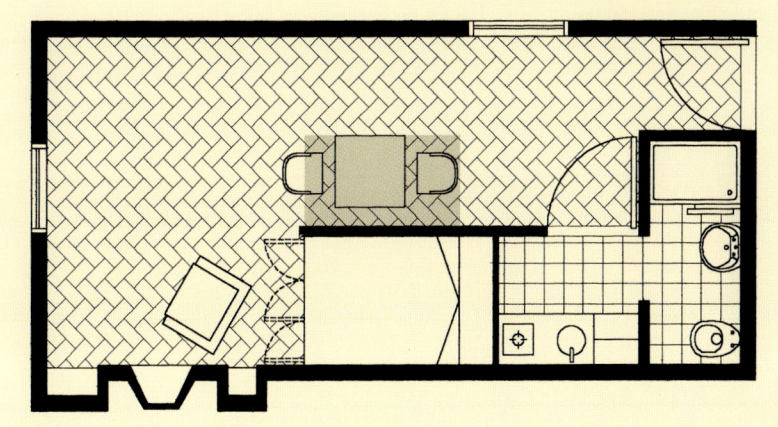

55

Trabajar

Vivir

Localización

París, Francia

Superficie

30 m²

Fotógrafo

Vincent Leroux/ ACI Roca-Sastre

Hace años este pequeño apartamento formaba parte de un edificio que alojaba una congregación religiosa. Los arquitectos conservaron tan solo las partes que recordaban el carácter original del espacio: la puerta de acceso, la chimenea y el baño. La vivienda combina los elementos clásicos originarios del lugar junto con innovadoras soluciones técnicas y funcionales que quedan agrupadas dentro de un objeto singular: un armario.

Este armario de grandes dimensiones consiste en una caja de madera cuadrada sobre la cual los arquitectos afianzaron paneles de sicomoro. Cada uno de los diversos componentes de la casa quedan contenidos en la caja: la cama en la parte superior sobre un altillo; una puerta debajo que conduce a la cocina; un armario al final y un hueco de cristal para la televisión, y junto a esta, una mesa plegable que funciona como escritorio. La impresora, el estéreo y el fax quedan guardados en el armario adyacente. Los conductos de ventilación están instalados en la fachada y los sistemas de agua y luz, ocultos bajo el suelo. Al pintar algunas partes con los colores rojo, naranja o azul, como piezas de un puzzle, los arquitectos acentuaron la originalidad del armario.

Para que en cada uno de los espacios se pudiese disfrutar de iluminación natural, ninguna superficie del armario toca el techo, y así permitir que la luz fluya por toda la estancia. En un rincón de la casa se sitúa un espacio más relajado que contrasta con las líneas rectas creadas por la chimenea, la biblioteca y las torres para guardar los discos compactos.

57

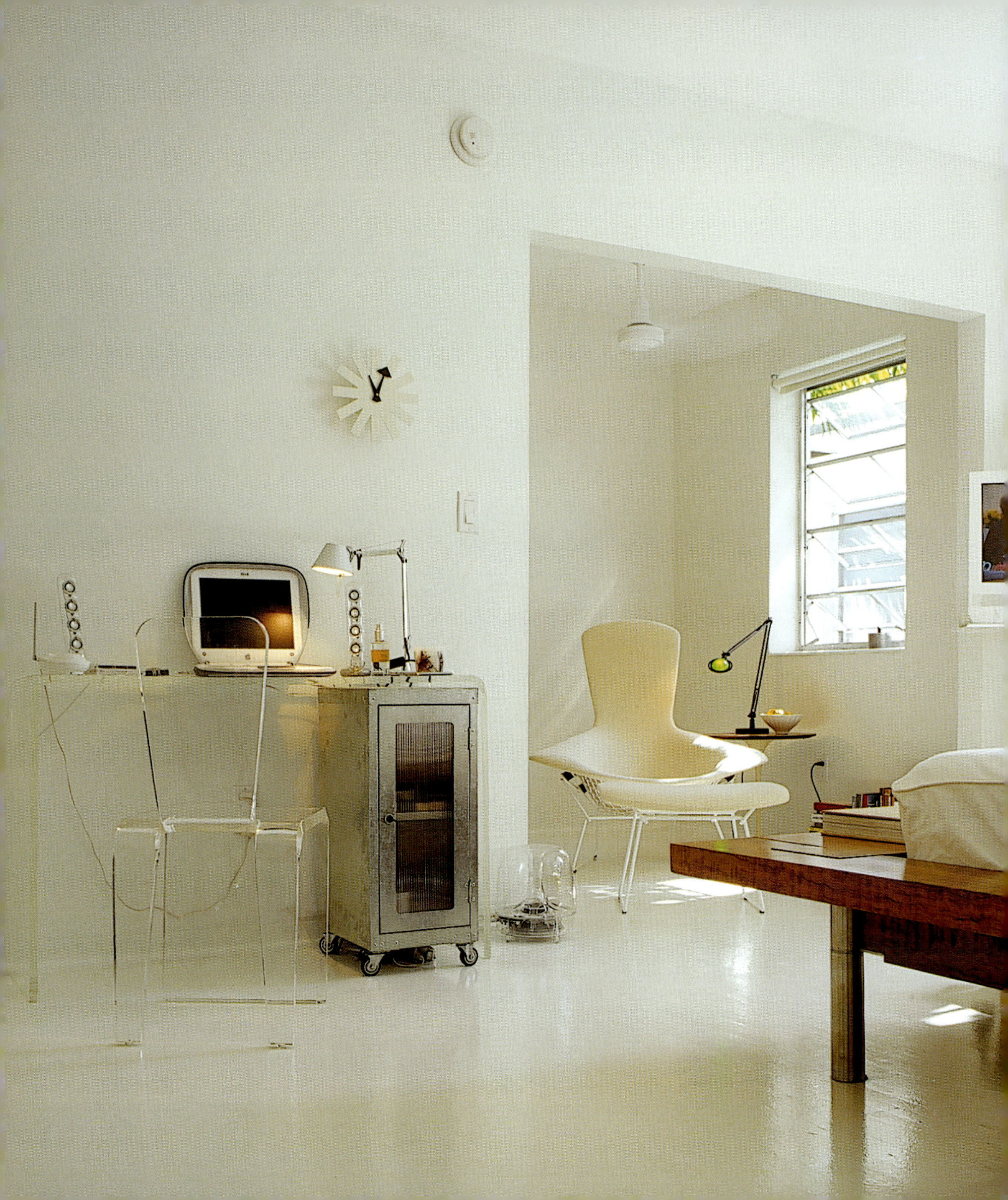

Pablo Uribe
Apartamento en Michigan Avenue

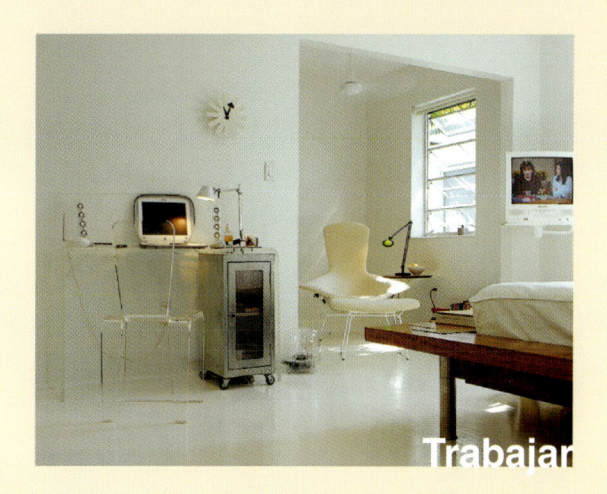

Localización
Miami, Florida, Estados Unidos

Superficie
40 m²

Fotógrafo
Pep Escoda

Este pequeño estudio pertenece al arquitecto que lo diseñó y está situado en el segundo piso de un edificio de 1951, en el corazón de Miami Beach. Pese a su reducido tamaño, contiene el joven carácter arquitectónico y estilizado de la época. El espacio consiste en un dormitorio, un baño, una cocina y un estudio.

Todas las áreas excepto el baño, que es accesible por un pasillo, están integradas en un espacio común. Varios elementos arquitectónicos, como las ventanas de aluminio, se restauraron para acentuar la atmósfera de los años cincuenta. El suelo de madera original se pintó de blanco para crear un ambiente contemporáneo y aumentar la sensación de amplitud. El mobiliario escogido mejoró el uso del limitado espacio y creó series de áreas multifuncionales. La pequeña área de trabajo, ubicada frente a la partición, incluye un estrecho escritorio, una cajonera, y una silla confeccionada con plástico claro, apenas perceptible por la vista. Las funciones se combinaron en los espacios disponibles: se situó un hueco para la lectura, y se integró el comedor en el salón.

Un gran sofá-cama domina el espacio; situado en el centro del apartamento, en un área con pocos elementos que le quiten mérito o añadan desorden, crea un espacio donde pueden llevarse a cabo varias actividades. Cada pieza del mobiliario, diseñada especialmente o localizadas en tiendas y mercados, imprime carácter al lugar.

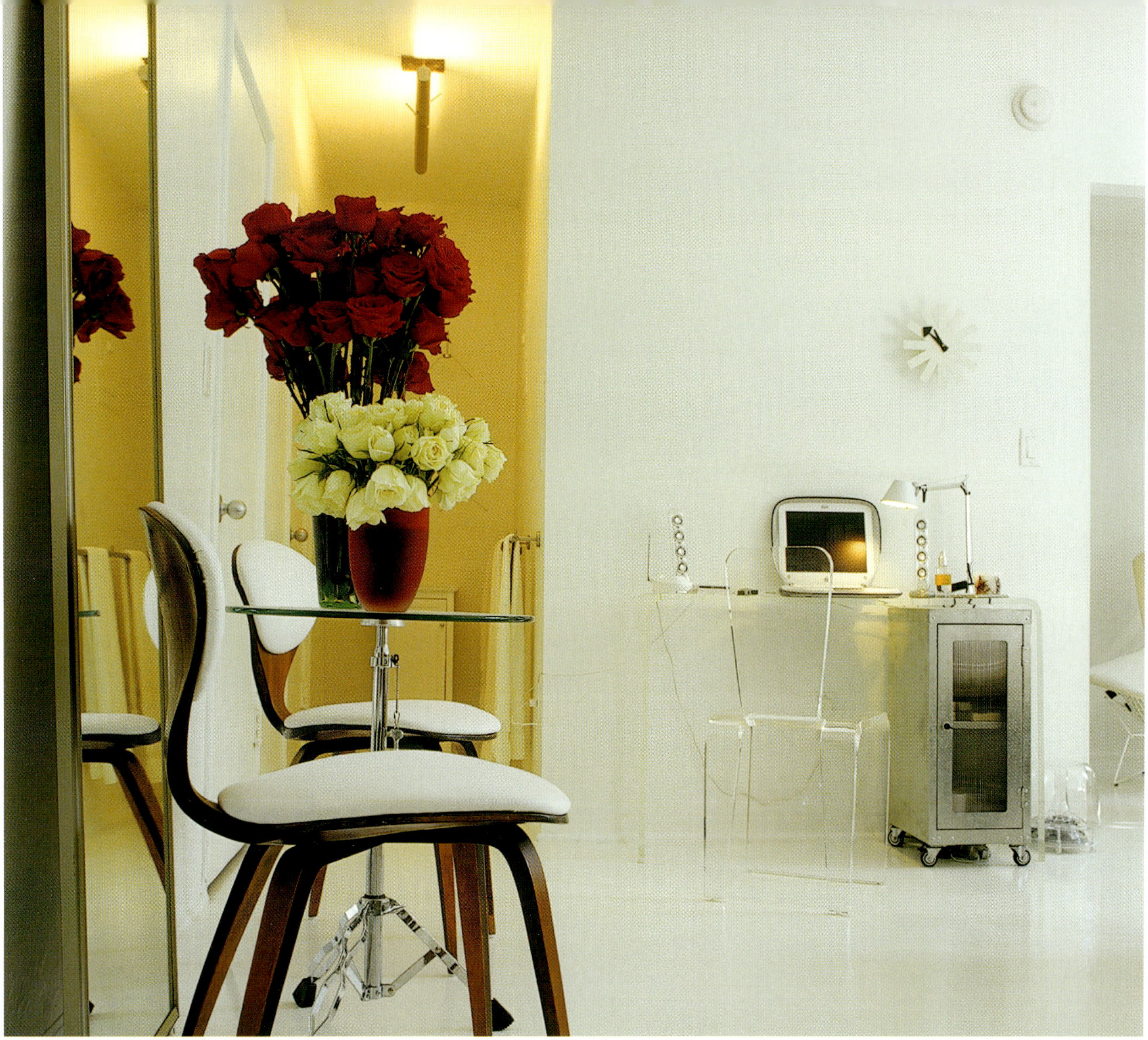

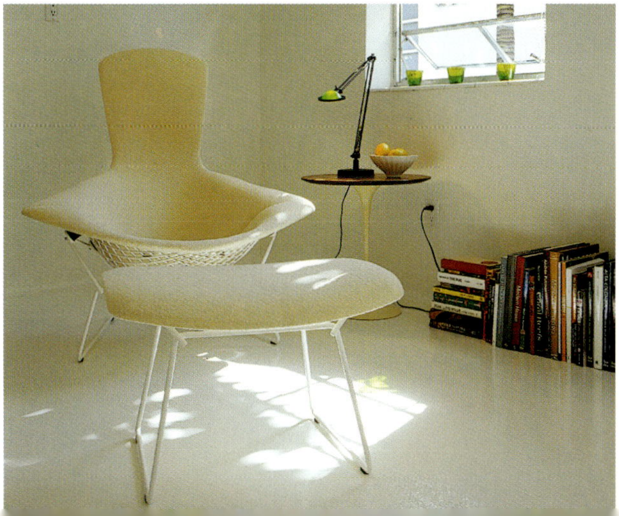

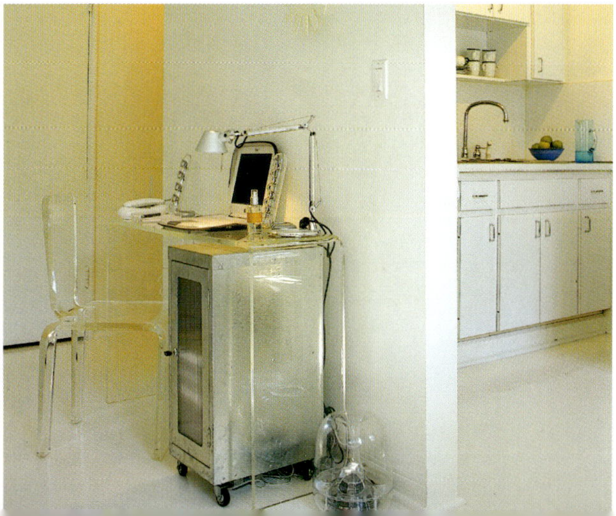

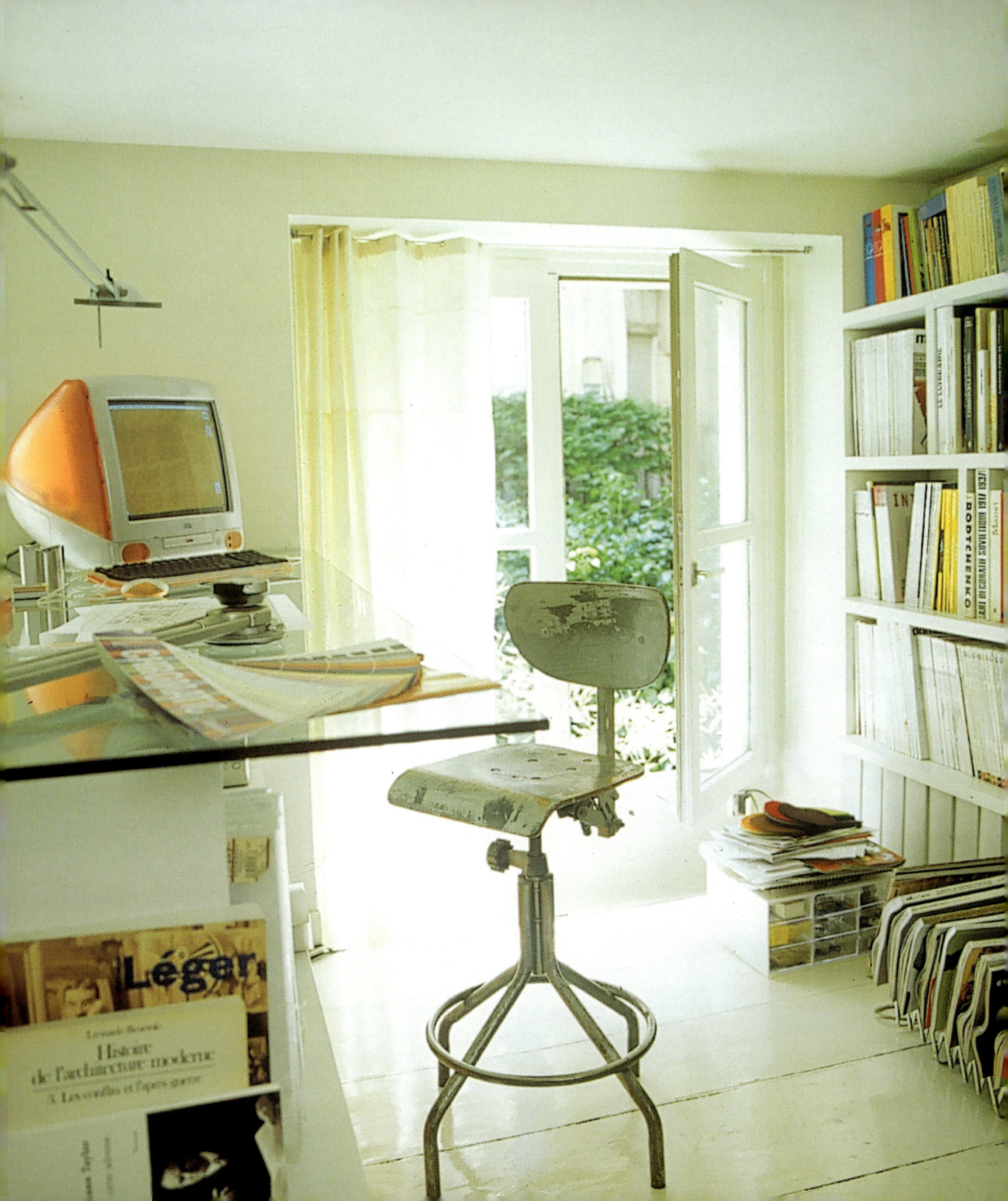
RODTCHENKO
Léger
Histoire
de l'architecture moderne

Stéphane Chamard

Pliegues funcionales

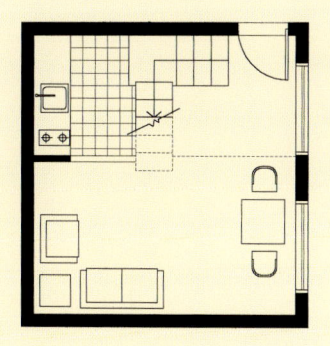

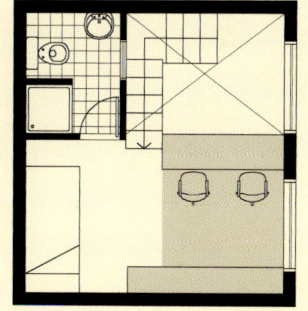

63

Trabajar

Vivir

Planta primera

Altillo

Localización
París, Francia
Superficie
16 m²
Fotógrafo
Vincent Leroux/ ACI Roca-Sastre

En la parte trasera del patio del distrito sexto de París, ciudad conocida por sus viviendas de reducido tamaño, se halla esta vieja y diminuta portería. El joven arquitecto Stéphane Chamard transformó las minúsculas dependencias en un luminoso interior donde vivir y trabajar. El área consiste en un espacio cúbico con altos techos, los cuales permitieron a Chamard la creación de dos suelos. Utilizó cada milímetro para sacar el máximo partido de la superficie y de sus zonas exteriores con el objetivo de proporcionarles un carácter funcional.

El rasgo más llamativo del apartamento es la escalera que el arquitecto diseñó para comunicar los dos niveles. Esta estructura, fabricada con metal doblado y lacado en blanco, determina la disposición. Los escalones, de 25 cm, son más altos de lo normal para crear el menor número de peldaños y ensamblar así la escalera en un espacio reducido. La luz y la forma de la escalera descansan sobre una caja que contiene la televisión y sirve también de mesa lateral de cocina. La totalidad de área está centrada en torno a la caja, que resulta sólida y al mismo tiempo ligera, como una hoja de papel doblada.

Para maximizar las posibilidades del nivel superior, se creó un lugar bajo el escritorio, donde ocultar el colchón durante el día. La estantería situada frente al escritorio, formado por una caja suspendida de madera y vidrio, determina la habitación; bajo la estantería hay sitio para guardar documentos. Las cortinas están confeccionadas con papel del Nepal; el suelo presenta grandes placas de madera acabadas con laca blanca. La planta alberga el baño, que incluye el inodoro, la ducha y el lavabo en poco más de 1,85 m².

65

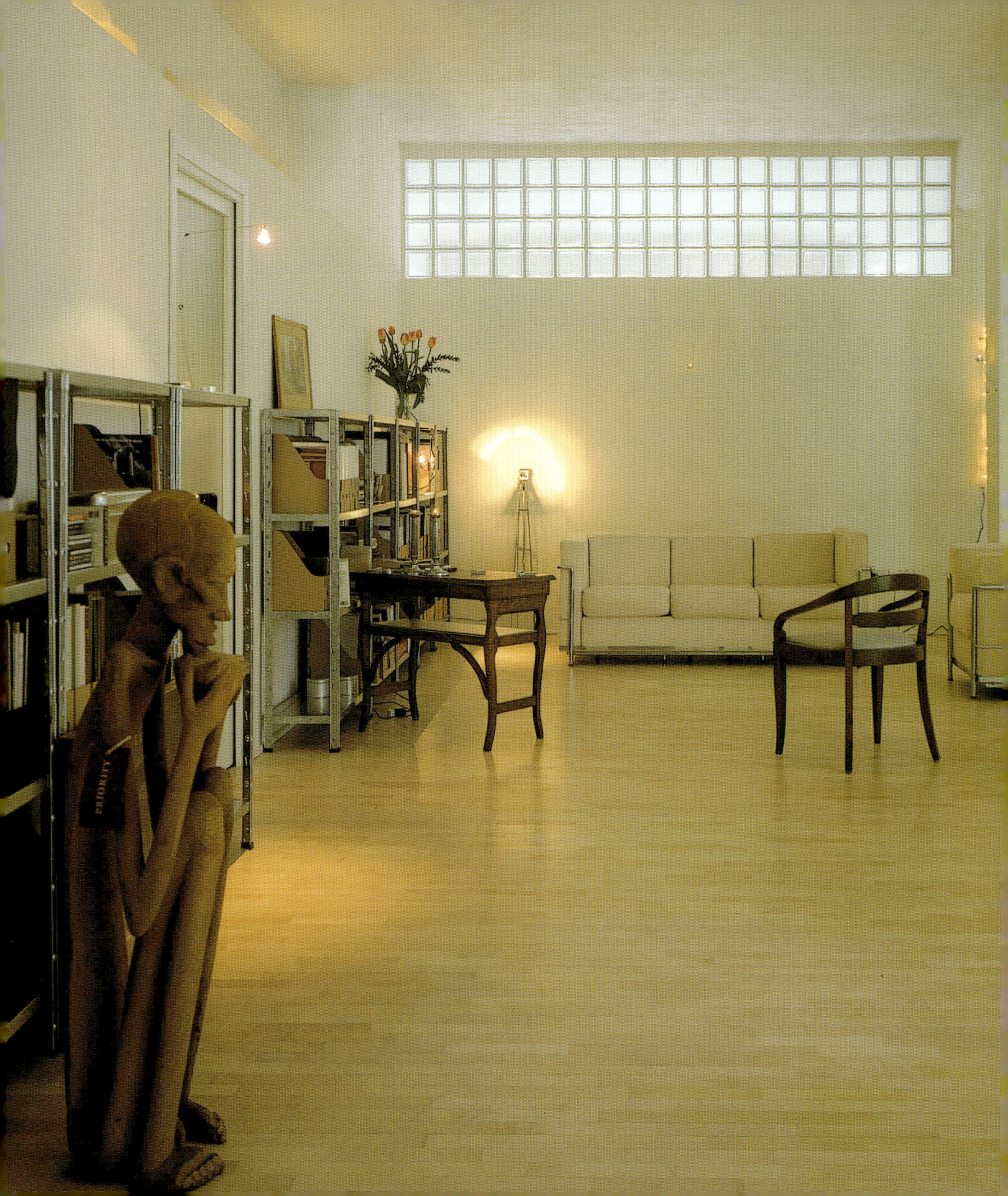
PRIORITY

Claudio Caramel

Casa Sampaoli

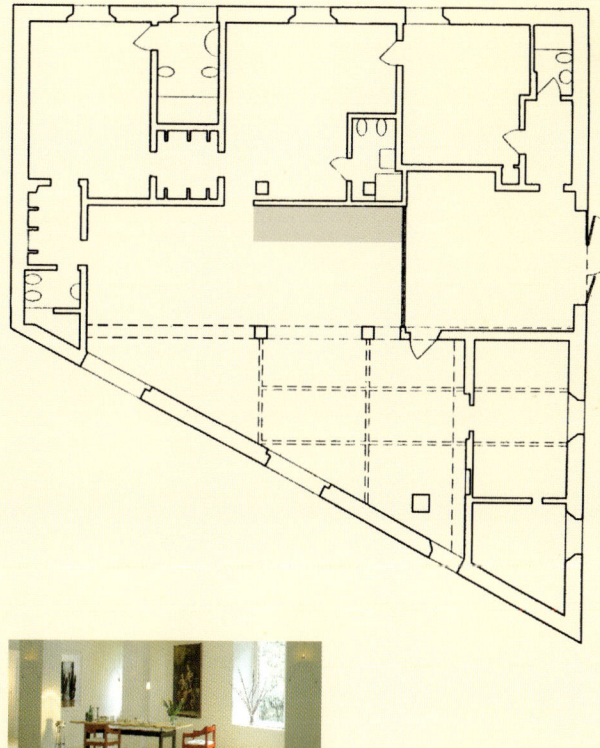

67

Trabajar

Vivir

Localización
Padua, Italia

Superficie
120 m²

Fotógrafo
Paolo Utimpergher

Este loft está situado en una antigua imprenta, utilizada también como almacén de una carpintería en Padua, al norte de Italia. Aunque el arquitecto Claudio Caramel conservó el carácter original del espacio –punto de partida para la intervención–, creó también una atmósfera basada en la tipología de una vivienda tradicional. Los espacios privados quedan definidos por los dormitorios independientes, pero el área que domina el interior es una amplia sala que agrupa las funciones de salón, comedor y cocina.

El ambiente es una mezcla bien equilibrada de tecnología y creatividad. La claridad de las formas fue lograda mediante una ingeniosa estrategia para ocultar ciertos elementos y destacar otros. La entrada principal se efectúa por un garaje que conduce al estudio o a la vivienda, de esta manera se resuelve el problema del aparcamiento y se crea al mismo tiempo una entrada poco habitual e informal. Un pequeño espacio de oficina queda integrado en el área de vivienda sin perjudicar la distribución existente. Un antiguo y pequeño escritorio se entremezcla con la variedad de estilos que impera en la casa. De igual modo que en el resto de la vivienda, son visibles las huellas de su pasado industrial, como muros de ladrillo, tuberías expuestas, columnas pintadas de blanco y bloques de vidrio en las aberturas de la parte superior. El mobiliario, en combinación con piezas históricas originales y elementos reciclados, constituye los finos detalles de acabado de este espacio.

69

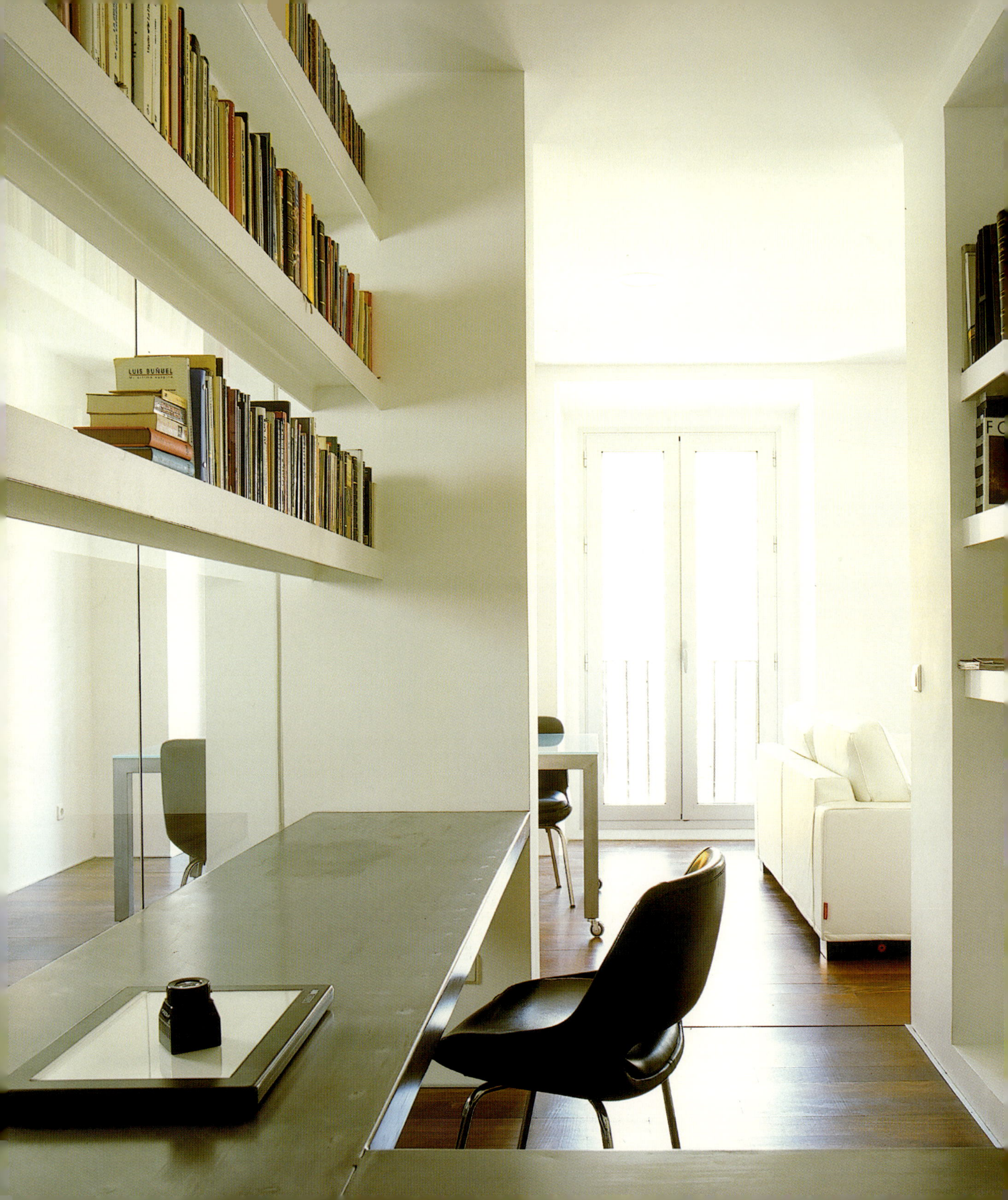
LUIS BUÑUEL

Manuel Ocaña del Valle

Loft en la plaza Mayor

Localización

Madrid, España

Superficie

150 m²

Fotógrafo

Alfonso Postigo

El proyecto se centró en un apartamento de irregulares dimensiones en un viejo edificio del centro de Madrid. A pesar de su excelente tamaño, la estructura estaba desorganizada, formada por ángulos y proyecciones que dificultaban el movimiento.

El arquitecto creó un orden de ángulos rectos. Reorganizó el espacio alrededor de muros portantes que tenían una considerable función estructural. La nueva distribución divide el loft en dos grandes zonas: una amplia y abierta, destinada a ser el espacio de vivienda primario; y otra de dimensiones similares, dividida en áreas menores. La parte menor contiene un estudio que fue emplazado frente a un muro de cristal transparente con estanterías empotradas y con un largo escritorio de acero inoxidable orientado hacia el dormitorio. Las relaciones entre los espacios –el dormitorio y el estudio por un lado, y la sala de televisión y el salón por otro– se llevan a cabo mediante elementos transparentes como el cristal o las sencillas cortinas que separan cada ámbito. La paleta decorativa, en colores claros, unifica también el ambiente y realza la sensación de amplitud.

El propósito de la renovación fue el de respetar los elementos estructurales, puesto que el estado global del edificio era pobre. Para impermeabilizar las zonas húmedas se utilizaron láminas metálicas y de madera en el mobiliario y las puertas. Series arrítmicas de gruesos y opacos paneles aportan al loft una nueva distribución espacial.

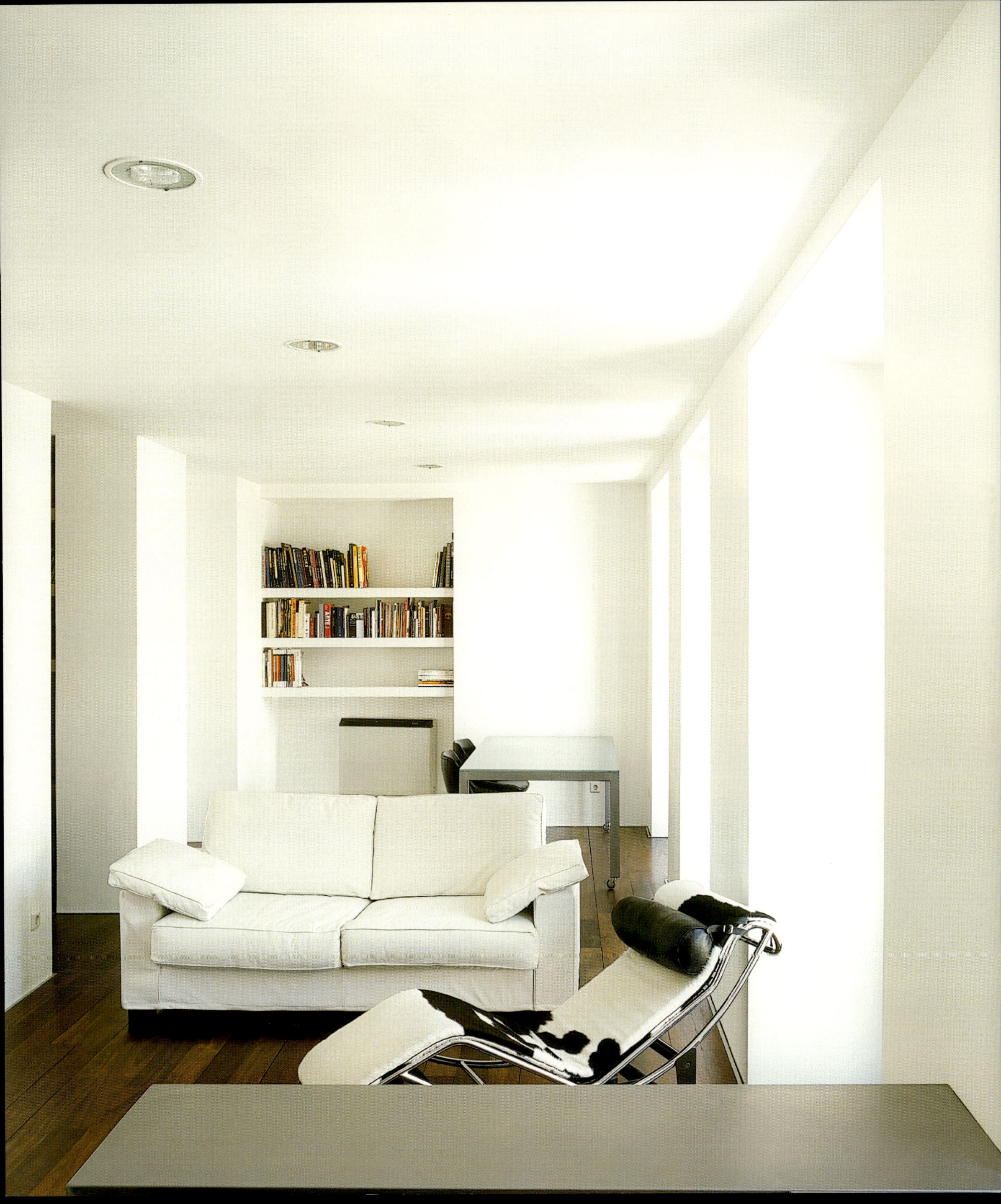

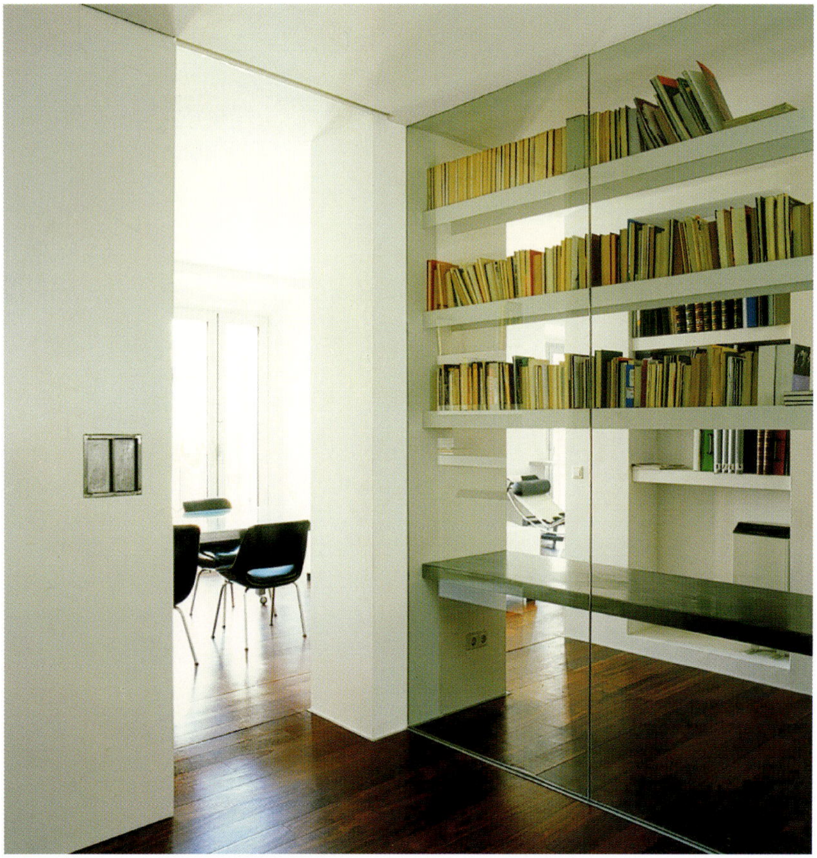

75

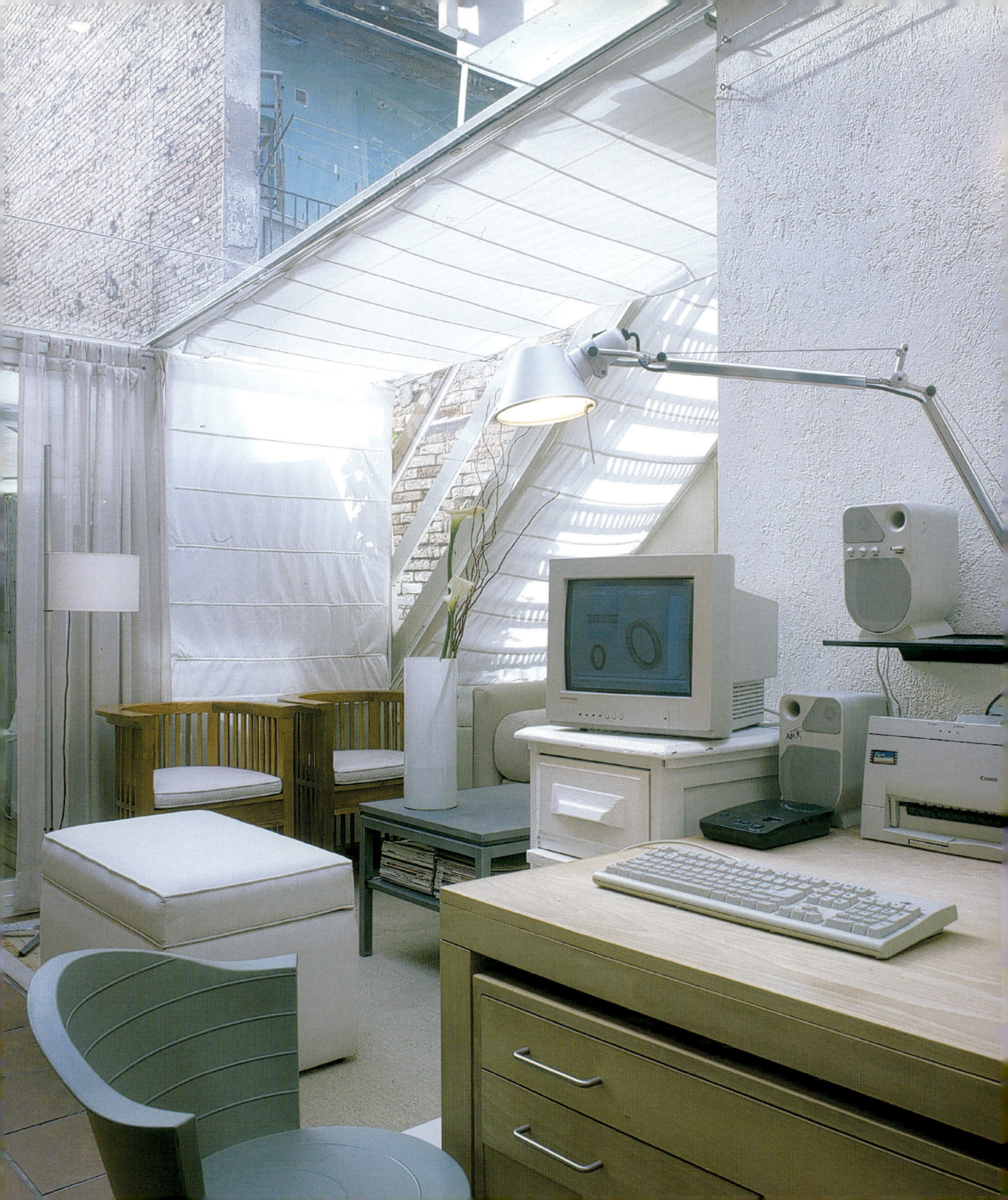

Haehndel y Coll

Un establo reformado

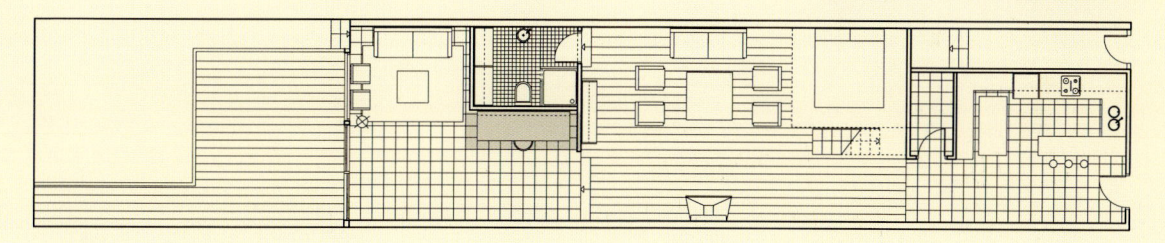

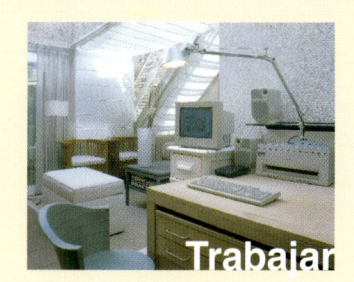

77

Localización
Sant Cugat del Vallès, España
Superficie
80 m²
Fotógrafo
David Cardelús

Esta vieja casa se sitúa en el centro de Sant Cugat del Vallès, en la provincia de Barcelona. El edificio, originariamente, alojaba un establo que fue construido al estilo de los hogares más viejos y tradicionales de esta zona. Posteriormente, este espacio se convirtió en el taller de un sastre.

Tras varios años en los que permaneció vacante y en desuso, dos jóvenes parejas lo restauraron de acuerdo con sus requerimientos. El área que una vez alojó un establo y posteriormente el taller de costura es actualmente el salón, que conserva el original techo abovedado catalán en espina de pez. La luz es la característica más llamativa del estudio, gracias a un techo y a una puerta de cristal que se abre a un pequeño jardín de ambiente japonés. Tanto para el espacio interior como para el exterior, los arquitectos eligieron un suelo de madera que otorga unidad a la casa y ofrece una sensación de longitud y espaciosidad. Otro de los puntos clave del proyecto es la distinción de dos atmósferas distintas: el interior combina elementos antiguos junto con líneas sencillas, mientras que el exterior es mucho más moderno.

79

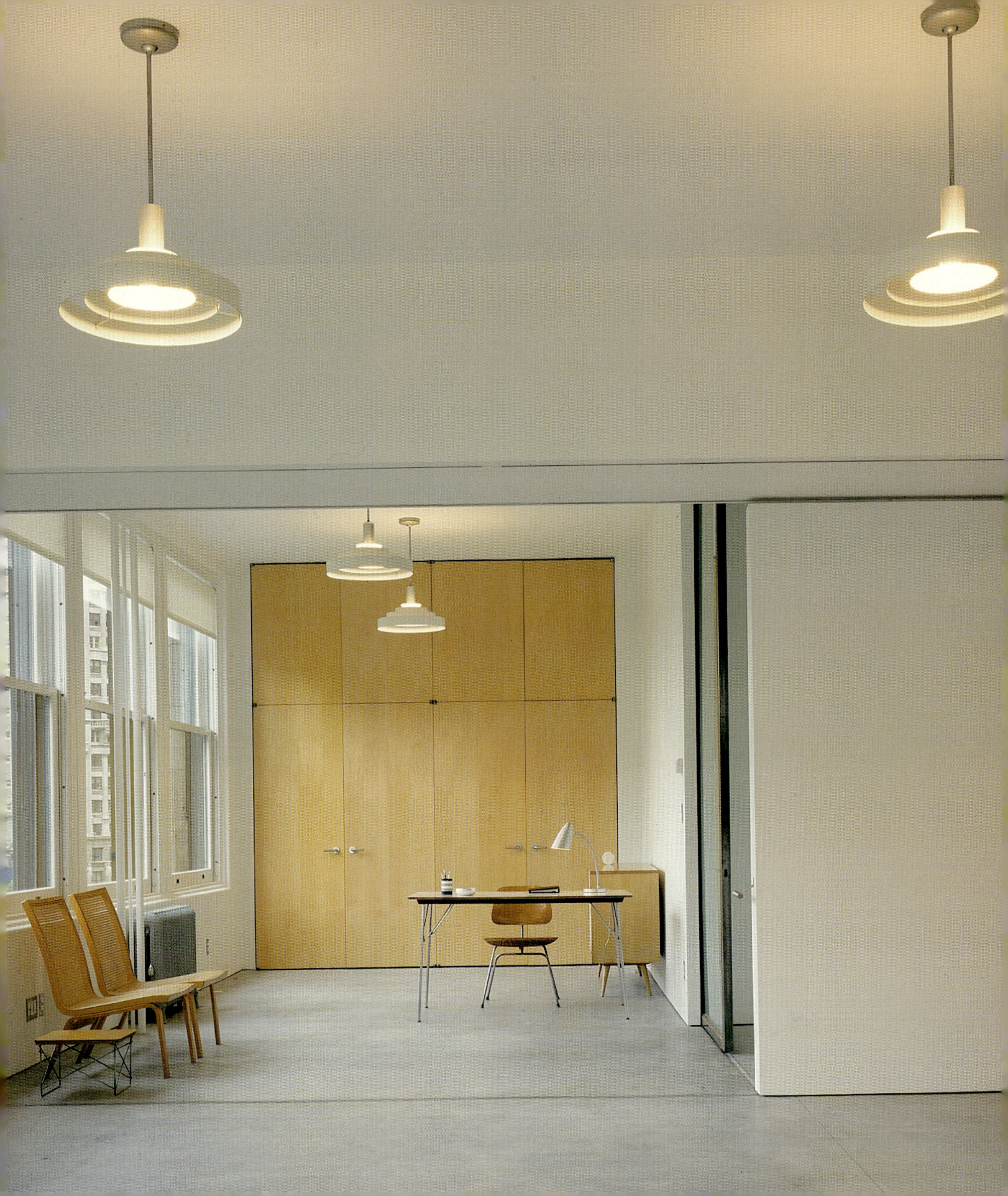

Belmont Freeman Architects
Residencia Rosenberg

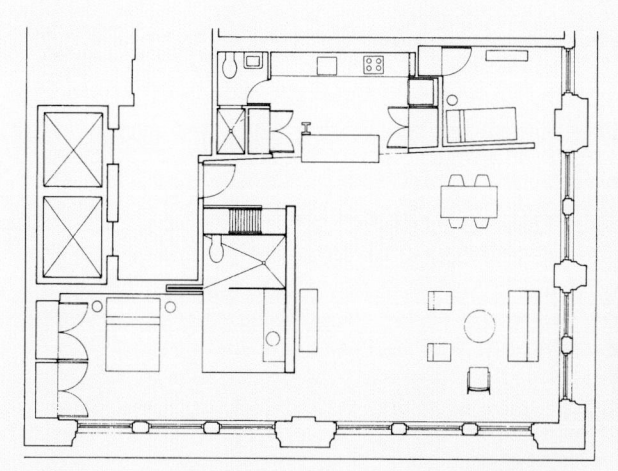

Planta superior

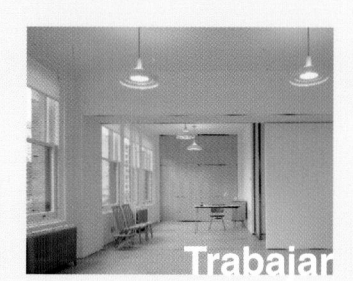

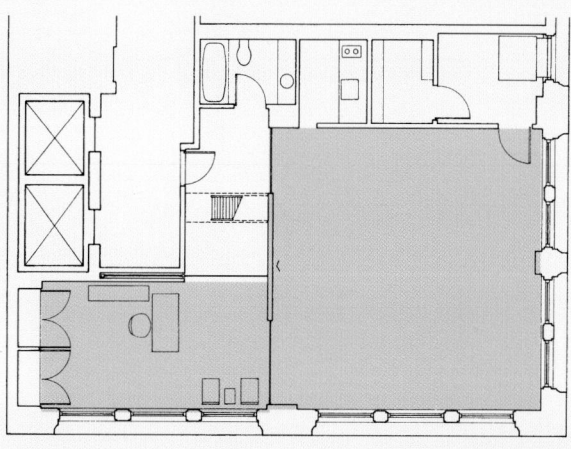

Planta inferior

Localización

Nueva York, Estados Unidos

Superficie

279 m²

Fotógrafo

Christopher Wesnofske

La residencia Rosenberg, situada en el bajo Manhattan, en un edificio comercial de principios del siglo XX que fue transformado para su uso residencial durante la década de los ochenta, extrae el máximo partido de esta dualidad de su pasado. El emplazamiento de la vivienda y el estudio en diversos niveles ha permitido a sus habitantes disfrutar de ambientes específicos y distintos dentro del mismo apartamento.

El proyecto incluye dos niveles recientemente restaurados que albergan la oficina, el estudio y el hogar de un amante del arte. La relación entre las dos unidades tuvo un papel destacado y permitió a los arquitectos desarrollar un plan que paradójicamente conecta y separa los dos niveles mediante la utilización de materiales específicos.

En la planta superior de la vivienda se sitúan el salón, la cocina y dos dormitorios. El muro externo, libre de divisiones, recibe abundante luz del norte. La planta inferior, que alberga la oficina y el estudio, se caracteriza por un suelo restaurado, limpiado con chorro de arena y cubierto de zinc fundido. Dos pantallas móviles, una confeccionada con cartón yeso y la otra de cristal translúcido, facilitan la distribución de la vivienda. Los dos niveles están unidos por una escalera típica de las construcciones navales, que separa las zonas diurnas y nocturnas.

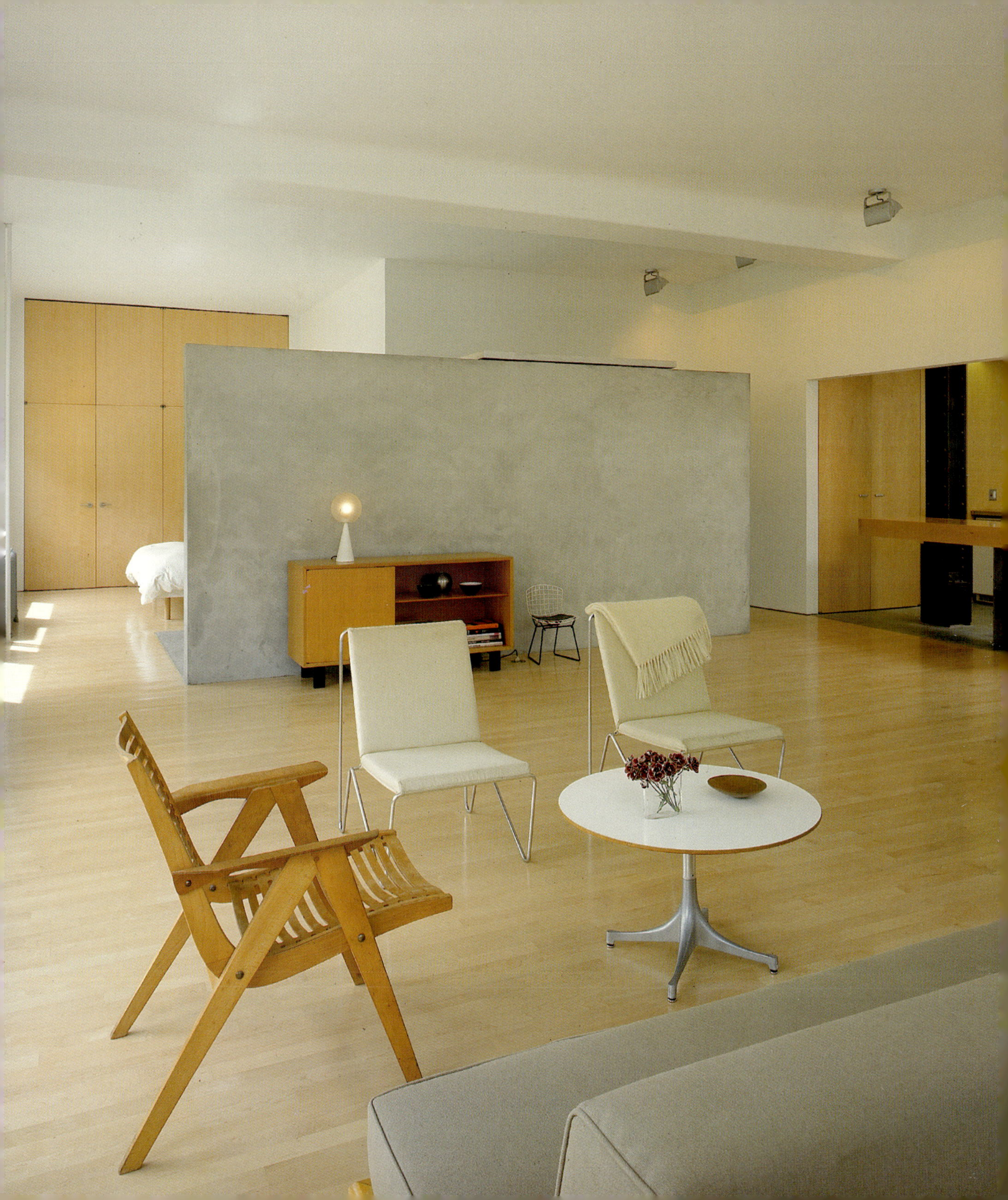

84

La planta superior alberga el salón, la cocina y los dos dormitorios, a los que se accede por esta escalera típica de las construcciones navales.

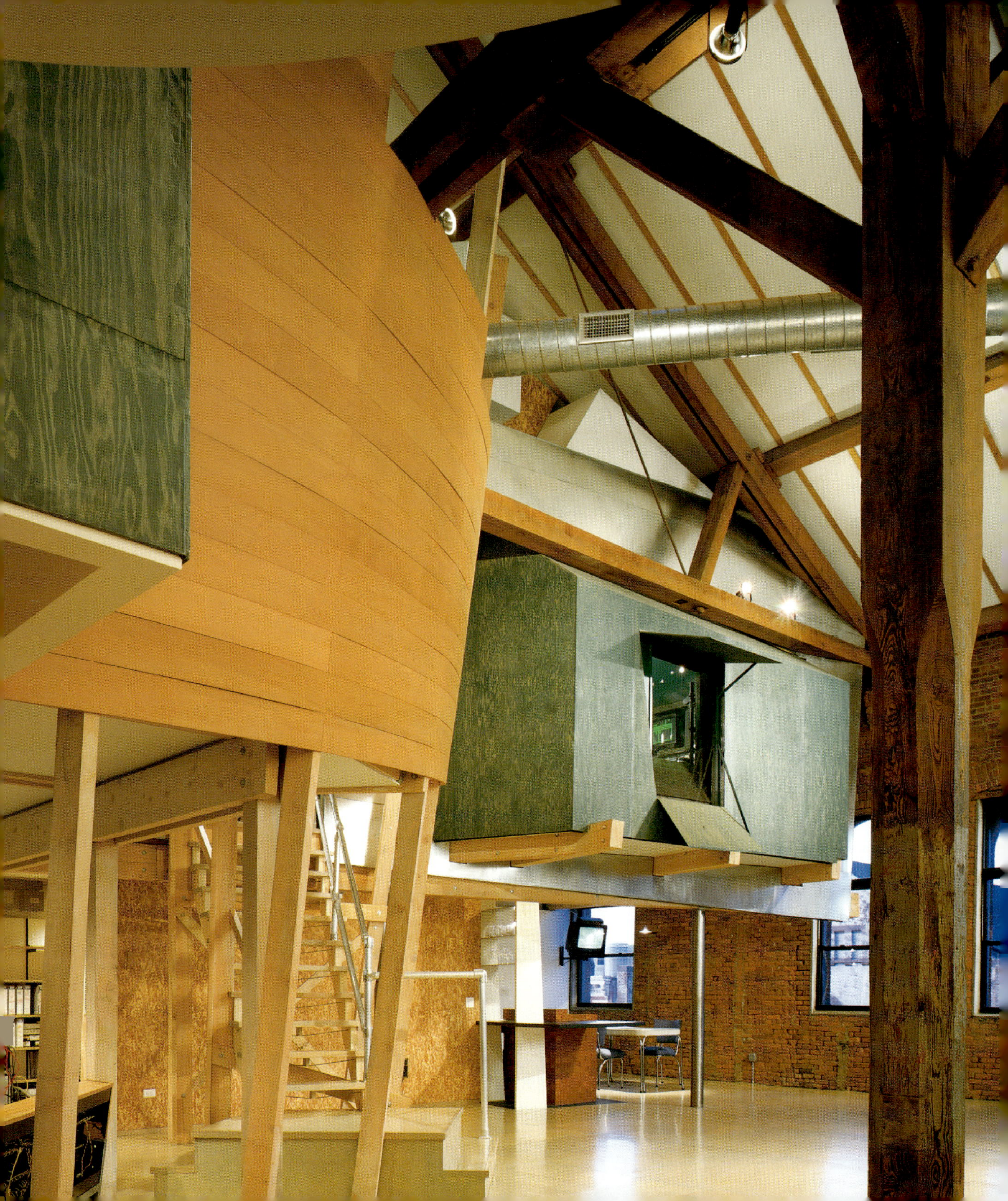

Abelow Connors Sherman Architects

Loft en Jersey

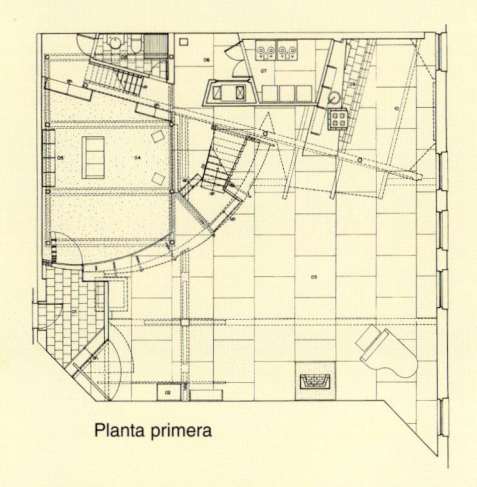

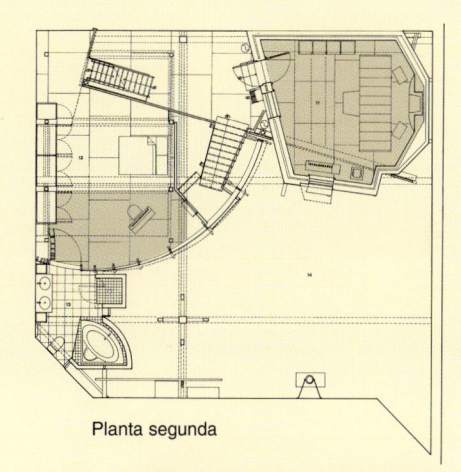

87

Trabajar

Planta primera

Planta segunda

Vivir

Localización
Jersey, Nueva Jersey, Estados Unidos

Superficie
225 m²

Fotógrafo
Michael Moran

Este proyecto es relevante por la naturaleza industrial de su diseño y la diversidad de materiales y elementos de construcción empleados. El edificio, que en sus orígenes albergó un almacén y un establo, data del año 1880 y se caracteriza por los techos inclinados, un entramado de vigas, pilares de madera y paredes de ladrillo. Los arquitectos querían ser fieles a la esencia del edificio, por lo que concentraron sus esfuerzos en los requerimientos funcionales de la vivienda y del espacio profesional.

El cliente, músico y productor, necesitaba, además de todos los elementos domésticos convencionales, una oficina y un estudio de grabación completamente equipado. Se sintetizó de manera creativa las funciones domésticas y las necesidades profesionales del cliente.

Tanto la acústica de la vivienda como la del estudio de grabación quedaron acentuadas gracias al alto techo de tres pisos de altura. La cocina, el comedor, la biblioteca y la sala del ordenador están en la planta primera, mientras los dos niveles superiores albergan los dormitorios y la sala de control y mezclas. La forma de la vivienda permite conexiones tanto verticales como horizontales entre la estructura global y las nuevas formas. Los paneles móviles y las aberturas en algunas de las paredes posibilita la combinación de ciertas habitaciones. El estilo de vida del cliente demanda una flexibilidad que sea capaz de adaptarse a la cambiante escena de su hogar.

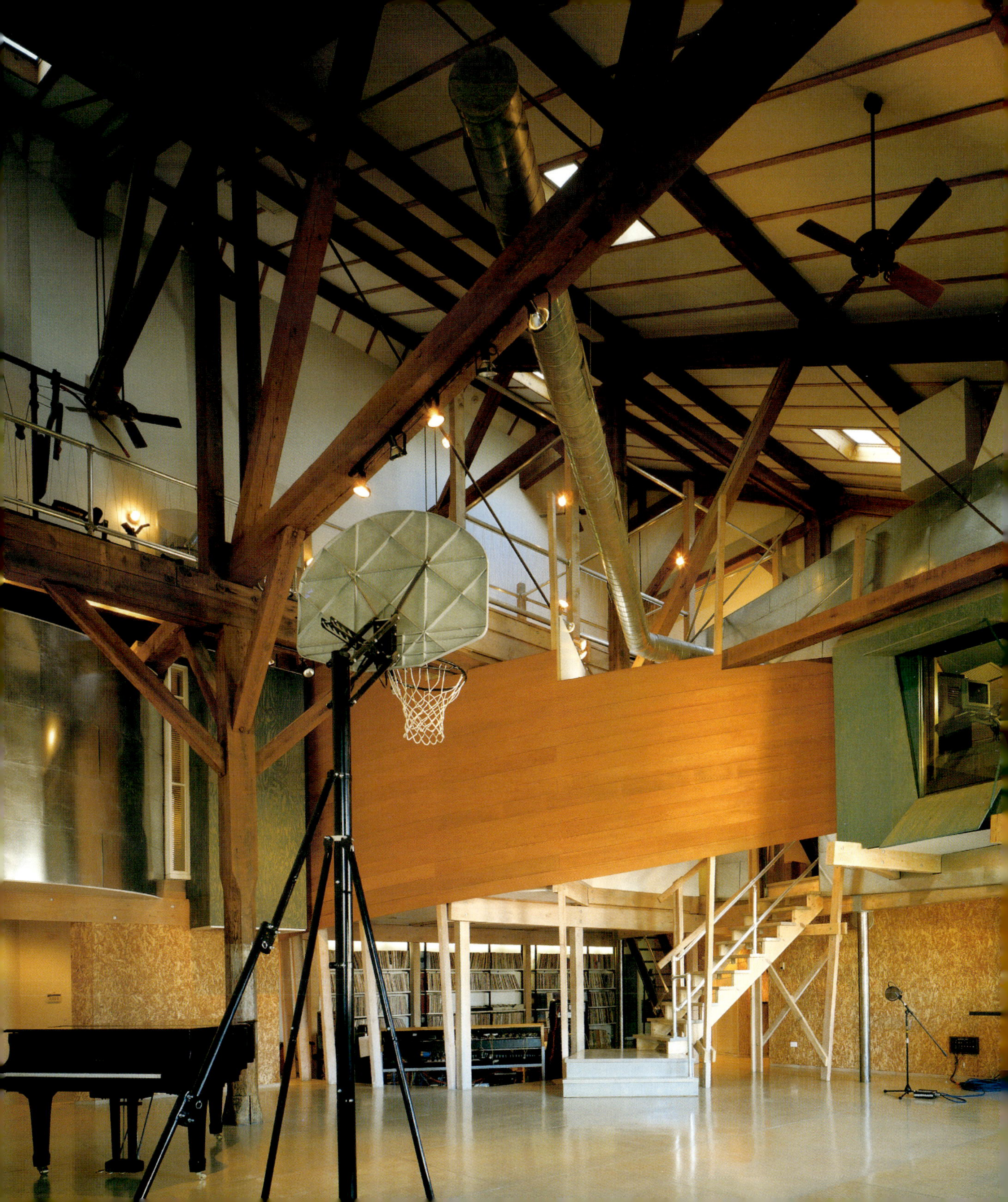

90

91

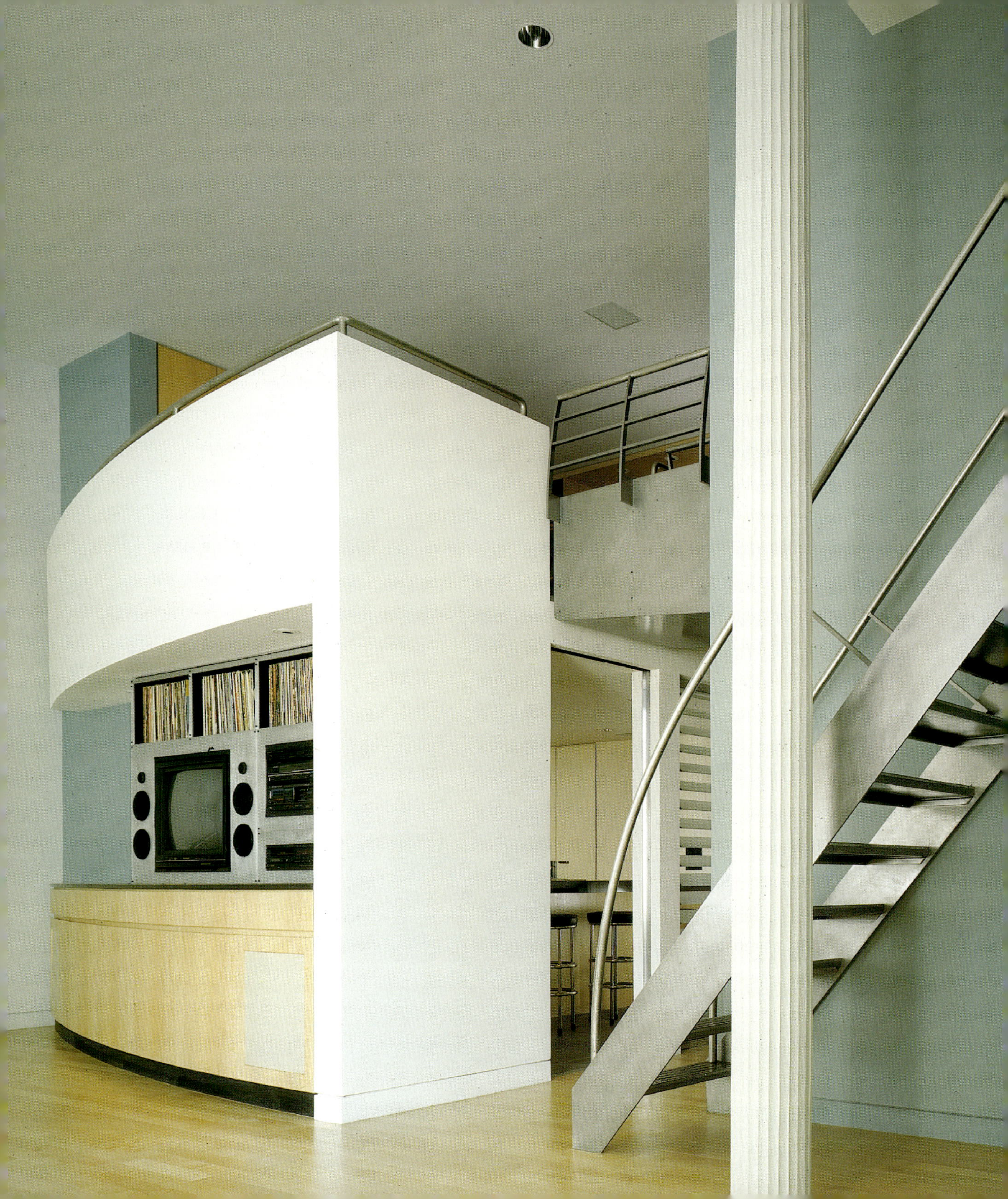

Frank Lupo y Daniel Rowen
Apartamento Lipschutz-Jones

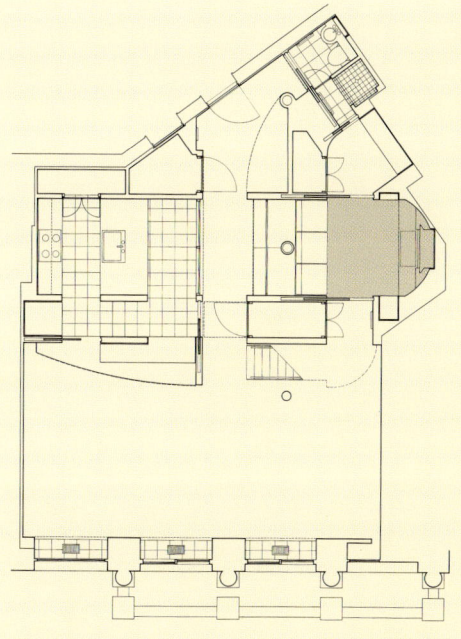

93

Planta inferior

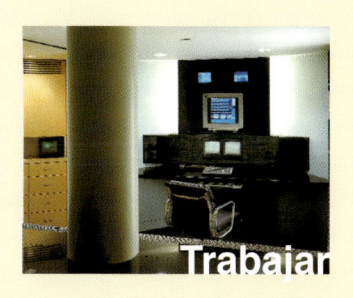

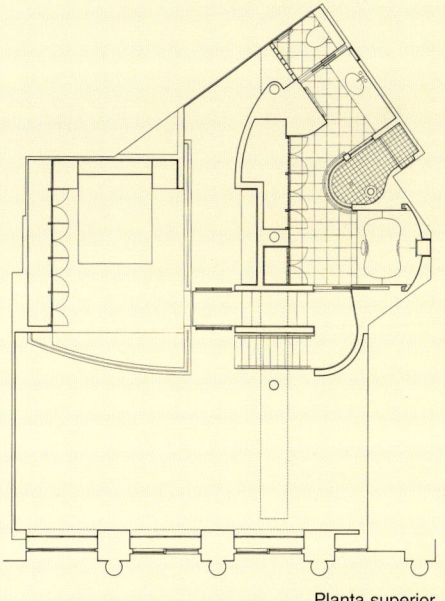

Vivir

Trabajar

Planta superior

Localización
Nueva York, Estados Unidos

Superficie
148 m²

Fotógrafo
Michael Moran

El apartamento fue diseñado para una pareja de corredores de bolsa de Wall Street, que deseaban una vivienda flexible y abierta con una área de trabajo. Debía tratarse de un espacio que diera cabida a sofisticados ordenadores y sistemas de comunicación que les permitieran seguir de cerca el mercado internacional en cualquier momento.

El salón de dos plantas queda situado en la parte delantera, mientras que dos niveles más atrás, junto al muro que define el corredor interno del edificio, se sitúan las actividades principales. Un alto y estrecho pasillo comunica las habitaciones y divisiones de los distintos ambientes. El dormitorio se ubica sobre la cocina, y la oficina se encuentra en el otro lado, bajo el baño principal. Esto supone que el área profesional queda separada del dormitorio, pero puede ser vista desde la cocina y el pasillo central. Además de los ordenadores de la oficina, hay seis pantallas distribuidas a lo largo del apartamento.

Una escalera de acero conduce a la planta segunda, donde una viga reduce el impacto de la desnudez creada por el pasillo y funciona también como biblioteca. En el resto de la casa, el amplio abanico de materiales empleados, entre ellos madera de arce, mármol, granito y cristal translúcido, otorgan al proyecto un fuerte carácter visual.

Los clientes deseaban, fundamentalmente, una sala que incorporara sofisticados ordenadores y sistemas de comunicación para seguir las evoluciones del mercado internacional a cualquier hora.

96

97

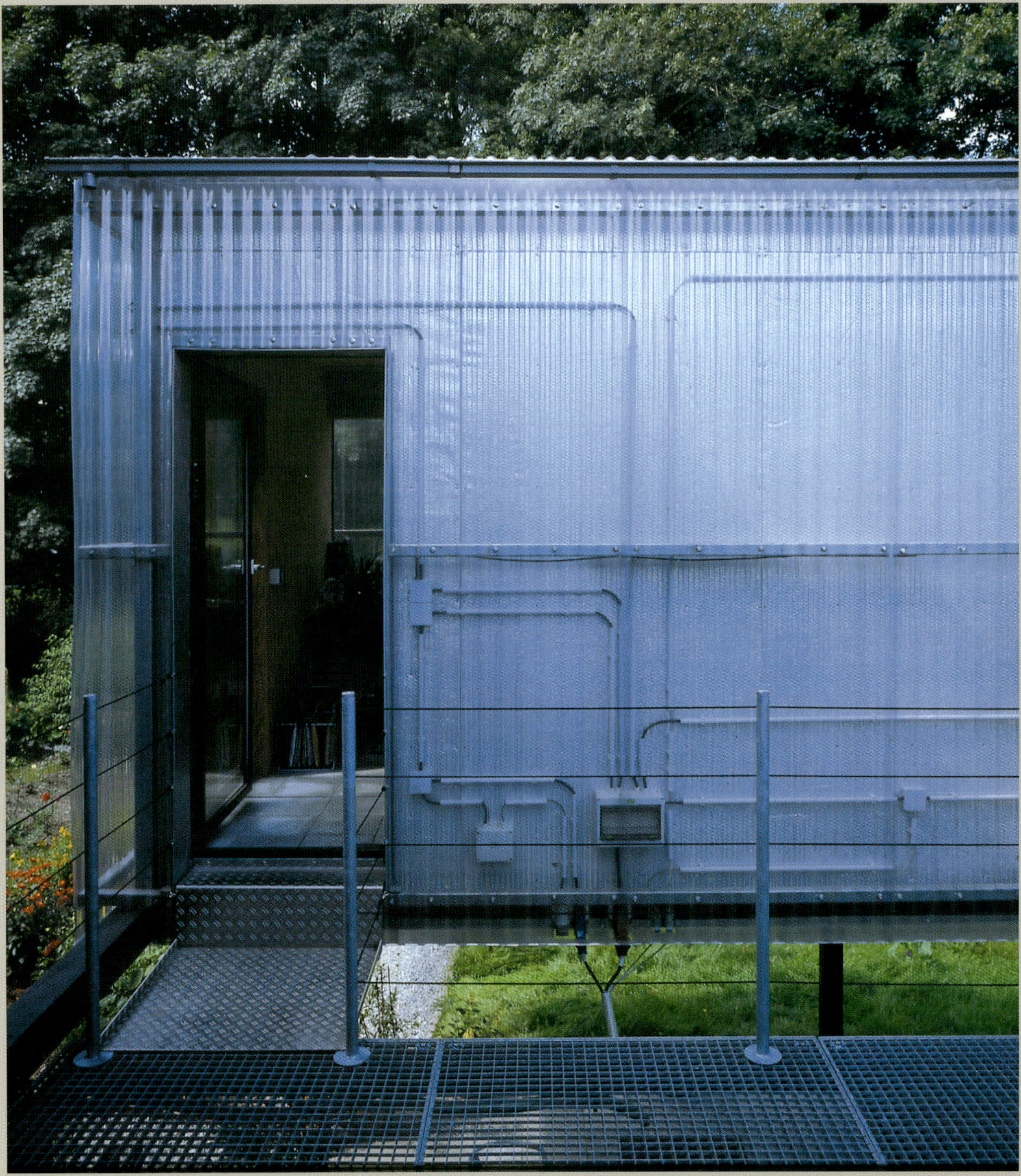

Kalhöfer & Korschildgen
Estudio móvil en Remscheid

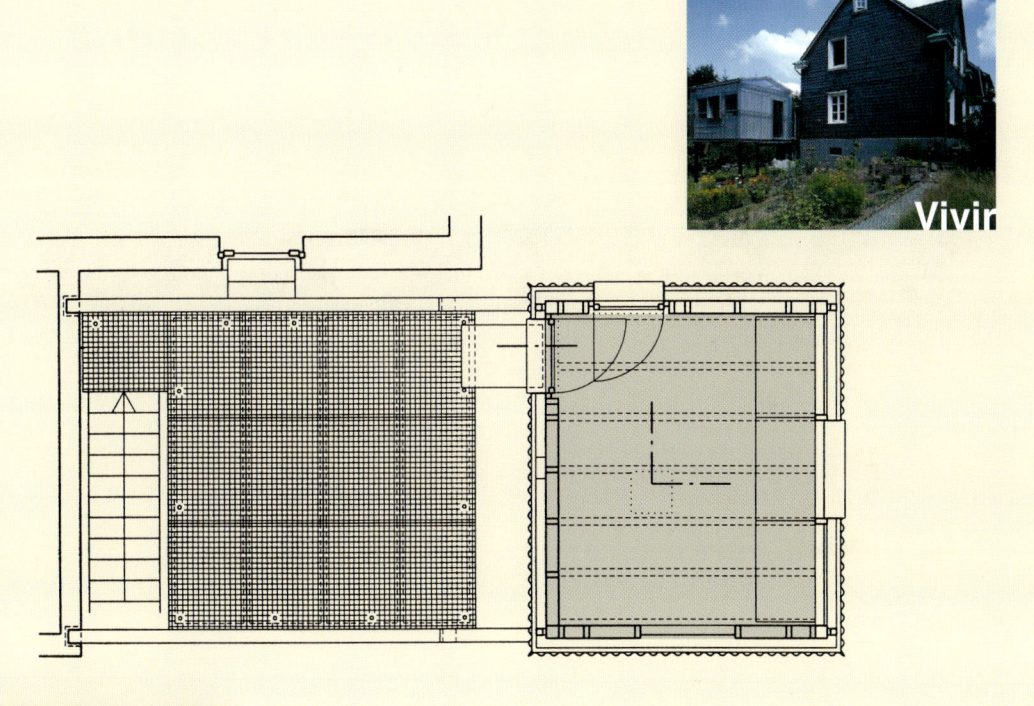

99

Vivir

Trabajar

Localización
Remscheid, Alemania
Superficie
40 m²
Fotógrafo
Wilfried Dechau

Los clientes de este proyecto, dos periodistas, necesitaban un ambiente de trabajo flexible donde pudiesen asumir distintas funciones. Los jóvenes arquitectos que contrataron se presentaron con una solución radical y sorprendente: un estudio sobre carriles que pudiera ser colocado según sus deseos.

Los propietarios tenían una especial afición al jardín, así que los arquitectos decidieron que el lugar ideal debía ser junto a este espacio abierto. Situado en un ángulo libre contiguo a la casa, la estructura se separa de la vivienda durante el verano, y en el invierno queda unida a ella. En ambos casos resulta beneficioso. Desde junio hasta septiembre se obtiene una terraza al aire libre y en la época invernal los habitantes pueden ir a trabajar sin abrigo, ya que no es necesario acceder al estudio desde el exterior.

El estudio está basado en un modelo de expansión llevado a cabo en los años cincuenta. La superficie externa está compuesta de láminas onduladas de PVC transparente, que mantienen el frío en el exterior; la interna, con aislante y madera contrachapada.

La casa puede ser reconvertida estación tras estación y resulta fácil realizar cambios, de tal manera que el estudio puede transformarse en un invernadero. El mobiliario fue diseñado de tal modo que la eliminación del espacio de trabajo no supusiera un coste excesivo.

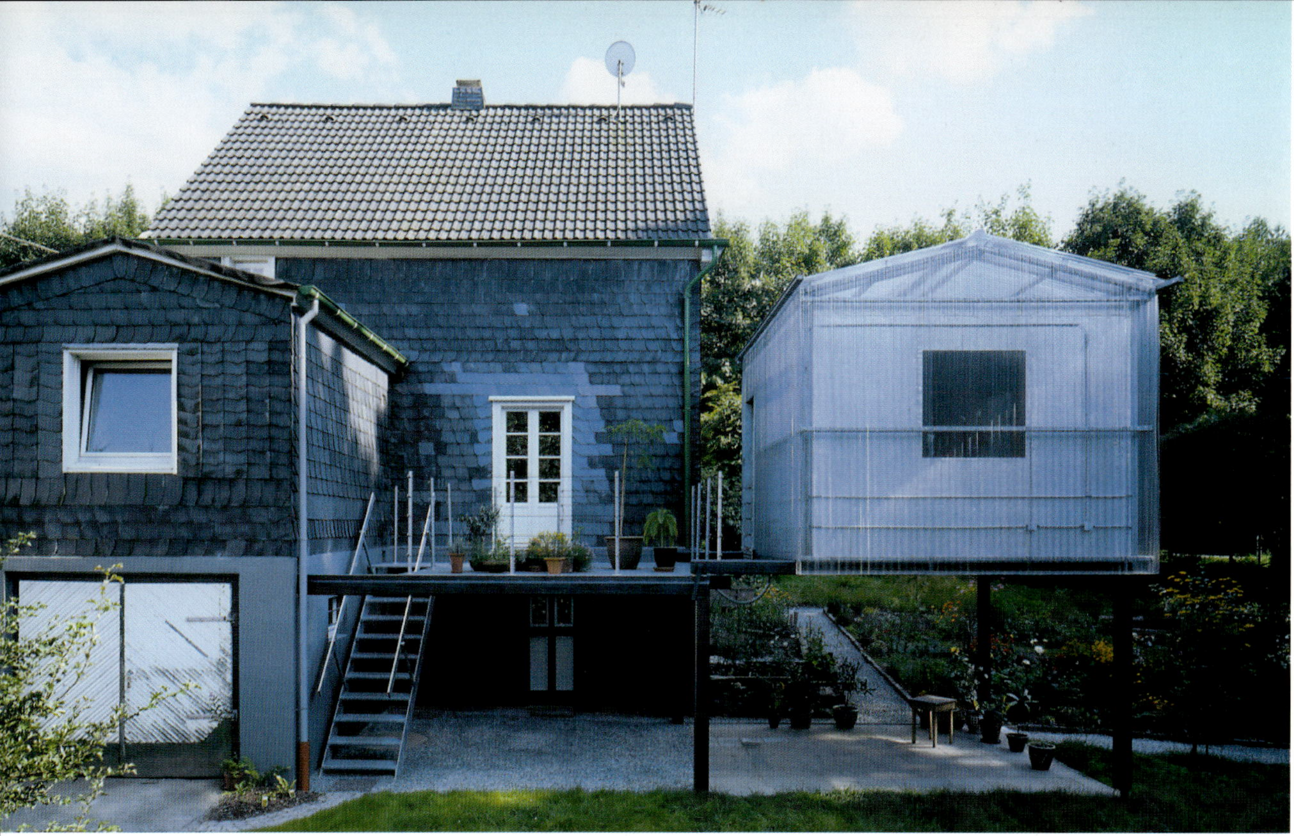

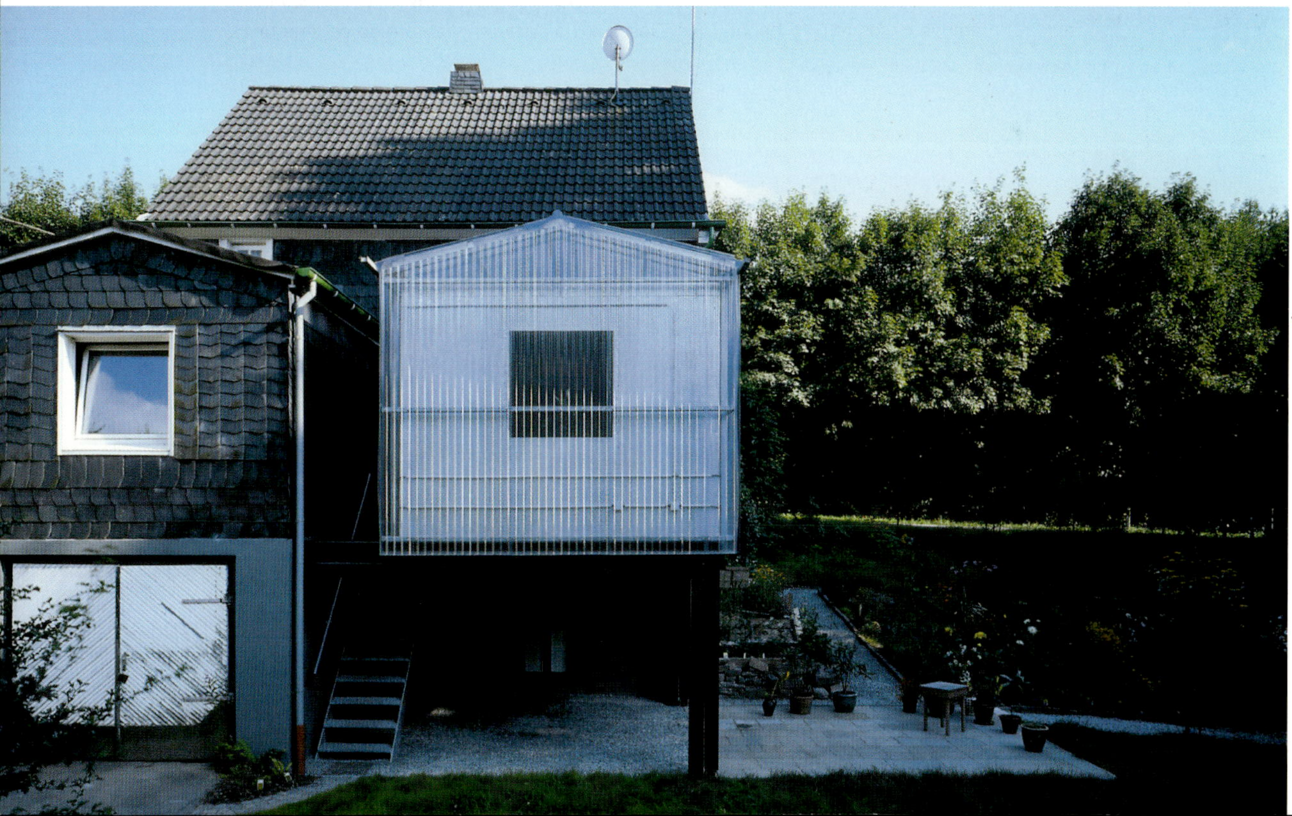

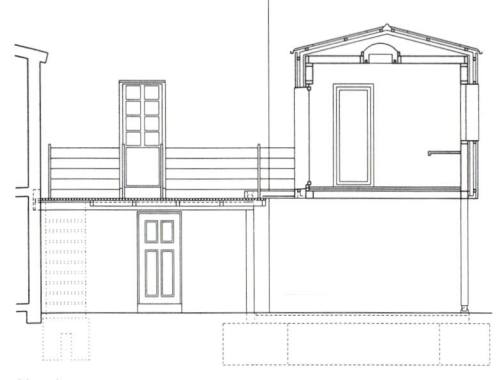

Alzado

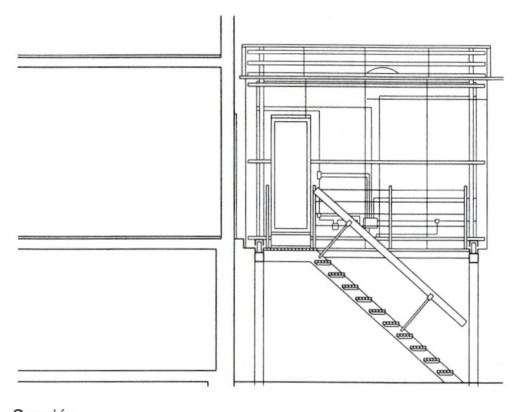

Sección

| 102 | Este estudio móvil explota las ventajas de tener un área de trabajo aparte y resulta fácil realizar cambios, de tal manera que puede transformarse en un invernadero. |

103

Arquitectos

104

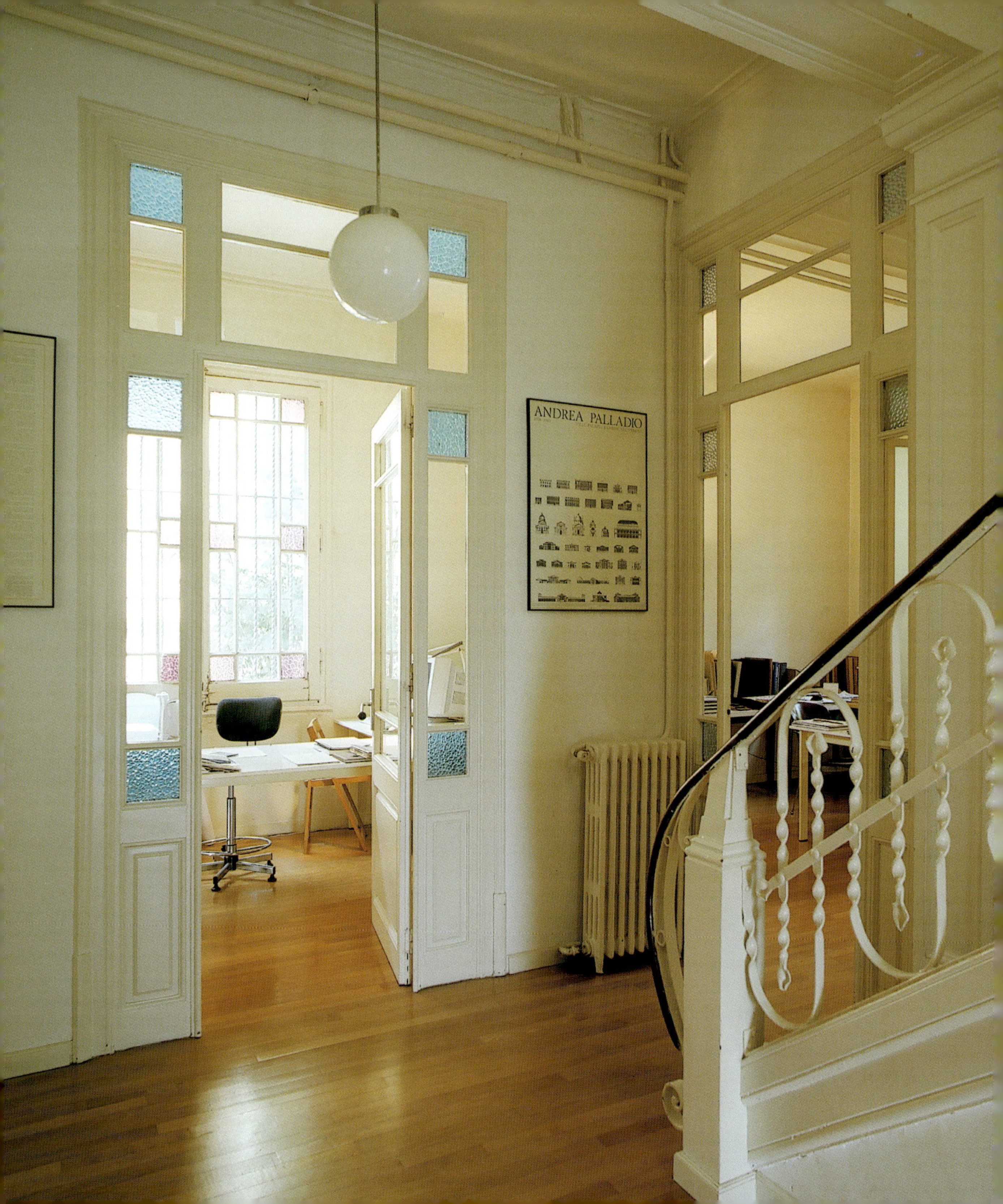
ANDREA PALLADIO

Xavier Gomà

Torre reformada

107

Vivir

Trabajar

Localización
Barcelona, España
Superficie
298 m²
Fotógrafa
Nuria Fuentes

Situada en una típica torre barcelonesa, la vivienda y la oficina quedan distribuidas en los dos niveles de un edificio de principios del siglo XX. Originalmente residencia de verano de una gran familia, la torre fue adquirida por su propietario actual en los años setenta con el deseo de hacer de ella su hogar y su estudio.

Diversas series de renovaciones a lo largo de los años transformaron el antiguo lugar en la oficina y la vivienda que es en la actualidad. Para preservar su intimidad, el arquitecto ubicó su oficina en la planta inferior y el área de vivienda en la superior. El mayor reto para esta solución, en cualquier caso, fue eliminar la cocina de la planta inferior en la que se situaba. Una nueva cocina fue construida en el nivel superior, con acceso directo a una terraza-comedor al aire libre. La distribución interna del espacio se conservó intacta en su mayoría, a excepción de las múltiples divisiones que fueron trasladadas con el objeto de lograr una planta más abierta.

El anterior suelo de tilo, común en los apartamentos de Barcelona, fue sustituido por parqué. Un pulcro trabajo de pintura, sumado al práctico y contemporáneo mobiliario, completa el renovado aspecto del lugar. Un amplio arco crea un atractivo pasaje entre dos de las áreas de trabajo, y una más queda abierta hacia un patio exterior privado.

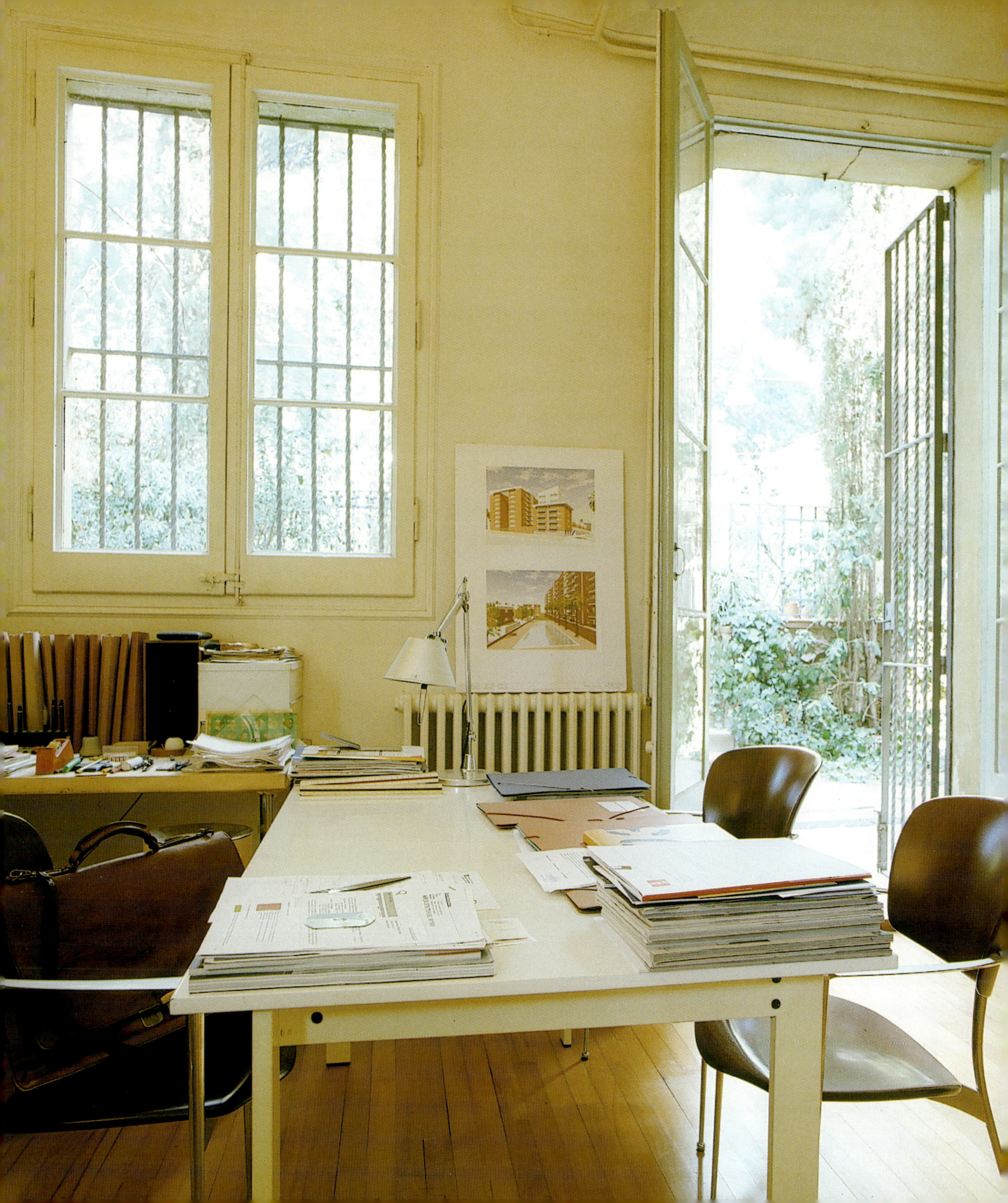

110 | Un cuidado trabajo de pintura sumado al práctico y contemporáneo mobiliario completan el renovado aspecto del espacio.

111

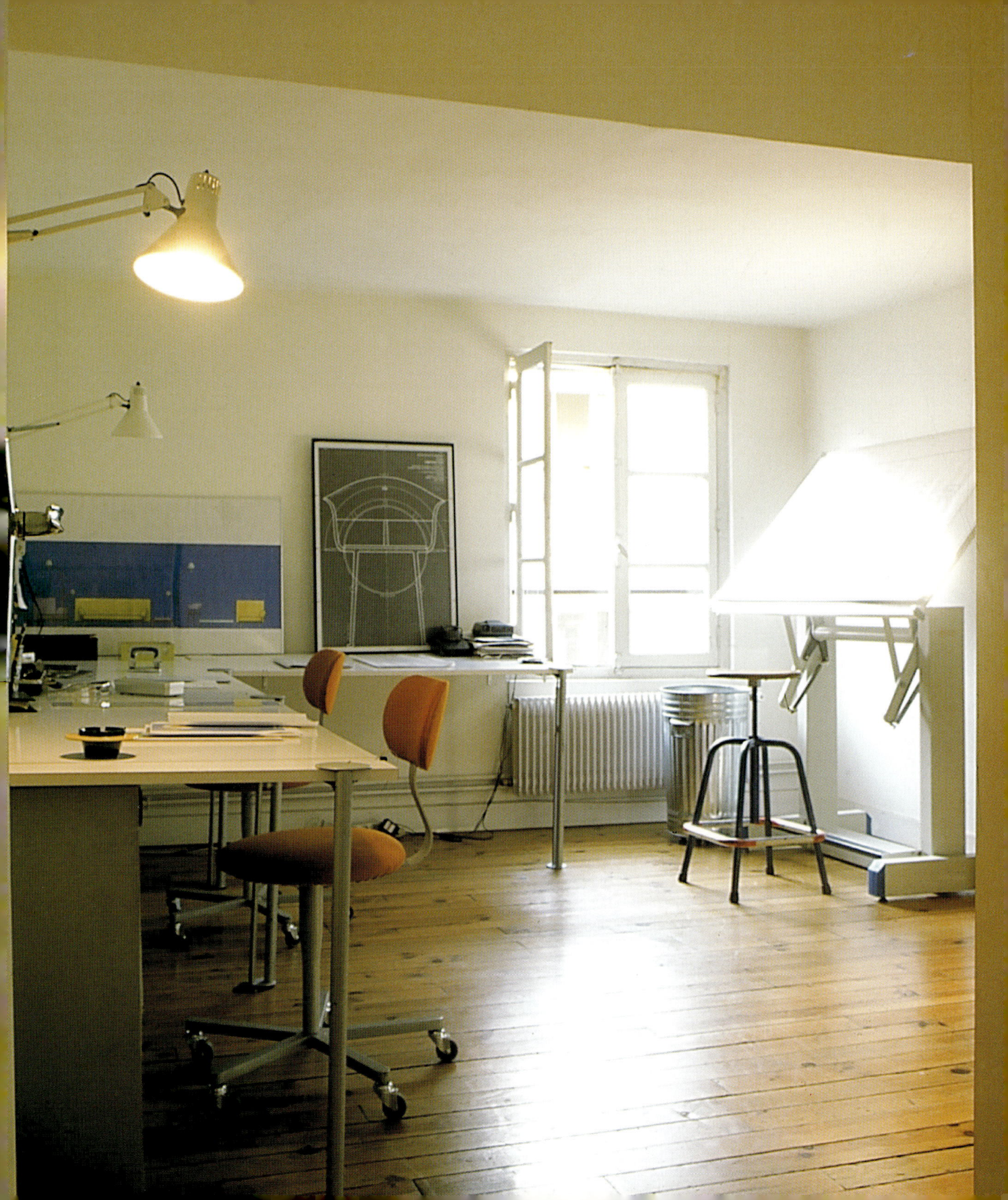

Christophe Pillet

Apartamento Christophe Pillet

113

Vivir

Trabajar

Localización

París, Francia

Superficie

125 m²

Fotógrafo

Agence Omnia

El prestigioso arquitecto Christophe Pillet planeó su vivienda parisina –un hogar con estudio– próxima al histórico cementerio Père Lachaise. La renovación consistió en tres sencillos pasos: retirar tantos muros como fuera posible para dotar al lugar del máximo espacio; limpiar y conservar la estructura, y pintarlo todo de blanco.

Este enfoque tuvo como resultado un ambiente austero donde el vacío, la luz que inunda la casa por los múltiples ventanales y los dos inmensos tragaluces sobre el área de vivienda se convierten en los motivos centrales. La residencia gira alrededor de los dos espacios principales: el salón-comedor y, en otro nivel, el estudio de dos ámbitos.

El estudio fue decorado con la misma simplicidad que Pillet había aplicado a la zona de vivienda. Su lugar de trabajo es una mesa con forma de L apoyada contra la pared y un caballete enfrente. Se ha conservado la estructura originaria de madera de los marcos de las ventanas, pintados de blanco; el sistema de radiadores con las tuberías desnudas, y la tarima de madera. Subrayando la sobriedad y la moderación, Pillet ha creado un ambiente flexible y confortable donde vivir y trabajar.

115

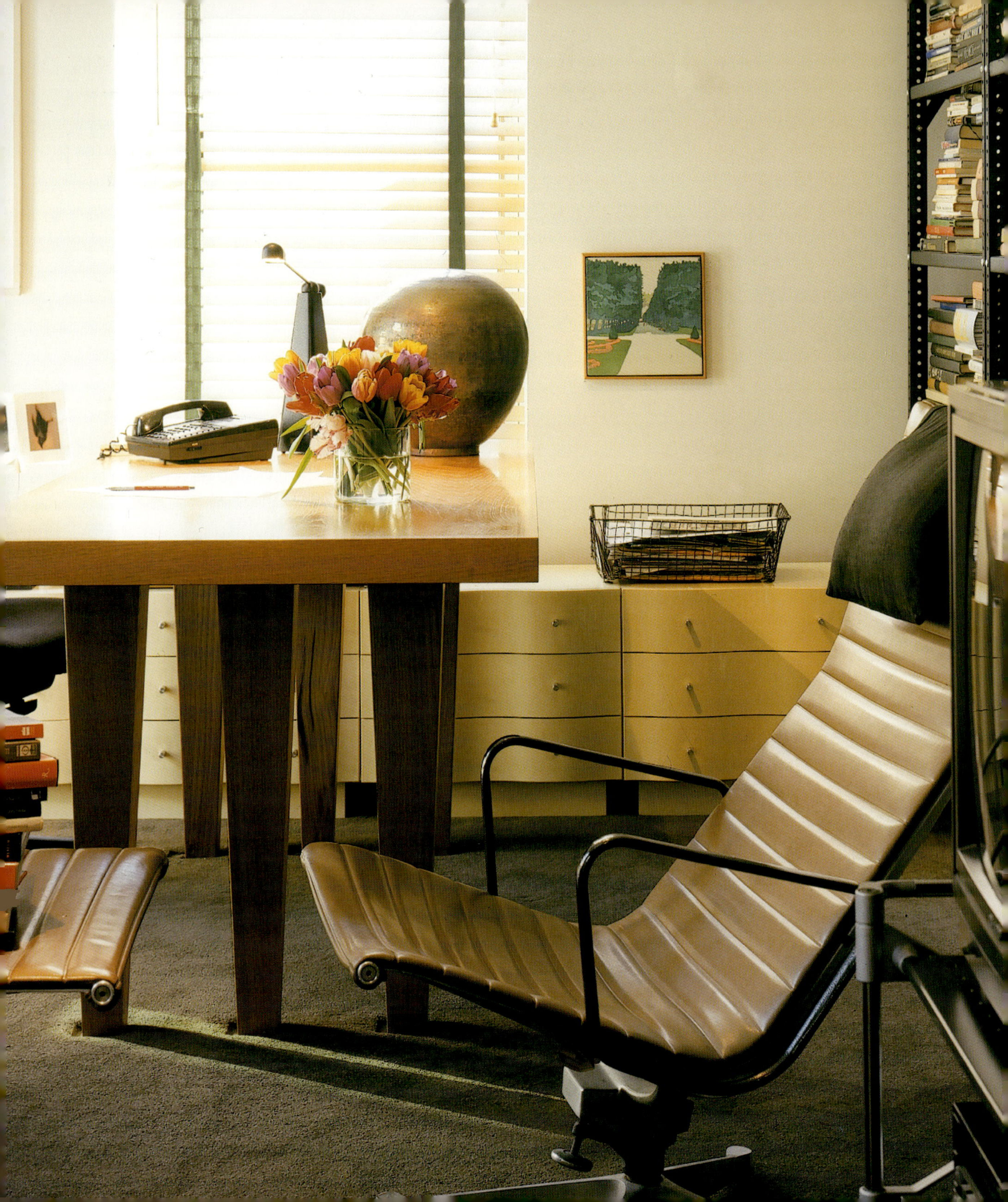

Fury Design

Oficina y salón

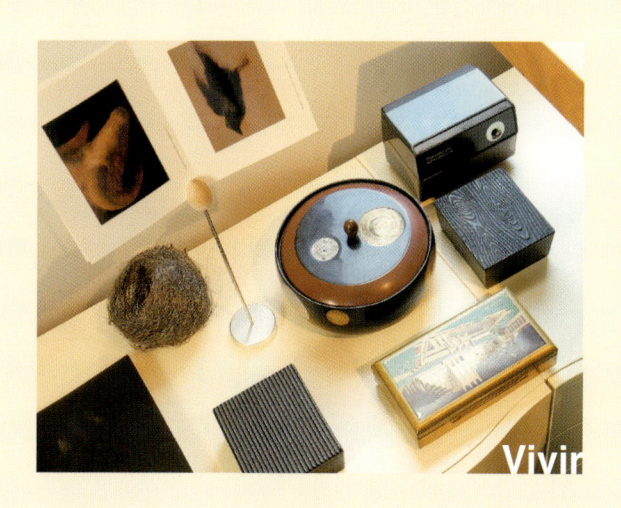

117

Vivir

Trabajar

Localización
Filadelfia, Pensilvania, Estados Unidos
Superficie
93 m²
Fotógrafa
Catherine Tighe

La oficina y el hogar de los arquitectos James Fulton y Eric Rymshaw es compacta y está creativamente diseñada. La gran variedad de prácticas piezas de mobiliario y la cuidadosa posición de los objetos generan una atmósfera de pulcritud y eficacia equilibrada por elementos estéticos.

Aunque la oficina ocupa toda una habitación, el espacio no resulta muy generoso y requiere de una habilidosa distribución del mobiliario para no ofrecer una sensación de desorden. Una gran estantería a lo largo del muro de mayor largura muestra una colección de cerámica, libros y pequeños contenedores para otros objetos. Bajo la mesa rectangular ubicada de manera perpendicular a la ventana, se encuentra un archivador de poca altura que recorre la pared. Una práctica mesa supletoria y un carrito sobre ruedas se abren para crear un pequeño escritorio donde trabajar.

La oficina es utilizada también como salón, con algunos sillones y una pequeña mesa para clientes y otros invitados –la mesa de trabajo es demasiado pequeña para más de dos o tres personas–. Un cuidadoso mantenimiento del orden y la organización, junto con un diseño sensible y desenfadado, convierten el lugar en un práctico y atractivo espacio.

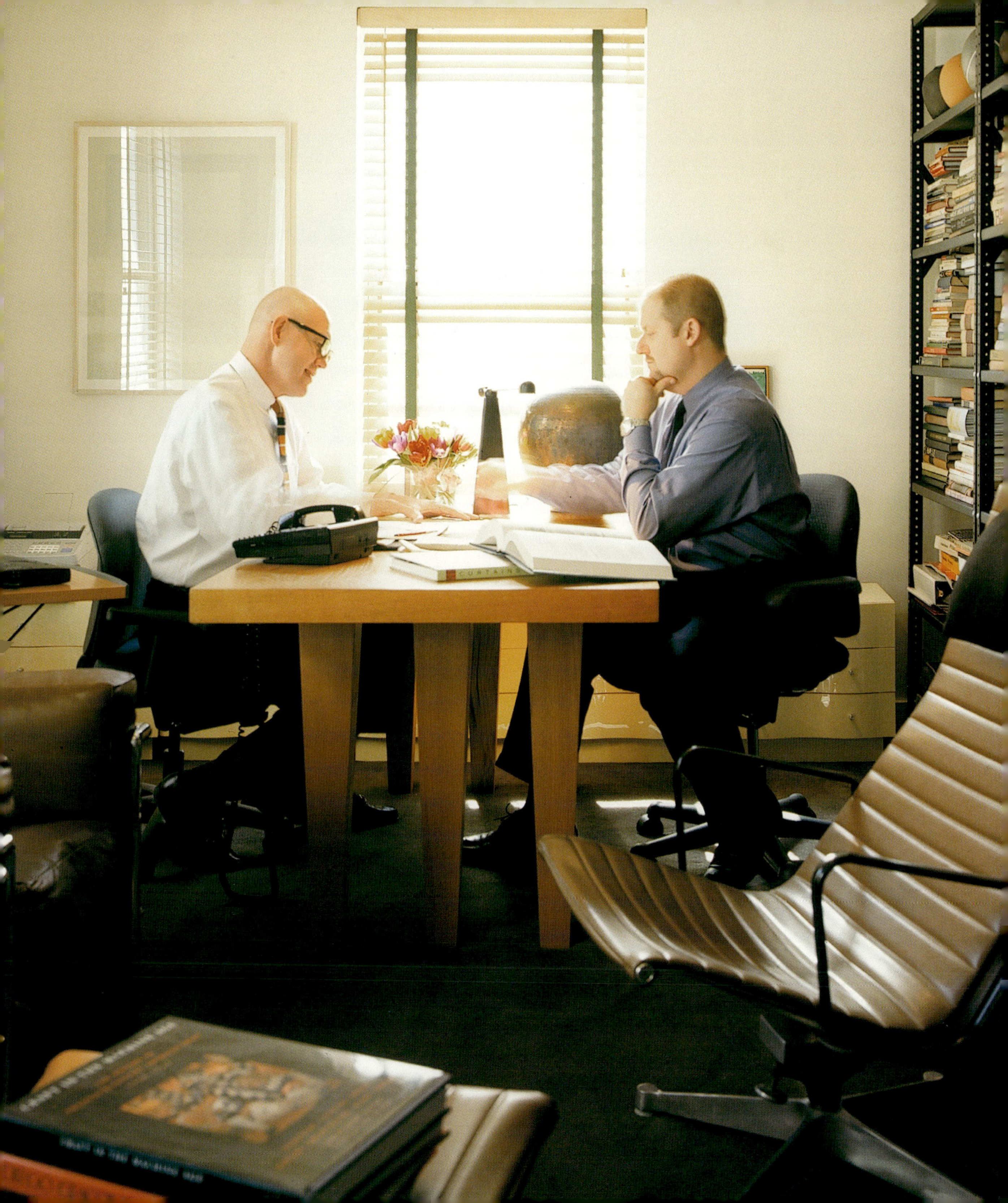

120 Una práctica mesa supletoria y un carrito sobre ruedas se abren para crear un pequeño escritorio donde trabajar.

121

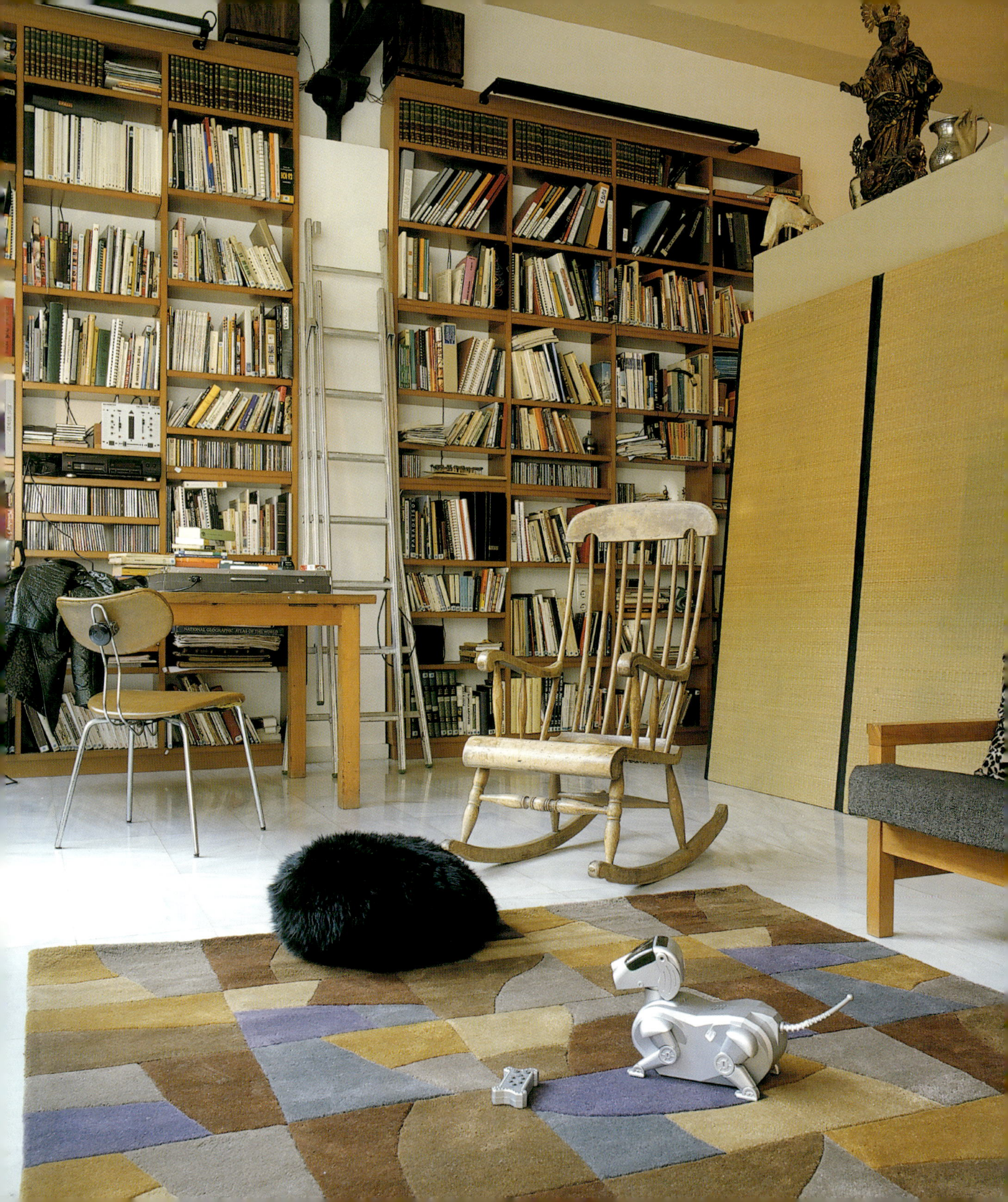

Oriol Roselló y Lucía Feu

Loft Oriol

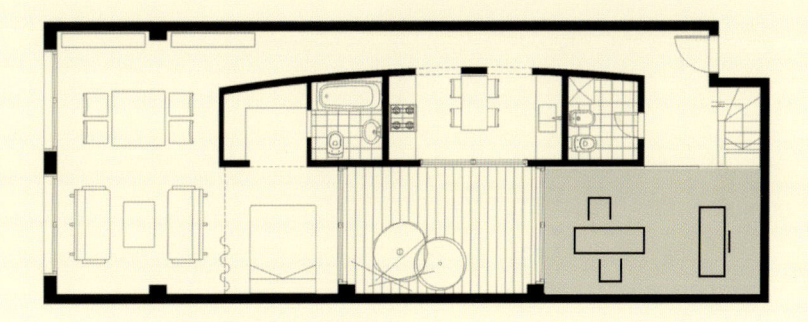

123

Vivir

Trabajar

Localización

Barcelona, España

Superficie

160 m²

Fotógrafo

Jordi Miralles

Hace unos años, una vieja fábrica textil situada en el Eixample de Barcelona fue transformada en un edificio de apartamentos. El arquitecto Oriol Roselló quiso mantener la planta baja del edificio intacta, siendo esta la única en la que se conservaron los detalles industriales originales como las columnas forjadas en hierro. Los distintos espacios de la vivienda se abren a dos patios: el mayor, al que se accede a través del gran salón-biblioteca, se convierte en un improvisado salón y comedor durante los meses más calurosos; al patio menor se llega por la cocina, el estudio y el dormitorio.

El loft es también el lugar de trabajo del arquitecto, que dividió su oficina en dos áreas: una en la parte interior del patio y la otra, en la vivienda, cerca de la entrada. Este nivel superior está construido sobre una red de vigas de metal que sostiene sólidas placas de madera. A ella se accede por una original escalera con estanterías incorporadas debajo y un módulo de metal que pende del techo; este magnífico diseño la convierte en un elemento funcional que proporciona luminosidad a un espacio de reducidas dimensiones. La cocina, separada de la entrada por un radiador de listones verticales, fue concebida como un ámbito práctico y funcional, donde los utensilios de cocina siempre quedan al alcance de la mano en las estanterías metálicas fijadas en la pared.

El mobiliario forma un conjunto ecléctico, que combina iconos como las sillas de oficina de Thonet, con otros elementos más sencillos en la cocina. Asimismo alfombras de Nani Marquina armonizan con piezas decorativas de distintos países del mundo.

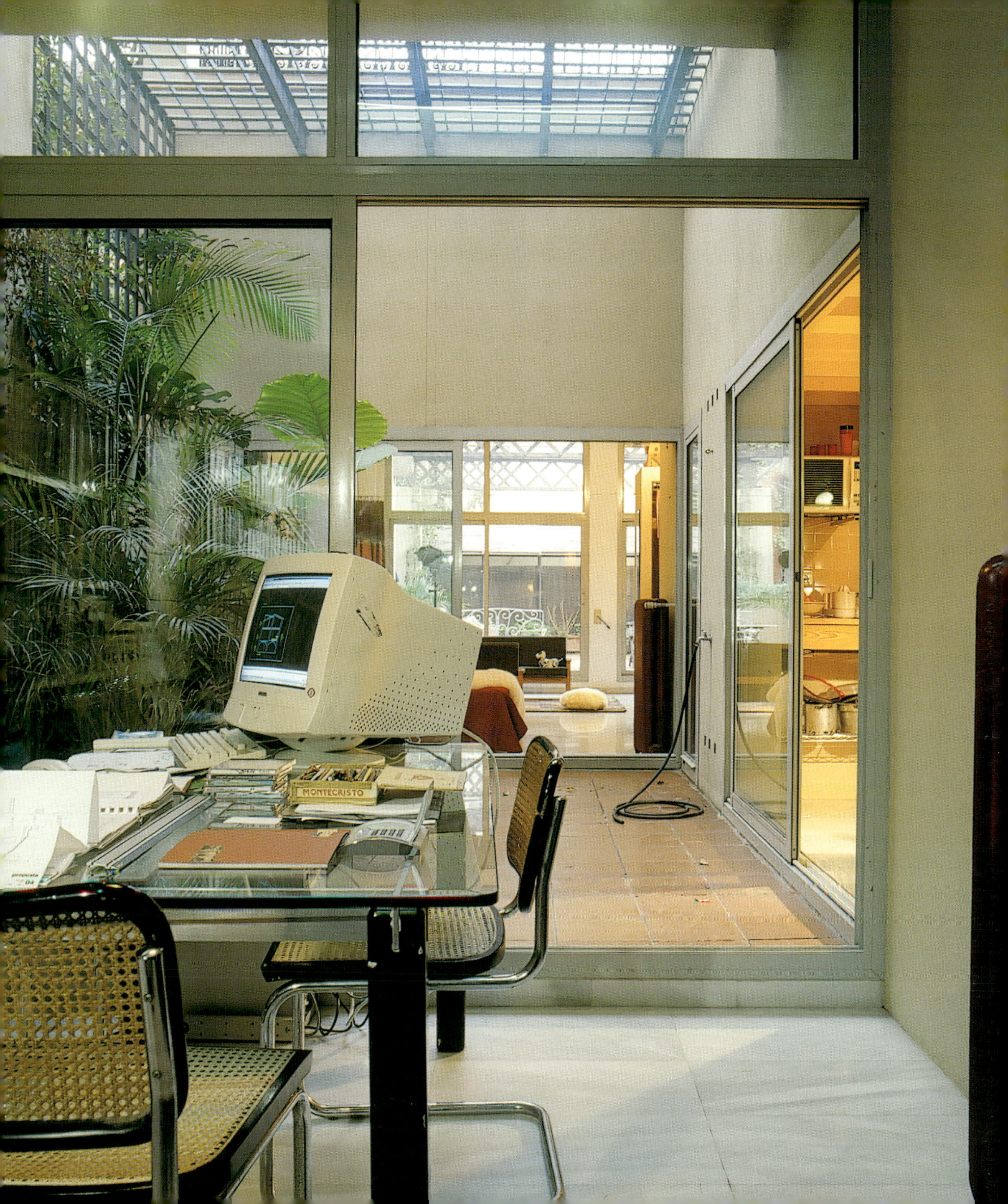
MONTECRISTO

126

El dormitorio y el baño pueden ser separados del salón mediante una cortina a media altura suspendida de un cable de acero. El área de trabajo se sitúa al otro lado del patio común.

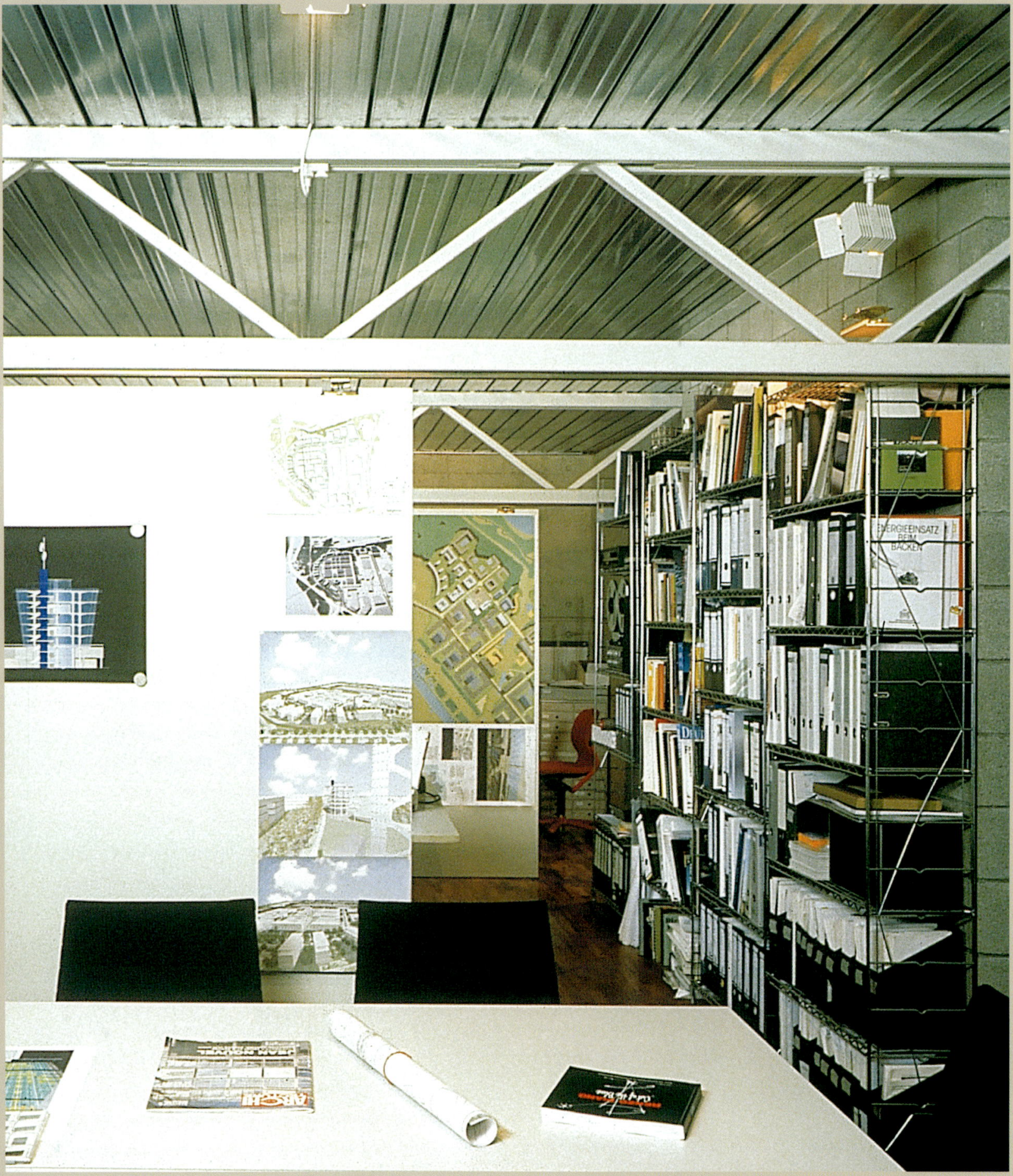
ENERGIEEINSATZ BEIM BACKEN

Jürgen Reichardt
Casa y estudio en Essen

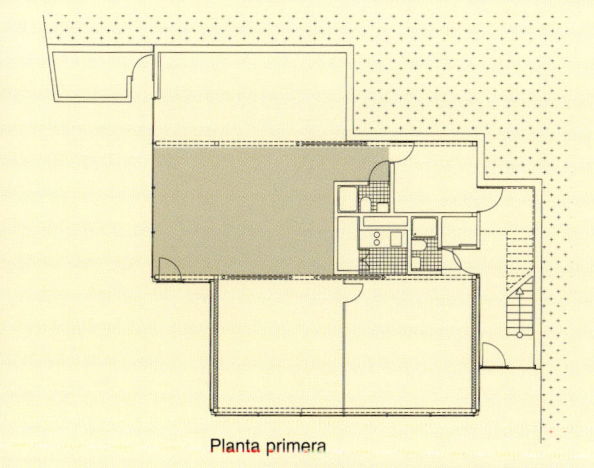

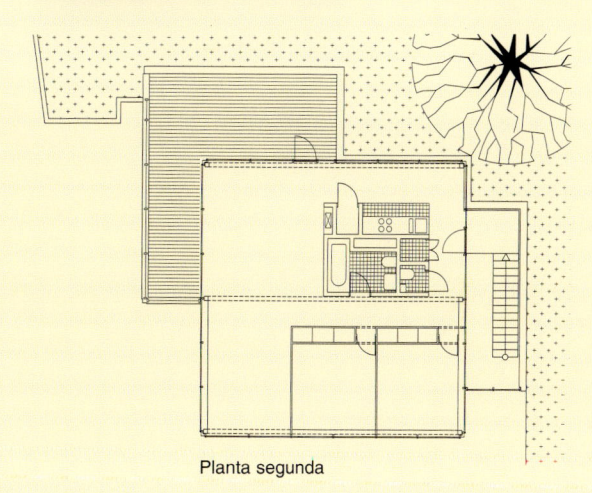

Planta primera

Planta segunda

Localización
Essen, Alemania

Superficie
300 m²

Fotógrafo
Klaus Ravenstein

Esta casa y taller se construyó en el emplazamiento de un antiguo depósito de carbón orientado hacia el sur. El edificio, situado en una pendiente de 6 m de altura, tiene un muro de hormigón armado a modo de soporte que provee del suficiente aislante compensando la delicadeza de su estructura. La terraza del apartamento se eleva 1 m del suelo en la parte posterior de la casa, y se beneficia de los rayos de sol, que se filtran por la parte superior de la fachada. El tejado, cubierto de cristal, logra que el edificio se integre en el terreno circundante.

La construcción ideal era un espacio compacto. La oficina y el dormitorio de los invitados se ubican en la planta primera y el área privada se sitúa en la segunda. Un espacio fluido en el centro del volumen comunica las habitaciones, mientras que particiones metálicas móviles separan los ambientes según los requerimientos específicos.

La diversidad de materiales dota al edificio de una semblanza híbrida: el esqueleto es de metal; el muro de contención es de cemento armado; la fachada está cubierta por paneles metálicos esmaltados en verde, y las ventanas son de madera rojiza. El complejo detalle en acero se llevó a cabo con piezas prefabricadas, todo ello cuidadosamente instalado y montado sobre una estructura.

Jürgen Reichardt otorga especial relevancia al medio ambiente. Su propia vivienda no podía ser una excepción. Utilizó simulaciones creadas por ordenador para minimizar el uso de energía, y los paneles solares del techo son lo último en vanguardia.

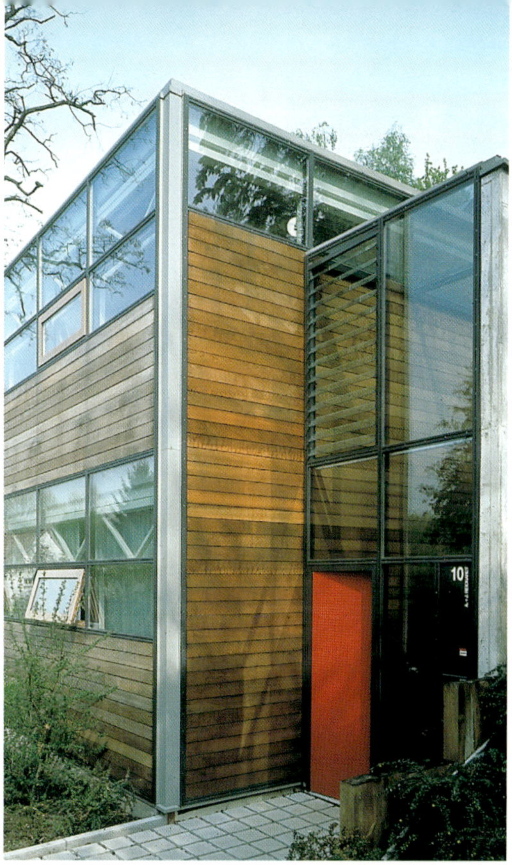
10

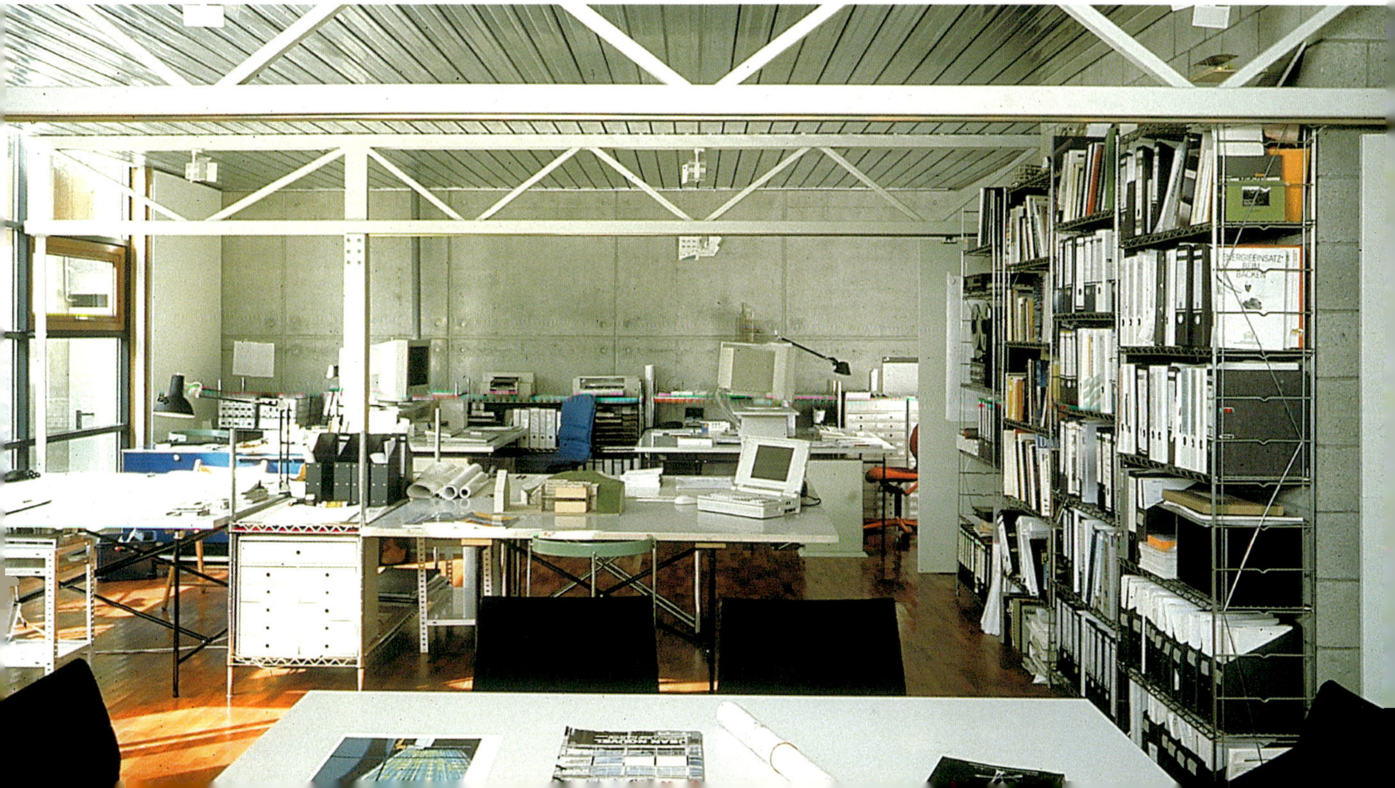

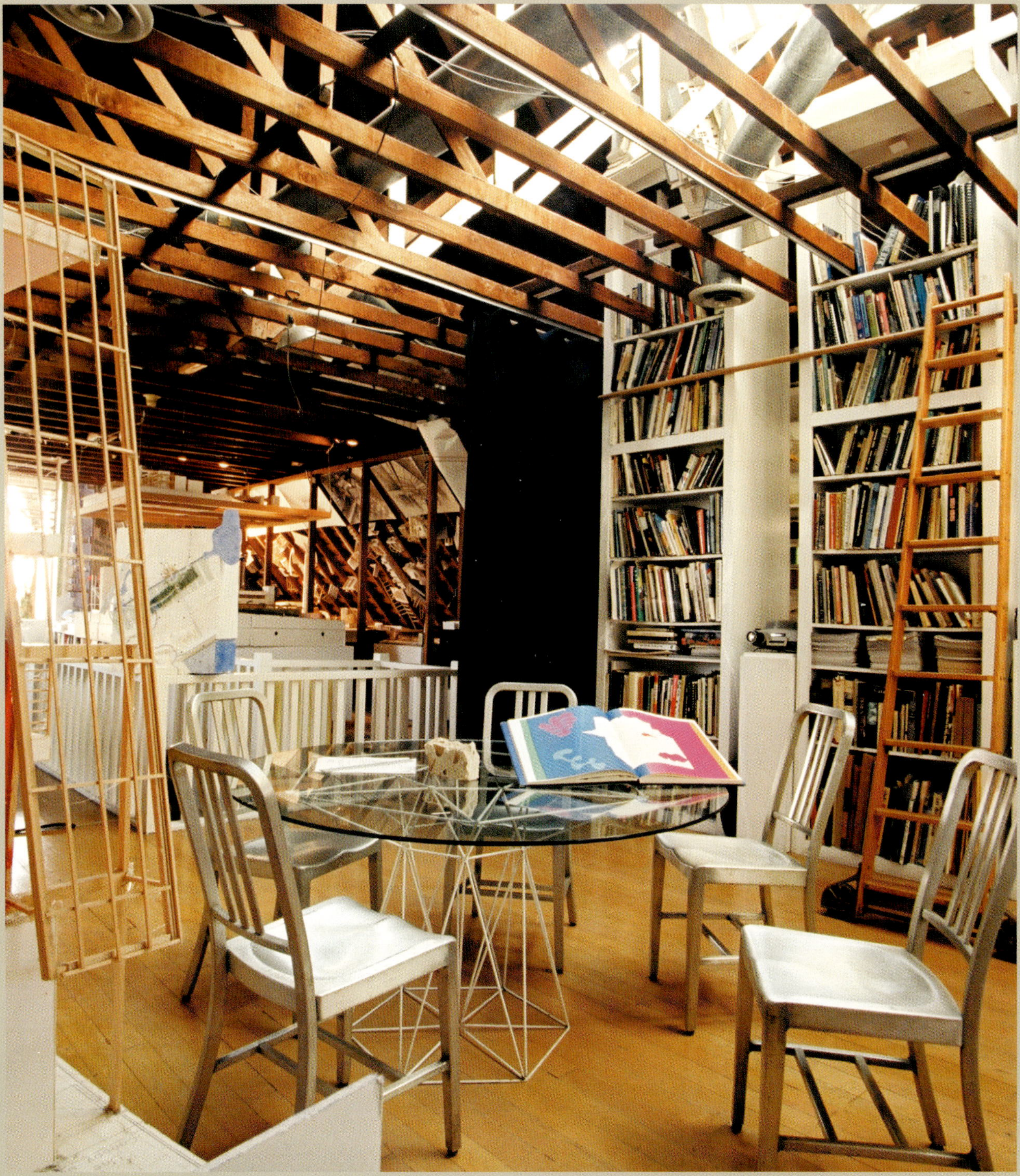

Lehrer Architects

La oficina del arquitecto

133

Localización	Los Ángeles, California, Estados Unidos
Superficie	185 m²
Fotógrafo	Lehrer Architects

El espacio laboral del arquitecto y la arquitecto paisajística ocupa la tercera planta de su vivienda, situada en la cima de una colina del distrito Los Feliz. Una remodelación de gran envergadura que a lo largo de los años ha obtenido como resultado un espacio donde vivir y trabajar y que satisface las necesidades personales y profesionales de sus propietarios.

La segunda planta se diseñó como espacio principal de vivienda, desde donde se pueden admirar las excelentes vistas de la ciudad. A la casa se accede por unas escaleras que conducen a la entrada pública para las visitas y a la puerta trasera para la familia. En el interior, una escalera cerrada comunica la planta baja con el pasillo de la oficina del tercer piso. La casa tiene 557 m² de superficie; la oficina comprende los 185 m² del nivel.

Originalmente desocupada cuando la vivienda fue adquirida, la planta tercera fue modificada a lo largo de los años y se añadieron ventanas, tragaluces, escritorios empotrados, estanterías para libros y áreas especializadas, diseñadas con la máxima eficacia. Donde el techo a dos aguas resulta demasiado bajo para estar de pie o caminar, los arquitectos instalaron armarios, escritorios y equipos informáticos. Viejos modelos de edificios delimitan el techo como inspiración para futuras obras.

135

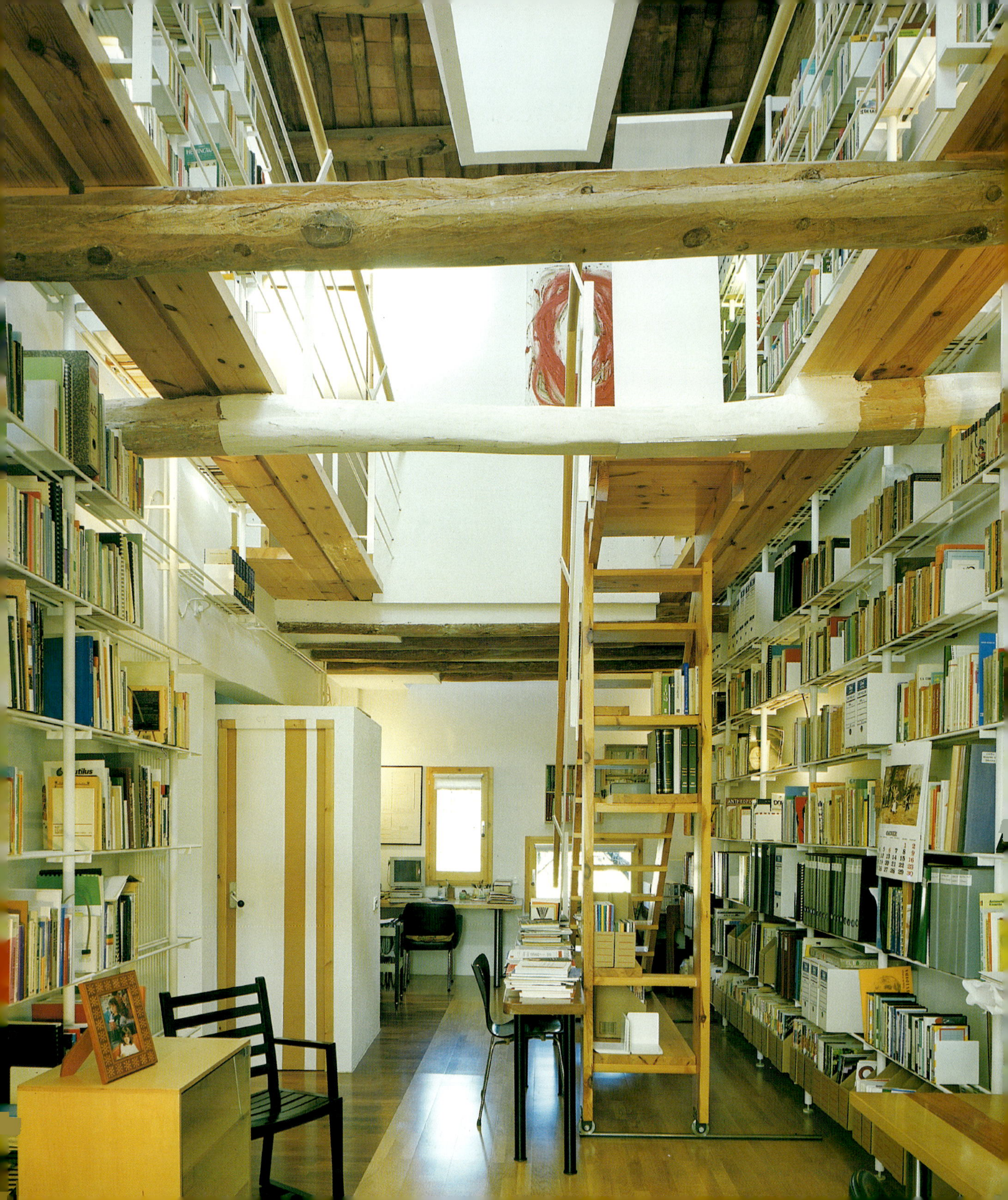

Enric Miralles y Benedetta Tagliabue

Casa en La Clota

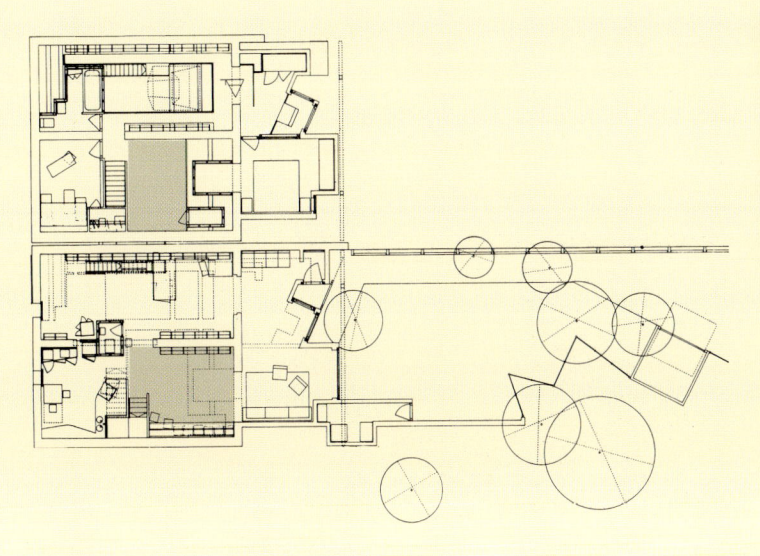

137

Localización
Barcelona, España
Superficie
193 m²
Fotógrafo
Jordi Miralles

El objetivo de este proyecto fue conectar, restaurar y convertir dos casas del barrio de la Clota de Barcelona en una única vivienda donde el estudio-biblioteca tenía que ser clave. La estructura general del primer edificio fue conservada, mientras que los cambios en la otra construcción fueron más significativos.

El salón, el comedor y la cocina permanecieron en la parte trasera junto con los tres dormitorios de la segunda planta. La escalera se mantuvo y las vigas quedaron expuestas en algunas de las habitaciones. La zona central se eliminó y se introdujeron un pasillo y un tragaluz que iluminan el interior.

La sección central incluye un vestíbulo que se abre hacia el área habitable y una biblioteca de doble altura con vigas parcialmente pintadas de blanco. Las paredes de alrededor están revestidas de estanterías y un corredor que proporciona el acceso a las más altas conecta también los dormitorios con el baño. Una plataforma de pino en el pasillo funciona como vestíbulo para la habitación y puede ser utilizada como un tranquilo rincón de lectura o como vestidor improvisado. Es posible acceder al piso superior por la vieja escalera o subiendo por la nueva situada junto al área del escritorio. Esta móvil y ligera escalera, diseñada por los arquitectos, tiene estanterías incorporadas y combina perfectamente con el estilo de la casa. Techos, paredes, vigas y ciertos fragmentos superpuestos de capas antiguas de pintura quedaron expuestos, y la fachada fue diseñada con cemento y ladrillo natural para integrarse perfectamente con el caótico carácter del barrio.

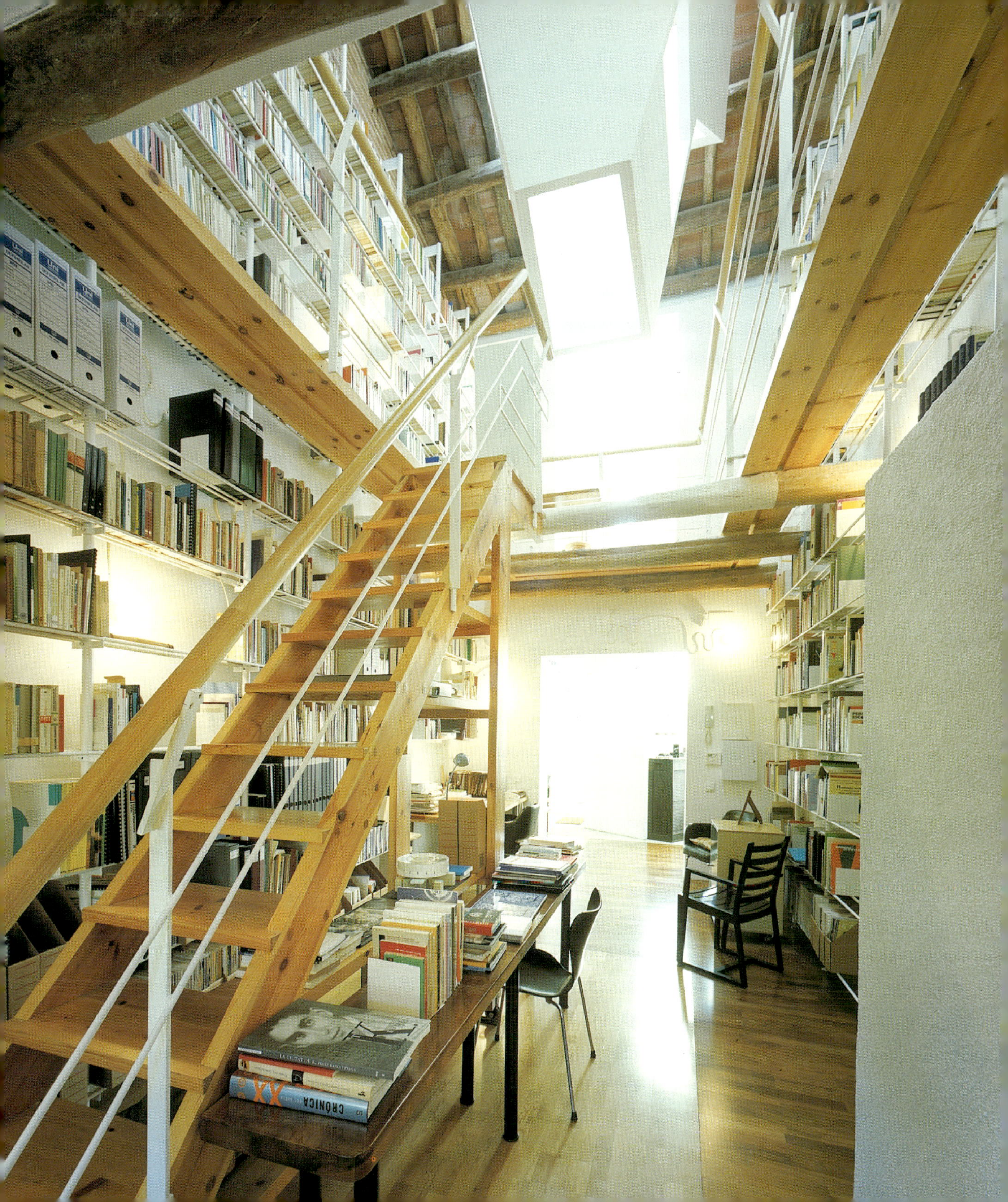
LA CIUTAT DE K.
CRÒNICA

140

141

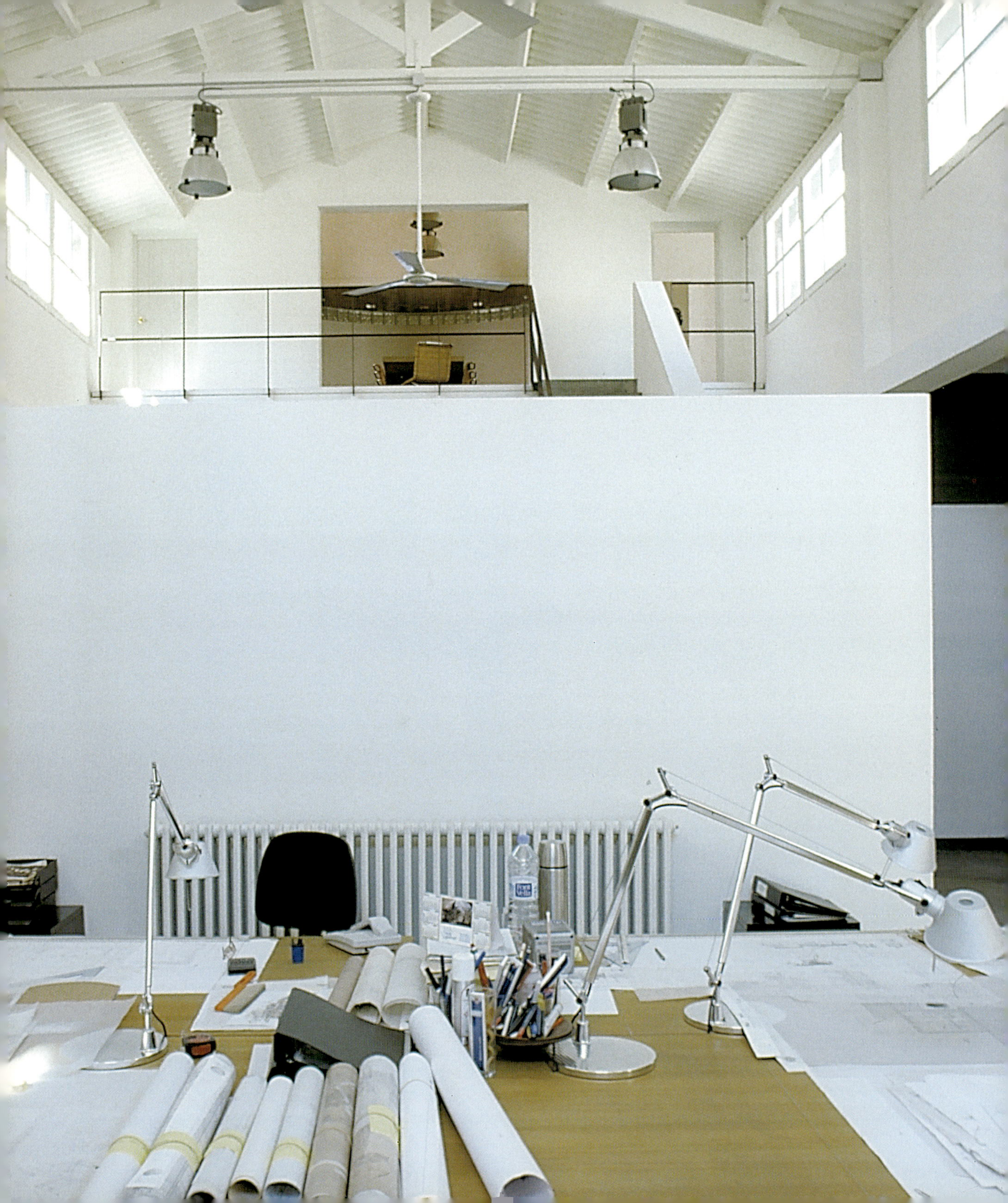

B&B Estudio de Arquitectura, Sergi Bastidas

Una herrería

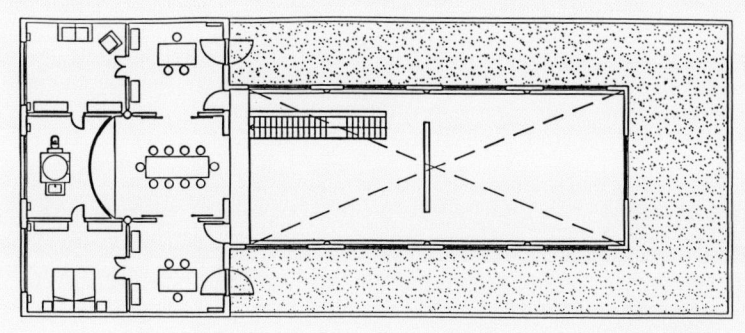

Planta primera

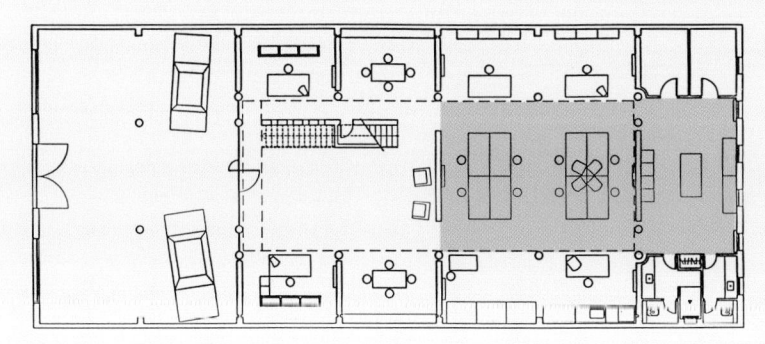

Planta segunda

Localización

Palma de Mallorca, España

Superficie

335 m²

Fotógrafo

Pere Planells

Esta antigua herrería, transformada en estudio y hogar de un arquitecto, se ubica en Molinar, un pequeño pueblo en la isla de Mallorca. El objetivo principal era la conservación del amplio y abierto espacio de trabajo del herrero.

Se instaló cristal transparente en los delgados marcos de madera para delimitar el acceso de la entrada, que transmite una primera impresión de amplitud y luminosidad, y revela el pasado industrial del edificio. El espacio queda dividido por paneles de yeso que no alcanzan el techo para conservar la sensación de extensión y unidad. Estos paneles establecen la división entre varias de las áreas de la planta primera, y son ideales para colgar fotos. En el piso superior, tabiques correderos separan la zona de vivienda de la sala de reuniones.

Además de respetar la antigua condición industrial del edificio, los diseñadores eligieron líneas sencillas, acabados imperfectos y materiales resistentes como el hormigón pulido para el suelo. Conservaron las estructuras mecánicas existentes y los apuntalamientos del techo, la ventana de doble marco y las columnas. En la planta segunda se acentúa el ámbito de la intimidad con una división funcional de los espacios. Existe una estrecha conexión visual entre área profesional que alberga el nivel inferior y la zona de vivienda en el superior.

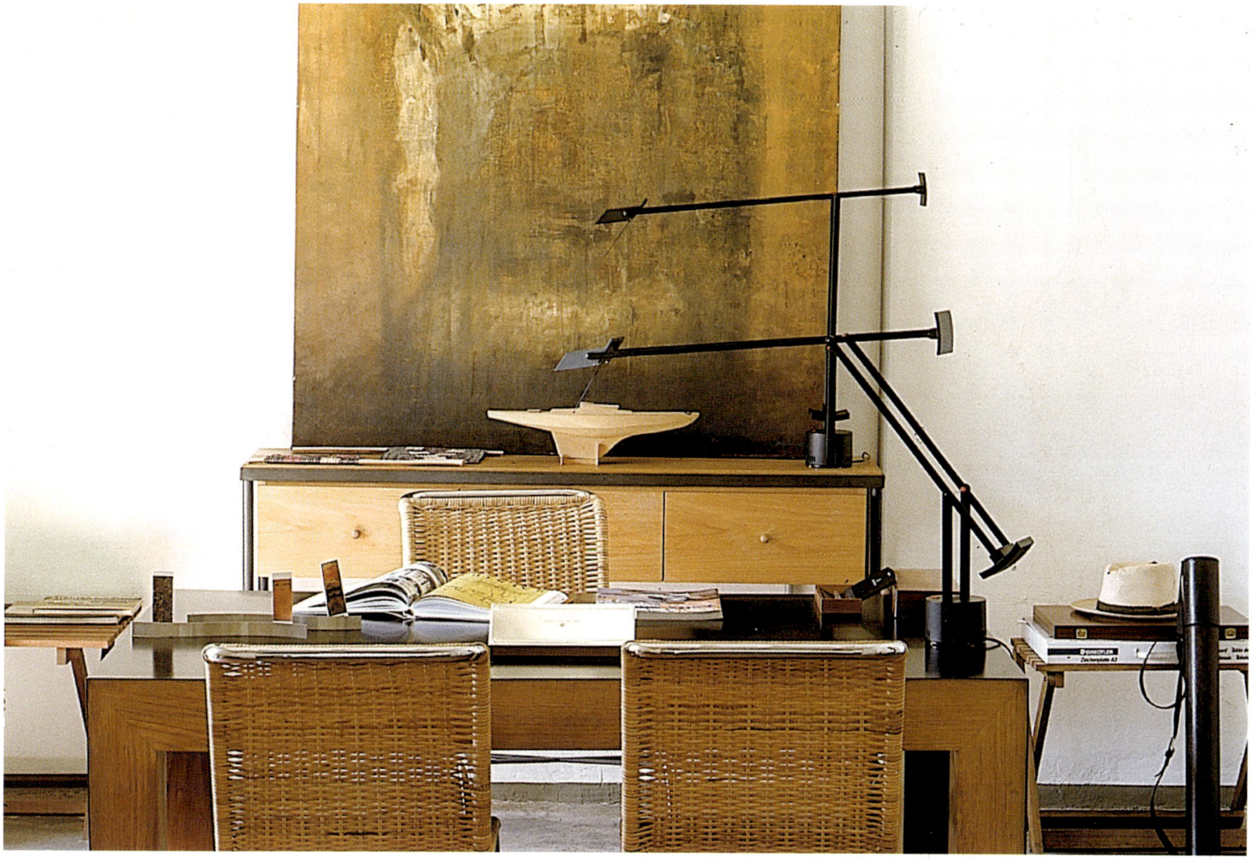

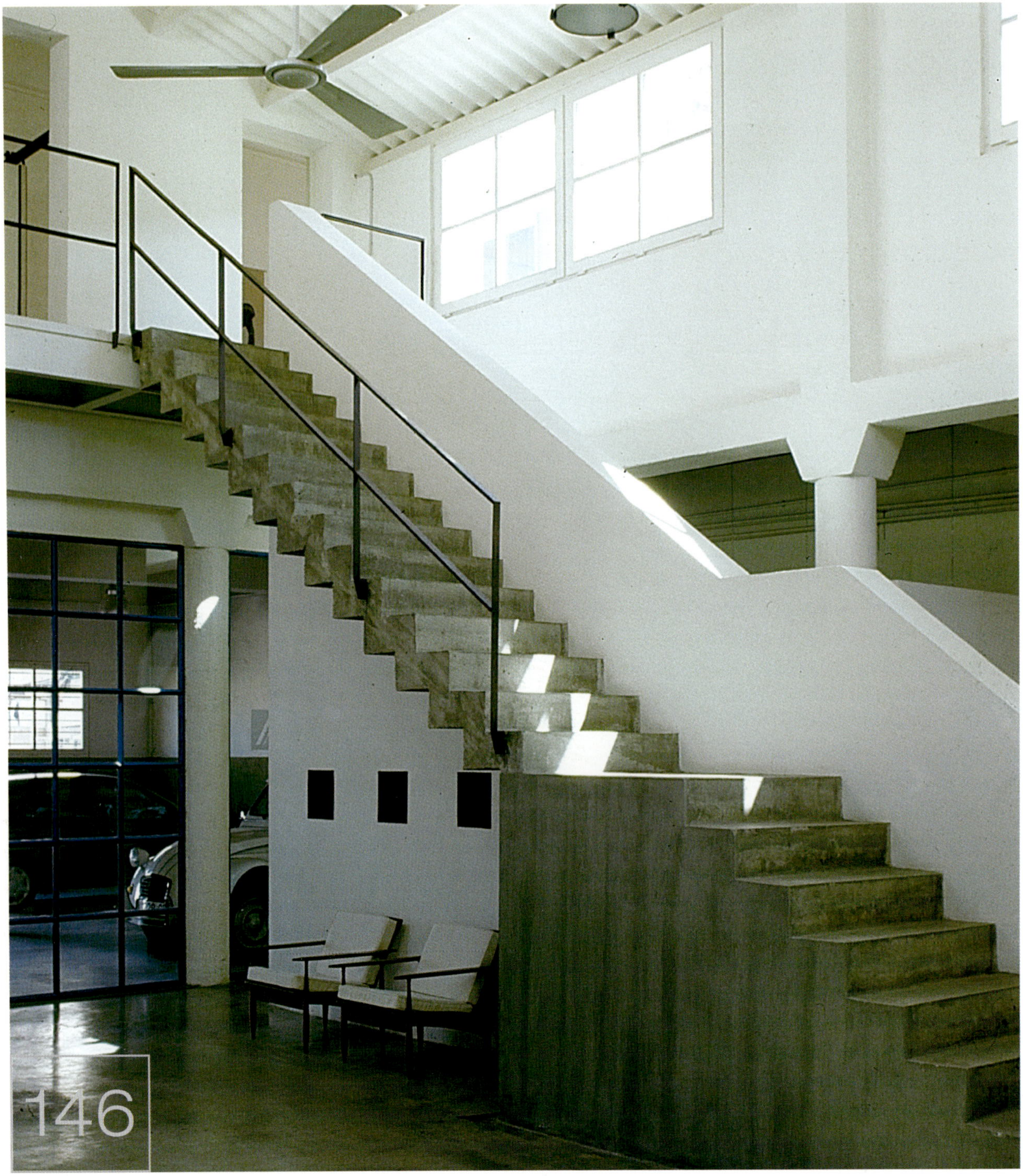

147

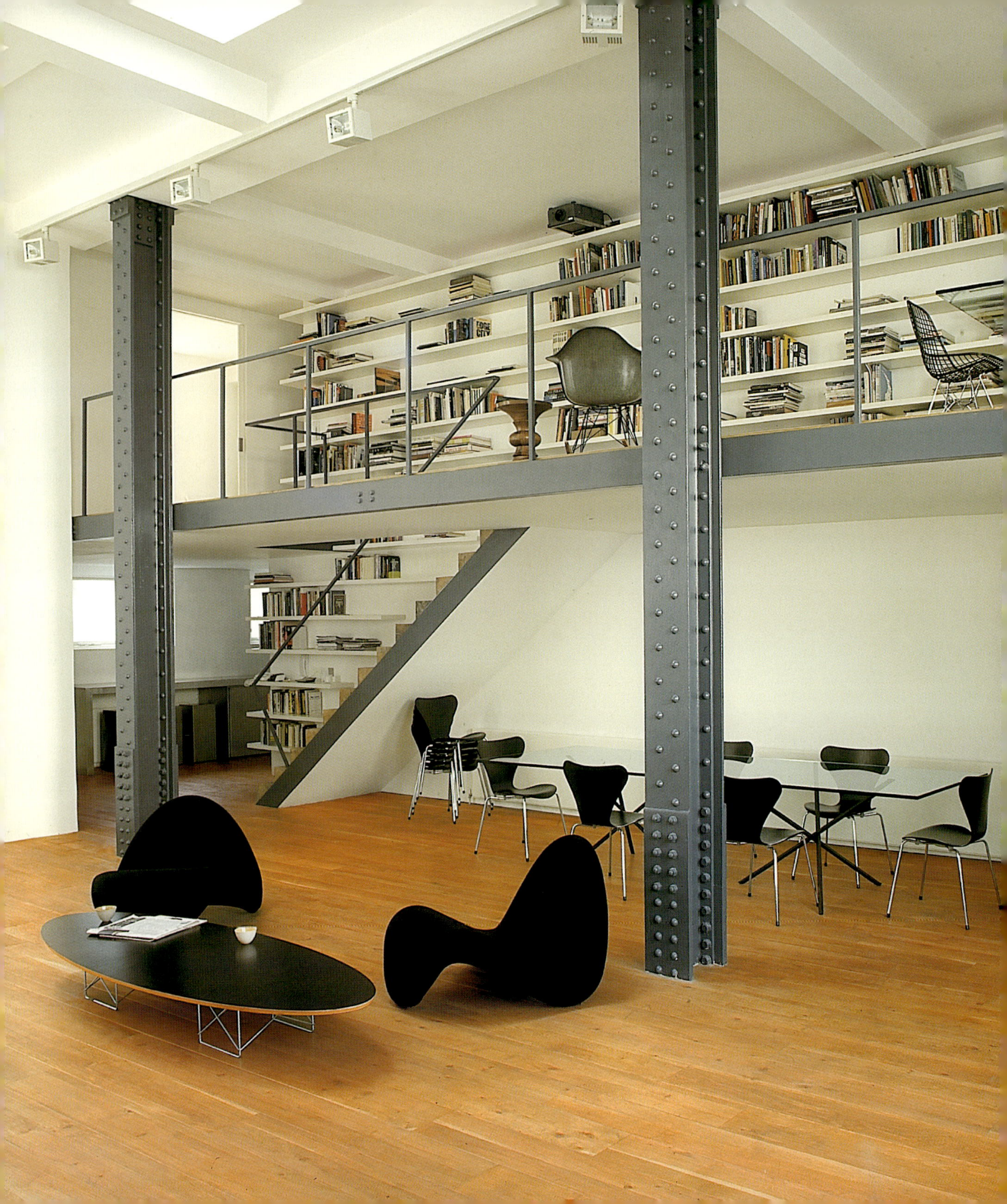

Farshid Moussavi y Alejandro Zaera

Loft en Pimlico

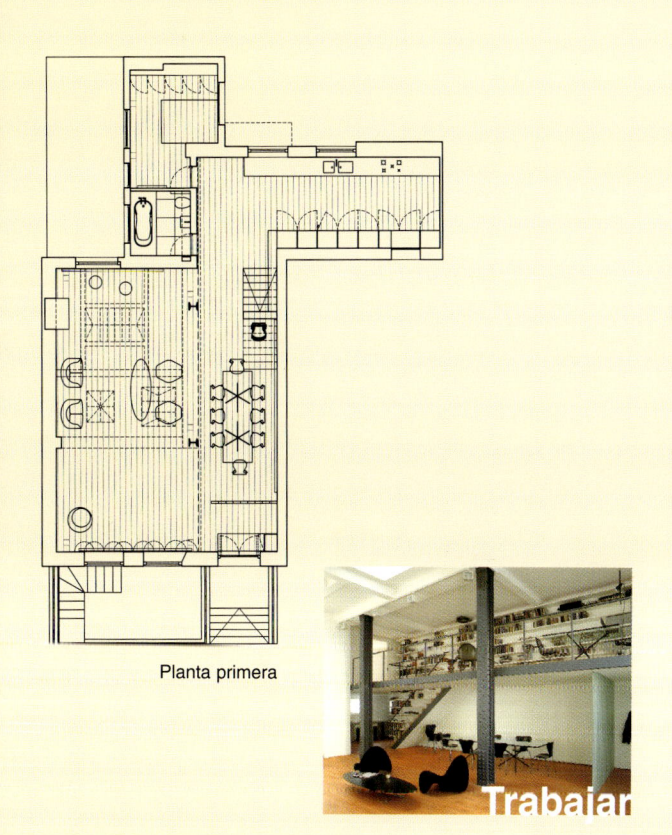

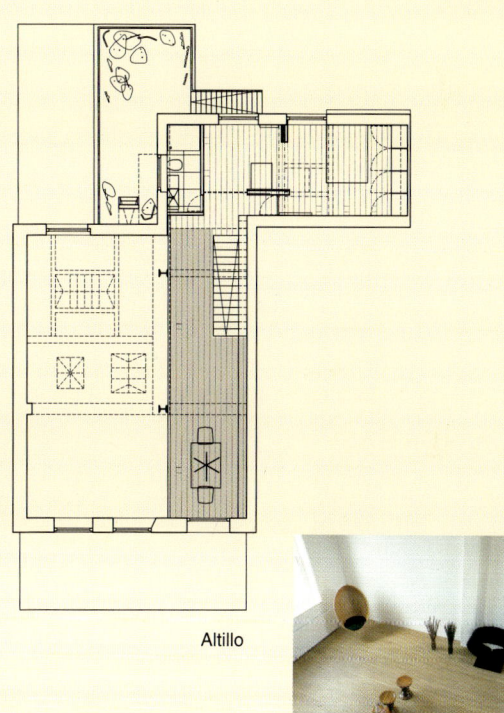

149

Planta primera

Altillo

Trabajar

Vivir

Localización
Londres, Reino Unido

Superficie
180 m²

Fotógrafo
Valerie Bennett

Aunque los arquitectos Farshid Moussavi y Alejandro Zaera trabajen sólo parcialmente en casa, su espacio multifuncional ha sido establecido aquí donde se fusionan actividades públicas con privadas y espacios nocturnos con diurnos. Este loft con forma de L, en el londinense barrio de Pimlico, tiene techos que alcanzan aproximadamente los 5 m de altura, con un ala algo más corta que se orienta hacia la calle.

Los arquitectos partieron de este atractivo emplazamiento para disfrutar al máximo las características del loft. Se consiguieron aproximadamente 60 m² de espacio añadido con la construcción de un altillo que alberga un dormitorio, que puede ser dividido mediante paneles correderos, un baño y unas estanterías visibles desde el área principal.

El abanico de materiales fue restringido para que el proyecto causara sensación de unidad y no desluciera la inherente calidad del espacio. Todas las paredes y los techos están pintados de blanco, excepto en la cocina, cuya pared del fondo tiene acabados en pizarra. Las anchas y sólidas baldosas de roble resultan perfectas para el suelo.

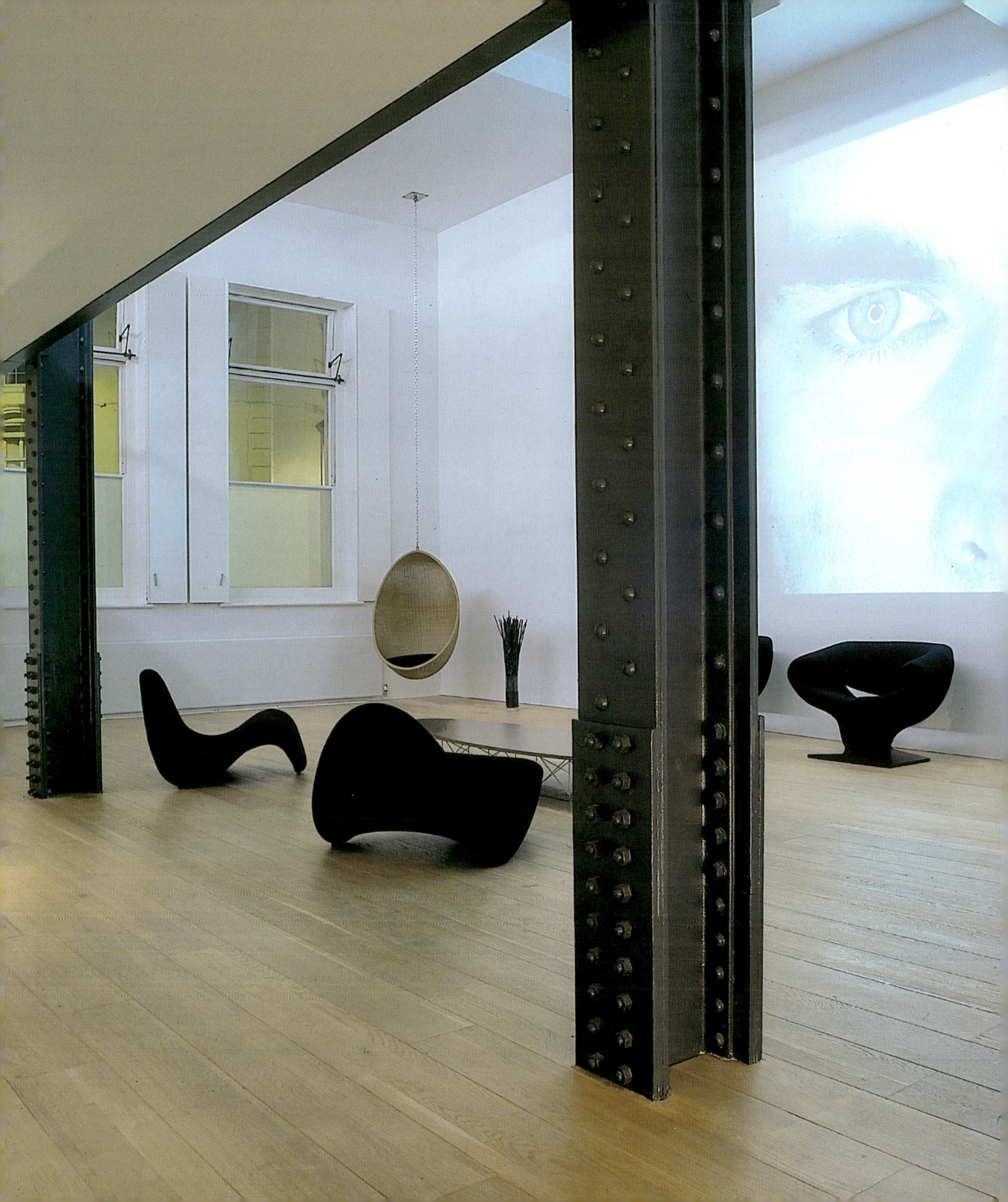

Sección transversal

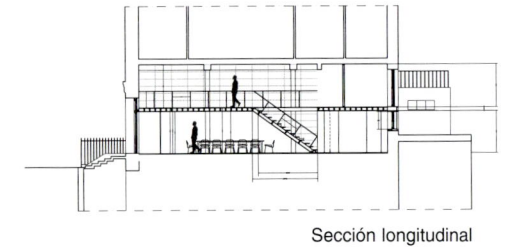

Sección longitudinal

152 Se lograron unos 60 m² más de espacio con la construcción de un altillo que alberga un dormitorio que puede ser dividido por paneles correderos, un baño y unas estanterías, visibles desde el espacio principal.

153

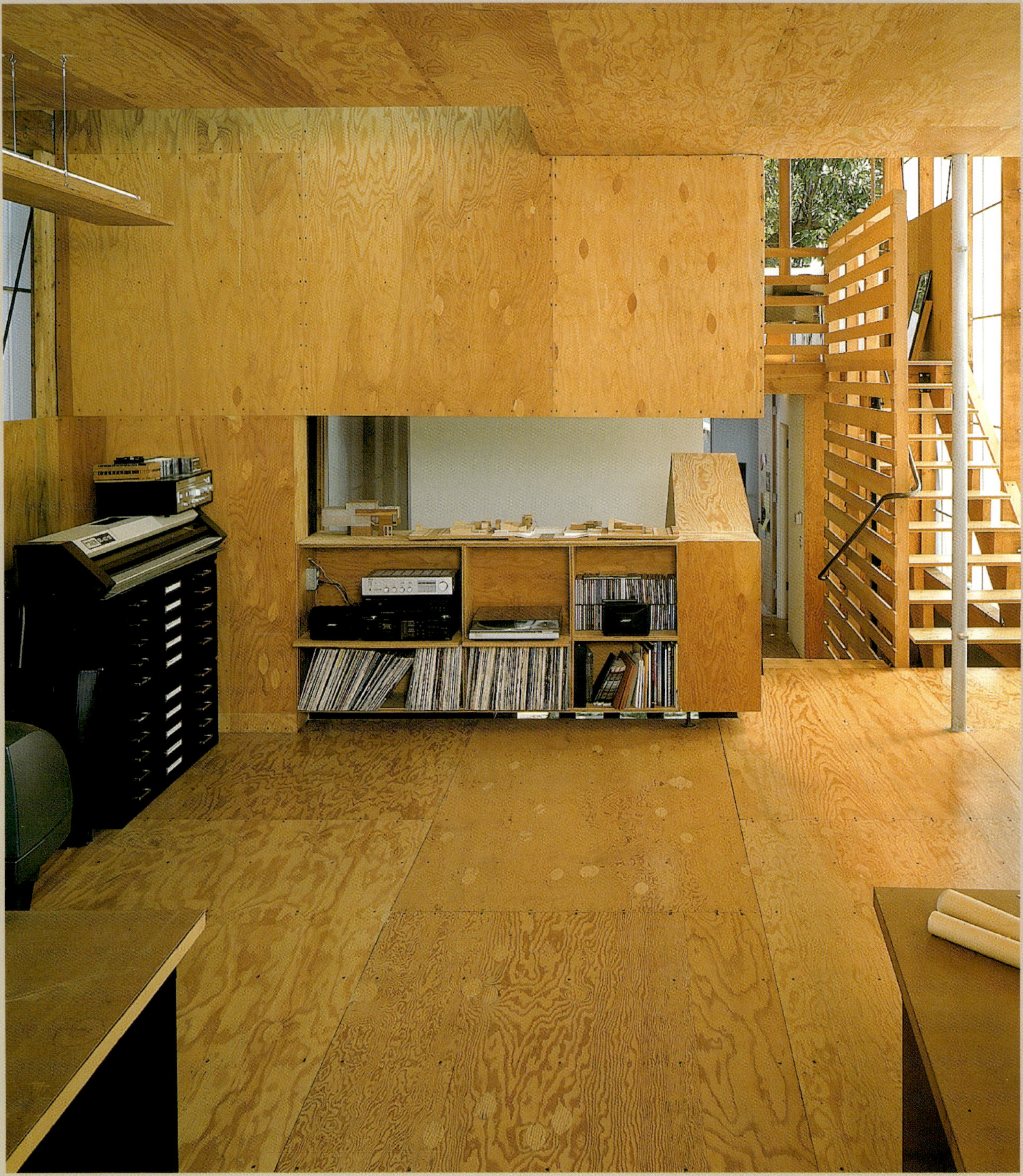

Guthrie y Buresh
Vivienda translúcida en California

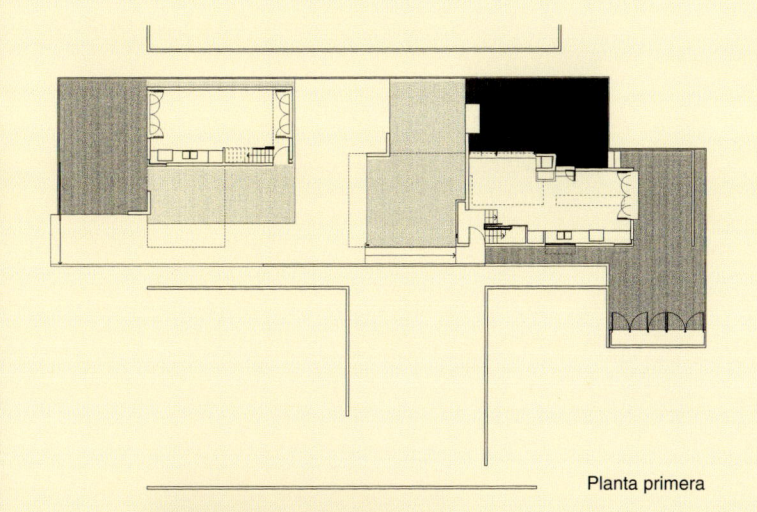

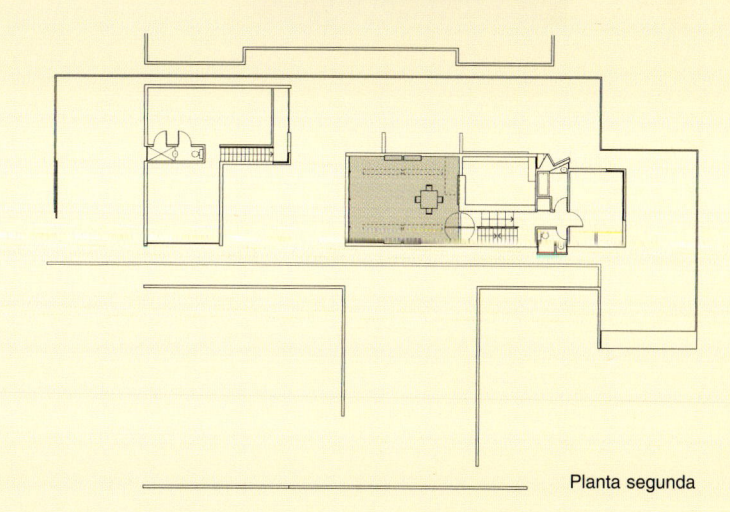

155

Planta primera

Vivir

Trabajar

Planta segunda

Localización
West Hollywood, California, Estados Unidos
Superficie
167 m²
Fotógrafo
Tom Bonner

La estructura de madera está constituida por tres niveles. En la planta baja se ubican el salón, la cocina y el aparcamiento exterior; la segunda planta alberga el estudio de arquitectura y los dormitorios de los niños, y la habitación principal y la terraza se encuentran en la planta superior.

En la vivienda predominan dos materiales: planchas de madera en los suelos y paredes, y paneles de policarbonato en la fachada. La cualidad translúcida de la fachada produce lo que los arquitectos describen como un constante estado de inestabilidad que depende de los cambios en la intensidad de la luz y de la posición del observador. Este efecto transmite la idea que los arquitectos poseen acerca de la poderosa relación y consideración mutua que debería existir entre los espacios privados y públicos en áreas densamente pobladas.

En el interior, el ámbito doméstico queda separado del taller mediante las variaciones en los niveles, el emplazamiento estratégico de paneles y la superposición de espacios intermedios.

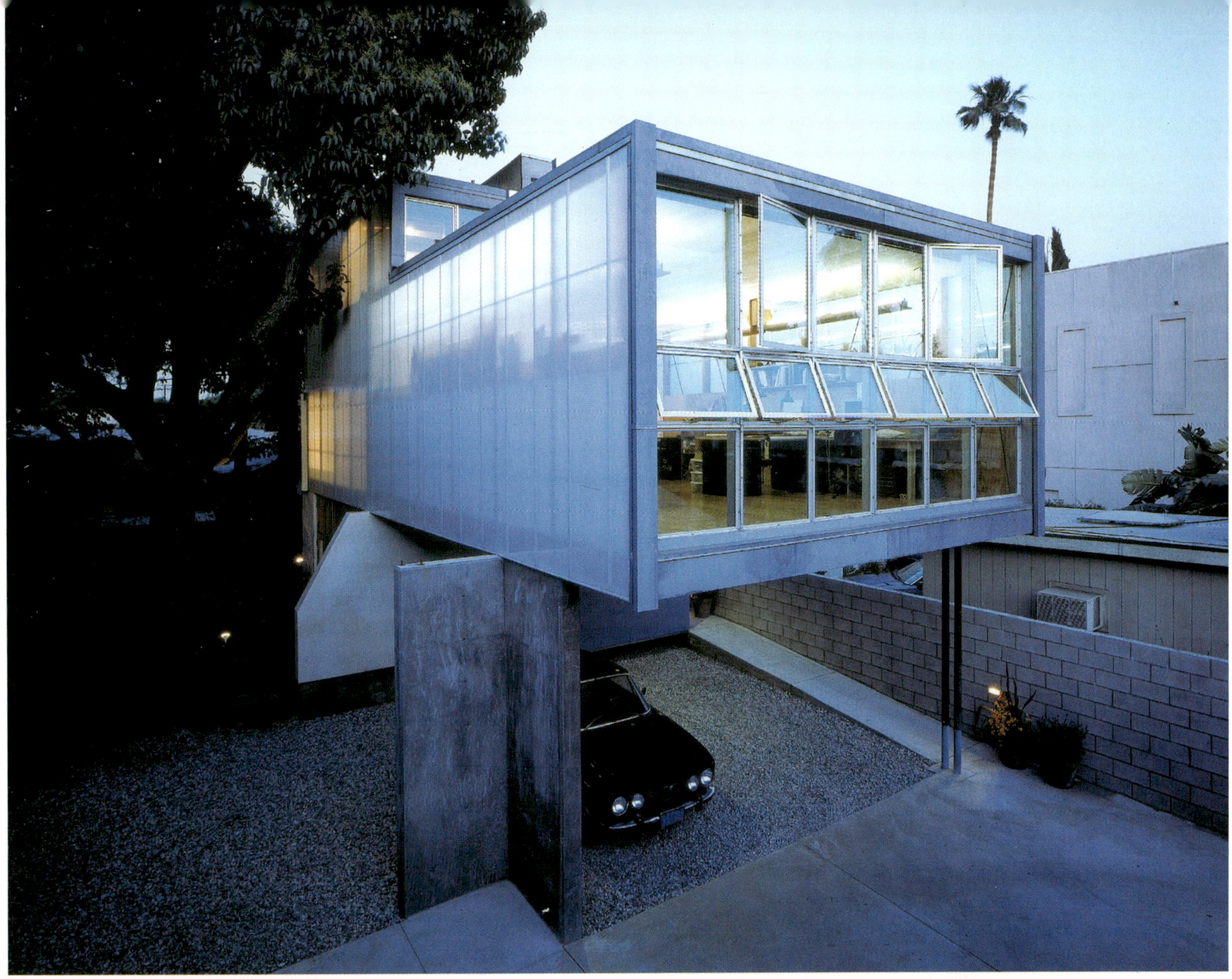

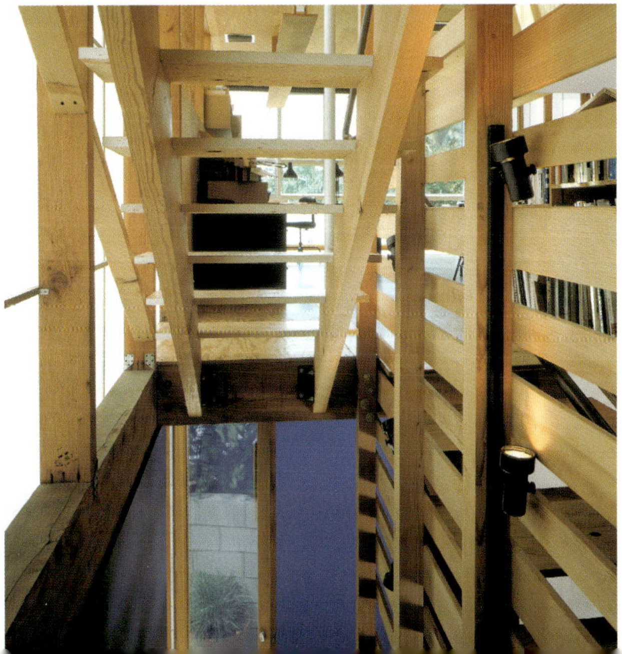

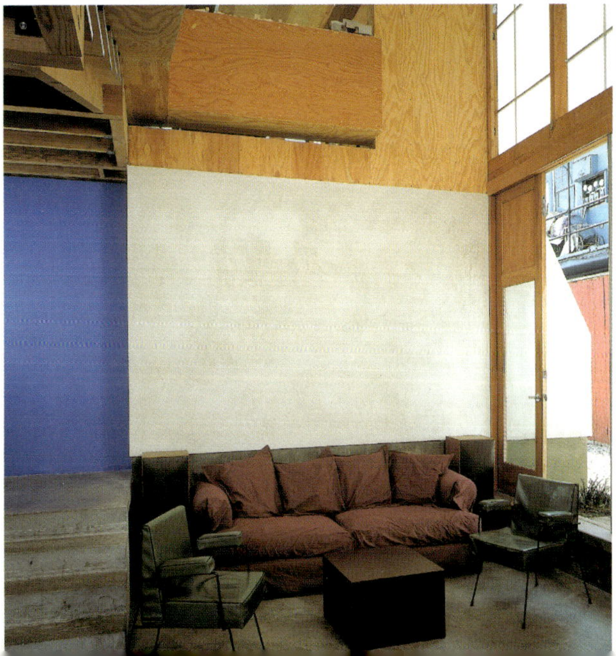

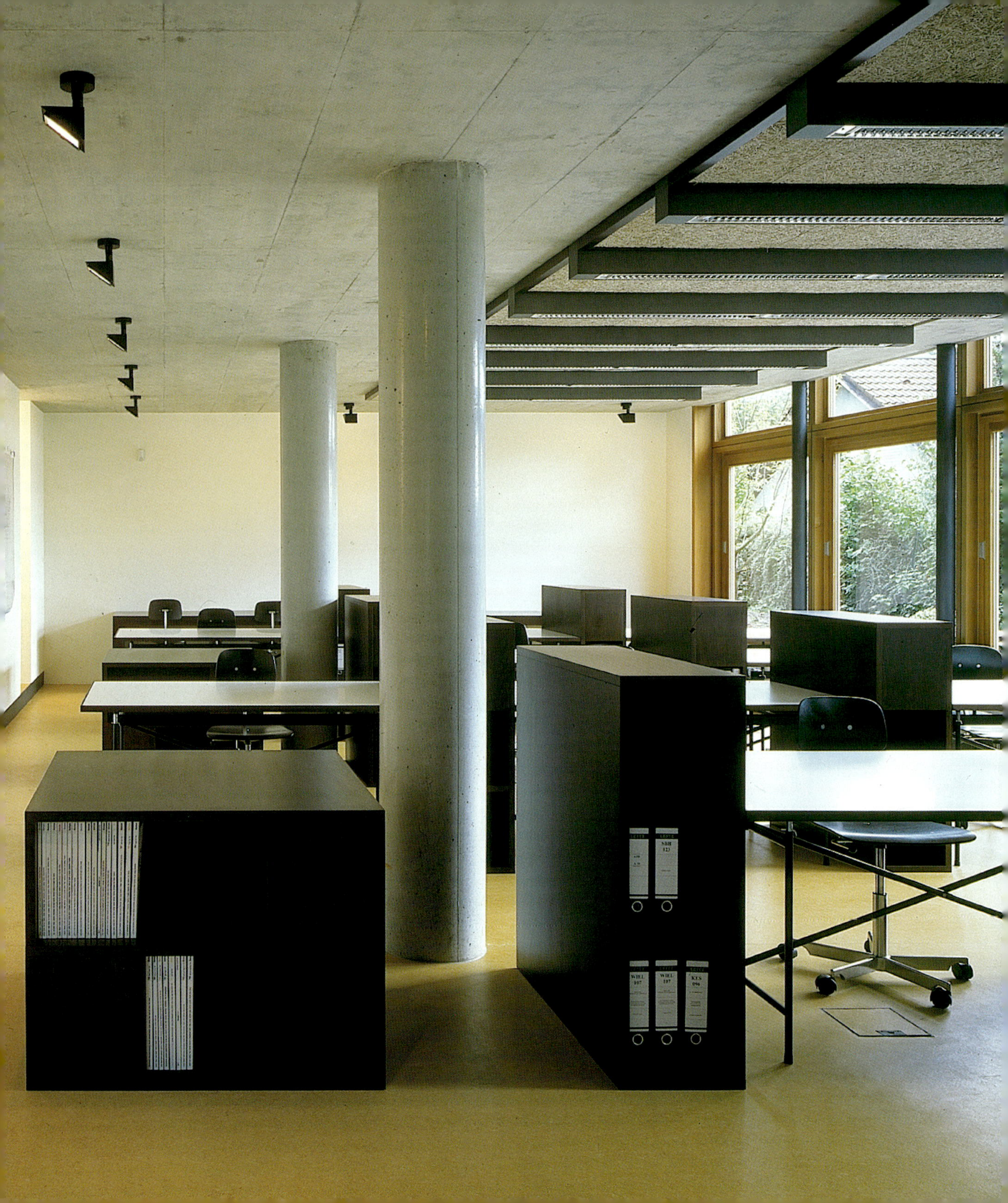

Peter W. Schmidt

Casa en Pforzheim

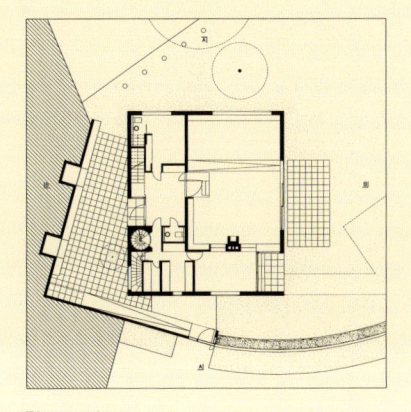

Vivir

Planta primera

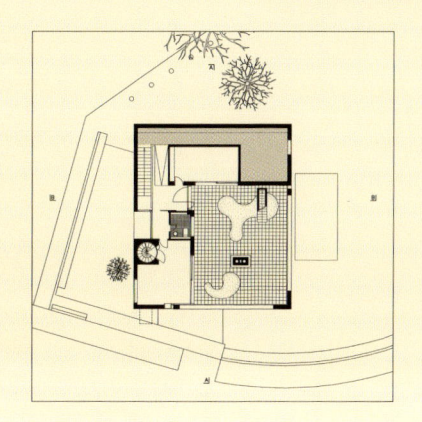

Planta segunda

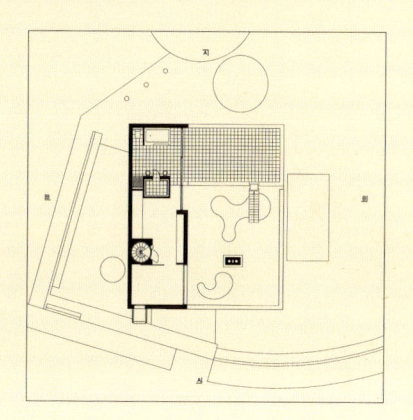

Planta tercera

Trabajar

Localización
Pforzheim, Alemania

Superficie
455 m²

Fotógrafo
Stefan Müller

Este proyecto consiste en un hogar-estudio construido sobre un terreno elevado con vistas al pueblo alemán de Pforzheim. Peter W. Schmidt tomó la decisión de vivir y trabajar en un mismo lugar para evitar el ajetreo que supone el desplazamiento diario a la oficina.

Dada la situación estratégica de la zona, Schmidt construyó dos estructuras separadas, pero conectadas al mismo tiempo. La organización funcional del complejo arquitectónico respeta la independencia de los dos edificios, mientras que el uso de los mismos materiales y detalles de construcción proporciona uniformidad. El hormigón reforzado es cubierto por piedra. Las puertas correderas y las ventanas enmarcadas en cedro transmiten una grata sensación de amplitud. El pavimento varía: una lisa madera de haya gris para el salón y la entrada; piedra para la cocina, y seductores mosaicos de terracota con un toque elegante para el baño. El área de servicio y los pasillos están pavimentados con cerámica no porosa. El edificio que alberga el estudio del arquitecto posee proporciones rígidas. Se trata de un espacio amplio con acceso directo al jardín. La estructura reforzada de hormigón está cubierta por losas de basalto en el exterior y de yeso en el interior. Amplios ventanales permiten que la intensa luz bañe las estancias, y la panorámica, despojada de todo obstáculo, ofrece una sensación de continuidad que intensifica la relación con el exterior.

161

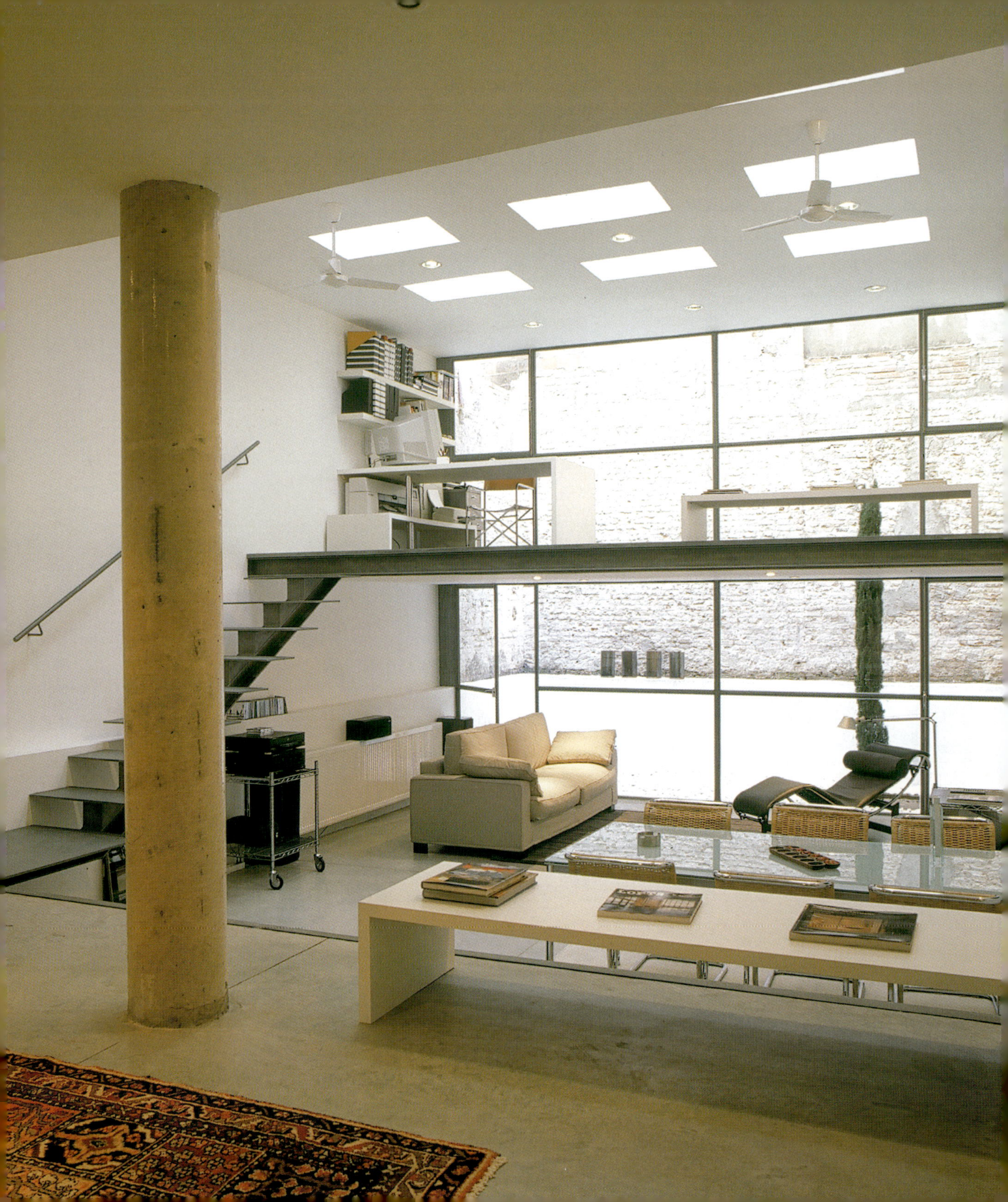

Joan Bach

Loft en cuatro niveles

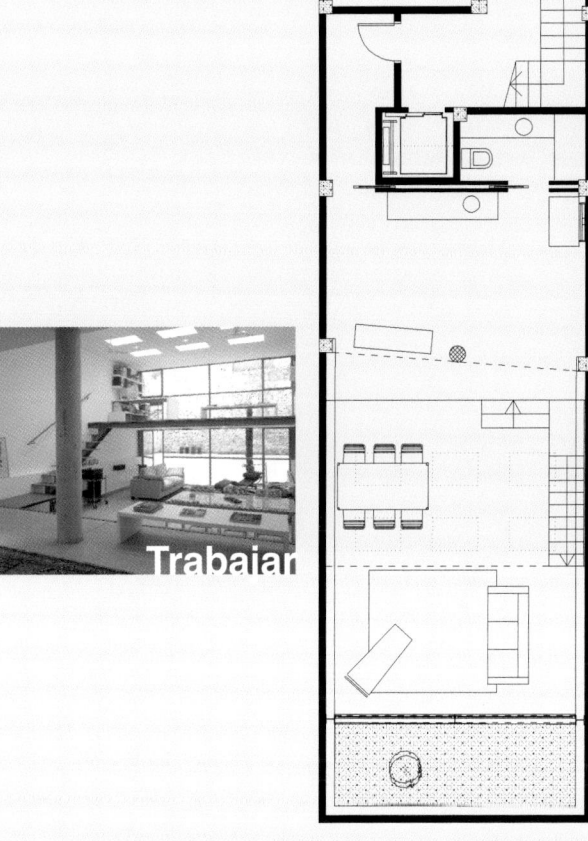

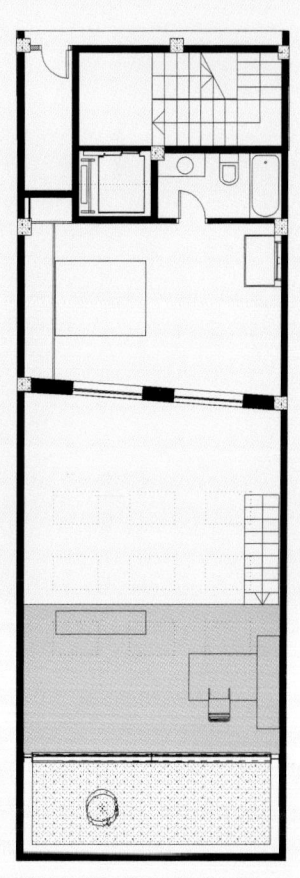

Trabajar

Vivir

Planta primera

Altillo

Localización
Barcelona, España
Superficie
124 m²
Fotógrafo
Jordi Miralles

Este proyecto se sitúa en los primeros pisos de un edificio del barrio de Gracia, cerca del centro de Barcelona. La totalidad del edificio fue restaurado por Joan Bach, que diseñó las primeras plantas para acomodar un apartamento y una oficina para su uso.

La originalidad de este loft reside en la creación de cuatro niveles que definen un espacio para cada función sin utilizar muros. La planta baja aloja el pasillo de entrada, una pequeña oficina de recepción y un baño. Una plataforma de metal activada mecánicamente facilita la entrada al dormitorio y al baño, que se encuentran sobre el vestíbulo. Desde la planta de acceso, tres escalones descienden a la sala de doble altura y a un pequeño patio que, gracias a los bajos muros que lo rodean, permite que la luz natural entre en la vivienda. El salón, con altura aumentada, posee un pequeño ático añadido donde se ubica un estudio que parece hallarse fuera de la terraza. Las vistas hacia el exterior aportan luz natural y una mayor sensación de amplitud al área de trabajo.

La lógica que tuvo como resultado esta ingeniosa disposición, gobierna también los elementos decorativos. La selección del mobiliario, el patio de estilo zen y la iluminación crean una atmósfera relajante y tranquilizadora. Las soluciones del diseño están orientadas para vivir en un loft con todas las comodidades. Los tragaluces, por ejemplo, están controlados por un mecanismo eléctrico que los abre para aumentar la ventilación.

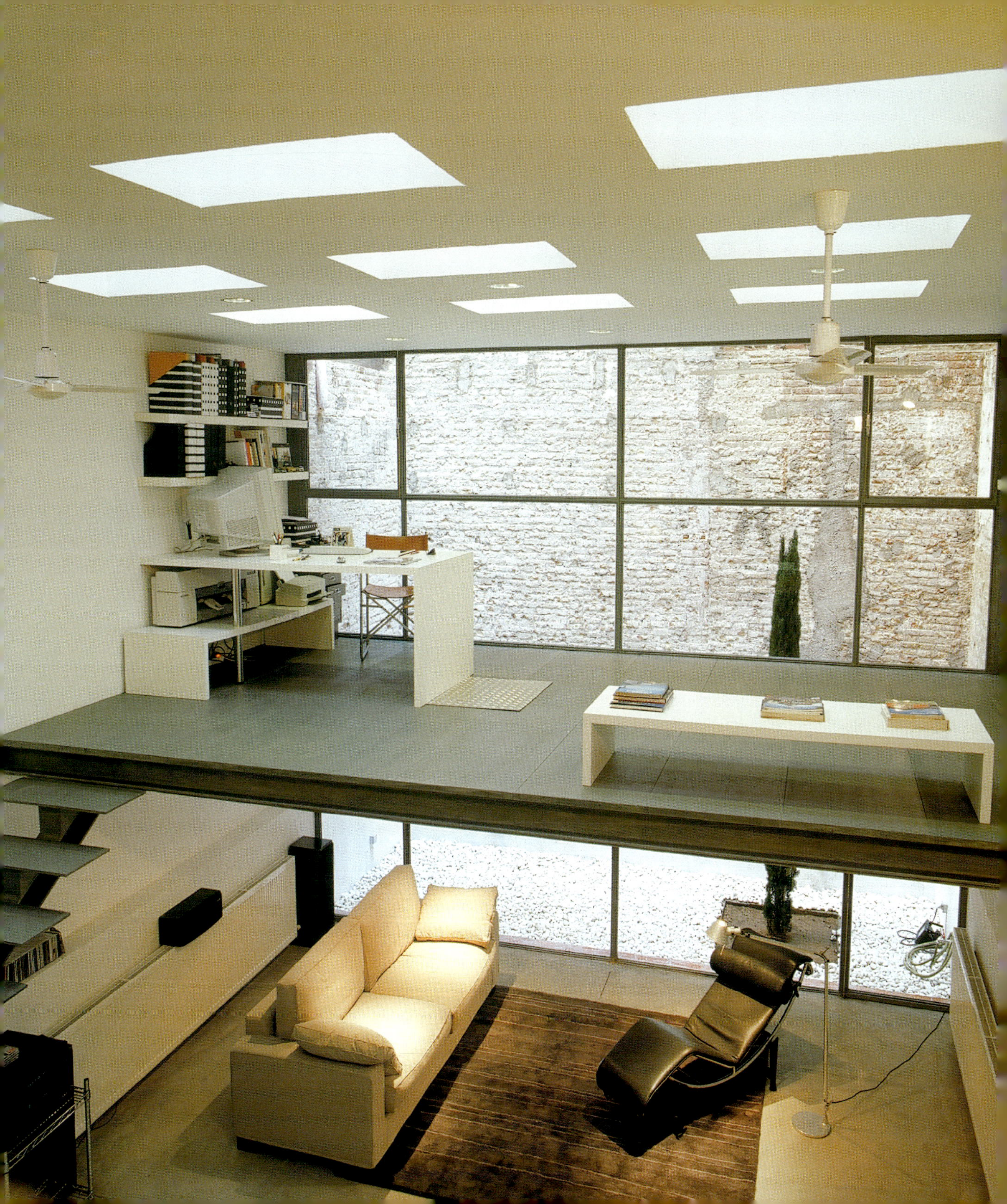

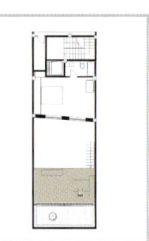

166   Una plataforma de metal activada mecánicamente facilita el acceso al dormitorio y al baño, que se encuentran sobre el vestíbulo y desde los cuales se disfruta de las vistas del espacio completo y del patio exterior.

167

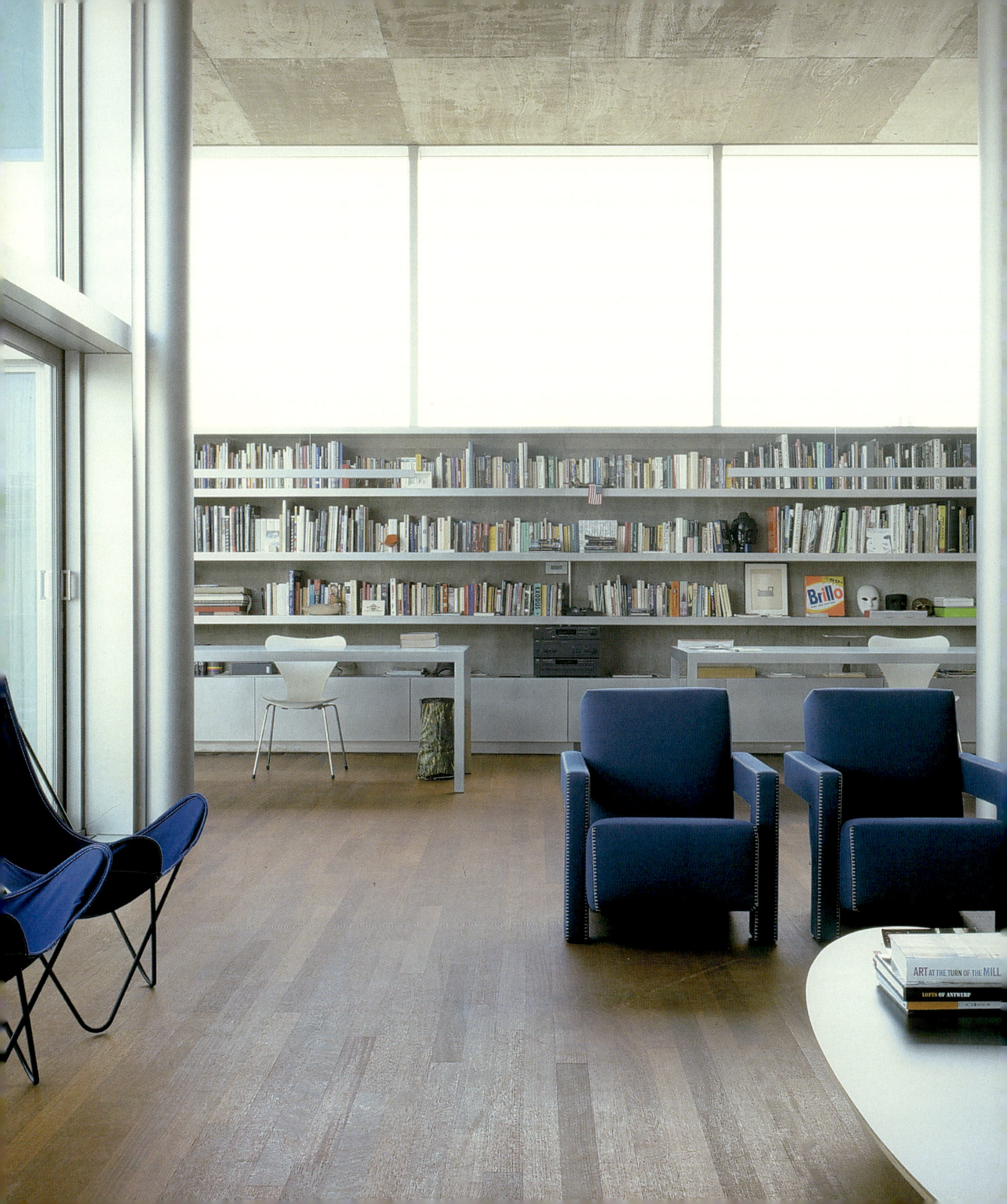
Brillo
ART AT THE TURN OF THE MILL
LOFTS OF ANTWERP

Jo Crepain Architects

Hogar Crepain

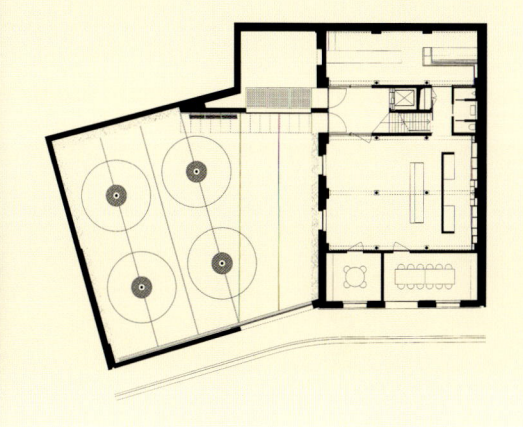

169

Vivir

Planta primera 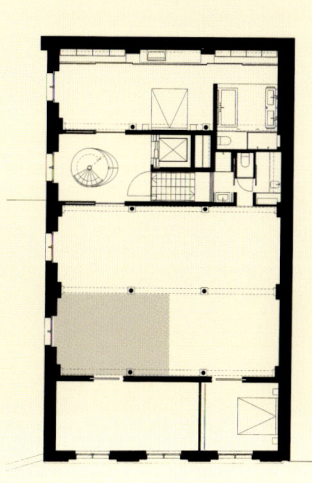	Planta tercera 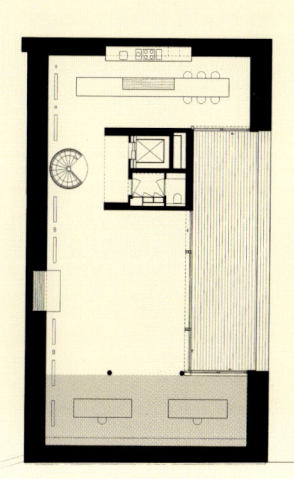	Planta cuarta

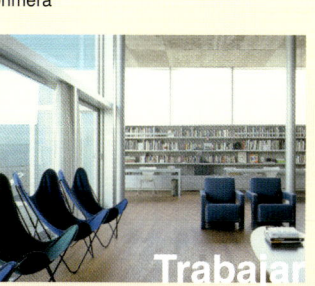

Trabajar

Localización
Antwerp, Bélgica
Superficie
120 m²
Fotógrafo
Jan Verlinde, Ludo Noël

Este proyecto es parte de la renovación de un parque industrial en el centro de Antwerp, Bélgica. El arquitecto convirtió un almacén de finales del siglo XIX en una vivienda y oficina para su uso personal. Al mismo tiempo, un complejo de oficinas de treinta años de antigüedad estaba siendo demolido para permitir la creación de un jardín y un aparcamiento.

El objetivo central del diseño fue restaurar los elementos característicos del edificio como los techos cilíndricos y las ventanas, que habían sido selladas con tablas. El taller del arquitecto ocupa las primeras dos plantas. La vivienda en sí, situada en el tercer y el cuarto nivel, combina usos domésticos con las funciones de un espacio amplio para la exposición de una colección de arte. La sala tiene 4 m de altura desde donde se contemplan excelentes vistas de la ciudad. La remodelación en su totalidad se llevó a cabo con cemento enmarcado, en la terraza con aluminio, y en el interior, con cálida madera oscura.

La oficina y la biblioteca fueron situadas al final del área de vivienda, aprovechando la pared circundante para añadir estanterías, armarios y largas mesas de trabajo, que definen el límite entre el área profesional y privada.

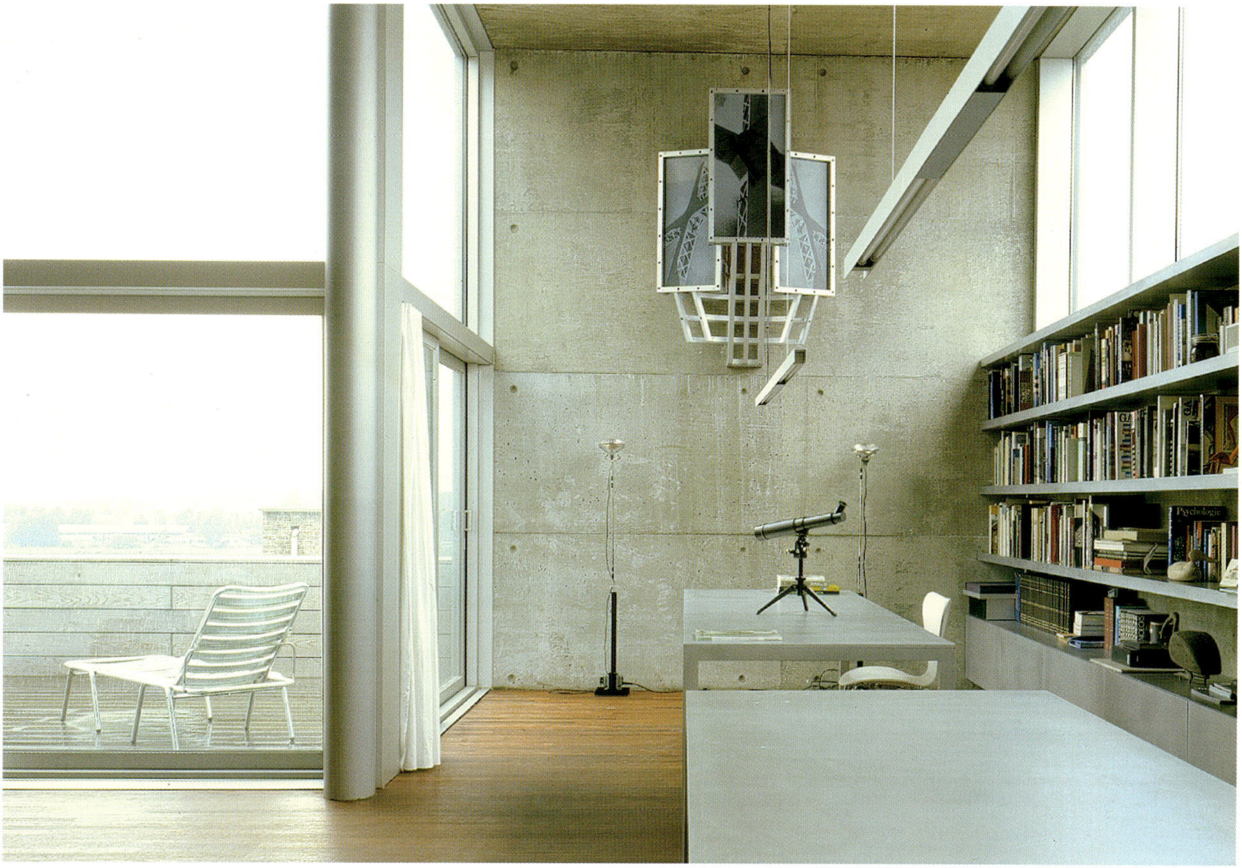
Psychologie

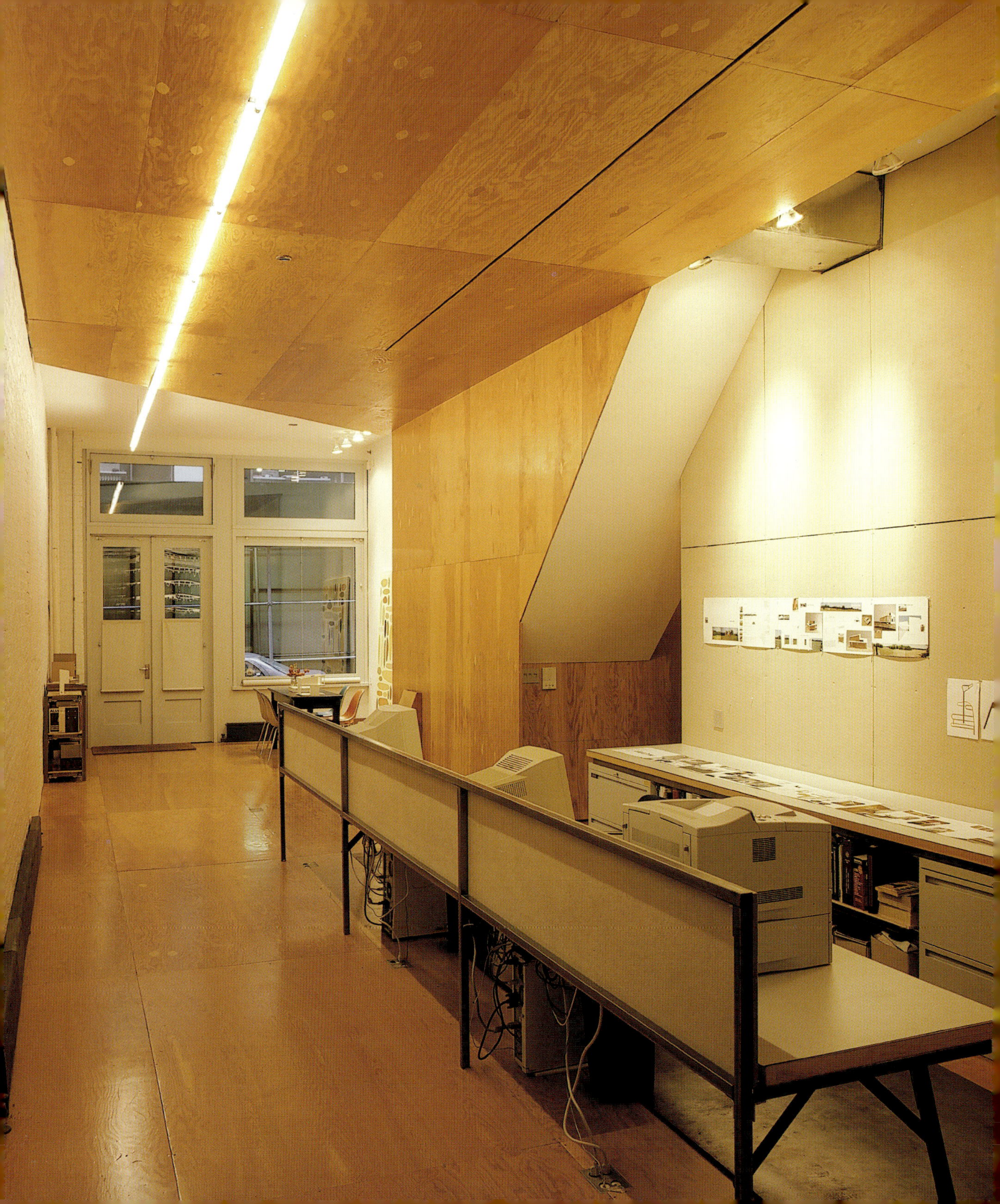

Elizabeth Alford

Pintora y arquitecta

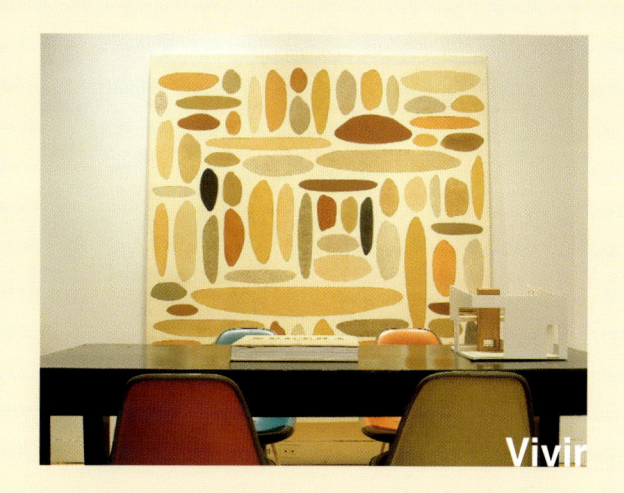

173

Vivir

Trabajar

Localización
Nueva York, Estados Unidos
Superficie
195 m²
Fotógrafo
Jordi Miralles

La pintora y arquitecta Elizabeth Alford necesitaba un espacio donde poder llevar a cabo sus dos profesiones. Su objetivo era crear un lugar de trabajo más integrado, activo y dinámico. El resultado fue un ambiente fresco inspirado en la idea de almacén, donde las zonas quedan divididas de acuerdo con las actividades que tienen lugar en ellas, pero permanecen perfectamente interrelacionadas.

El proyecto fue diseñado para que los espacios de vivienda y trabajo quedaran separados. Esta división queda definida por un largo tubo fluorescente que recorre ambos ambientes y por la disposición del mobiliario. Una estantería llena de botes de tierra, que la artista utiliza para su trabajo, divide visualmente los dos espacios. Una estructura industrial de acero sirve para ordenar y al mismo tiempo se convierte en un elemento decorativo de gran poder visual. El acero utilizado por esta estructura se repite en el largo escritorio y en estanterías de la oficina. Paneles de madera unen el techo y el suelo. Materiales nobles, como la madera, y un evocativo cromatismo conforman un espacio exquisitamente cálido.

El proyecto, diseñado por Elizabeth Alford, concede tanta atención a la decoración de los interiores como a las cualidades espaciales del ambiente creado. Esto tiene como resultado un diseño funcional, unas líneas rectas suavizadas con pinceladas de color de tonos sutiles dentro de la misma gama, que quedan distribuidos a lo largo del espacio, y por una estrecha relación entre los materiales. Estas texturas y un sentido estético del sonido han creado un lugar agradable y moderno donde el trabajo se desarrolla en libertad y armonía.

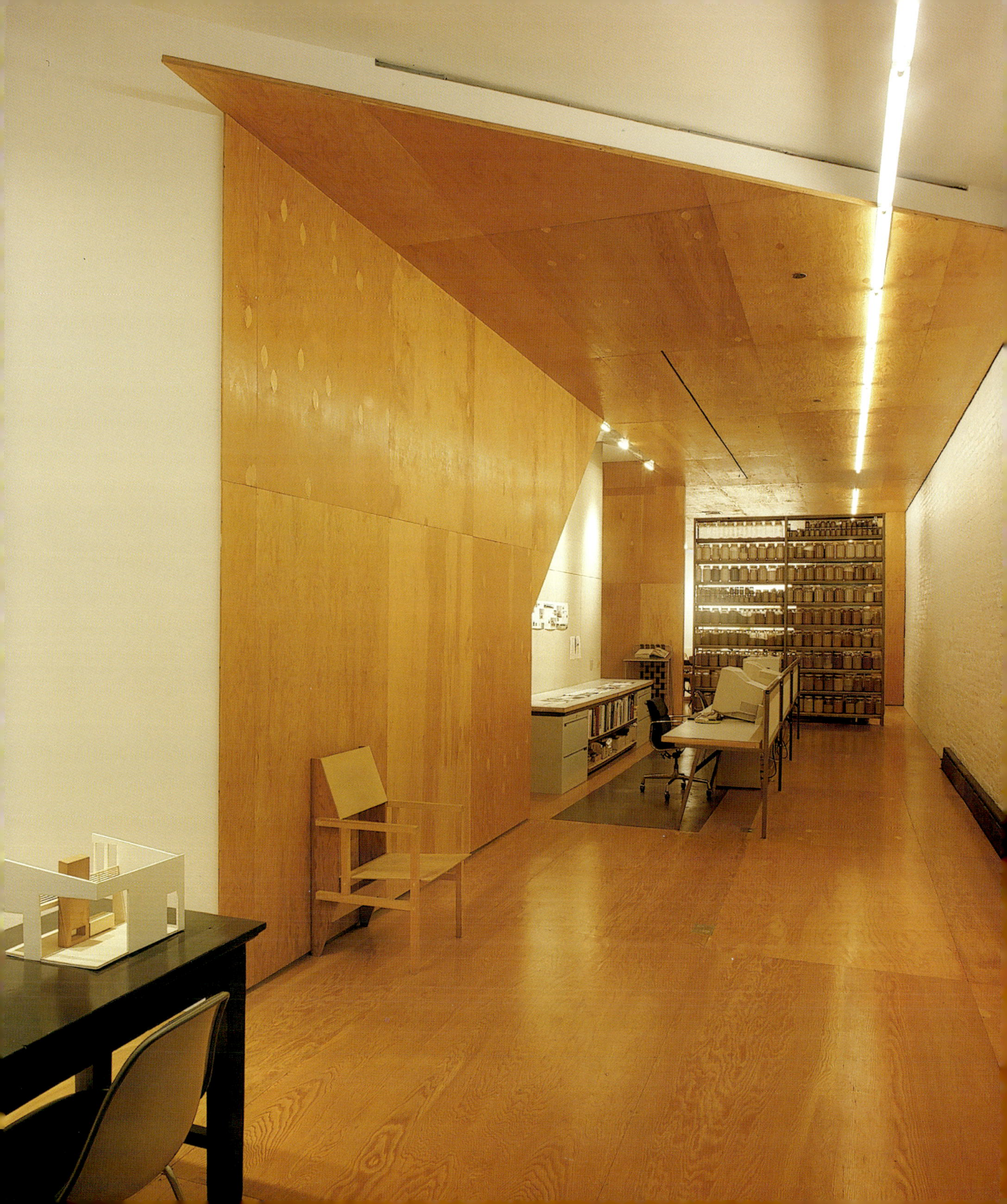

176

Inspirada en la idea de almacén, las zonas quedan divididas de acuerdo con las actividades que tienen lugar en ellas, pero permanecen perfectamente interrelacionadas en el espacio.

177

178

179

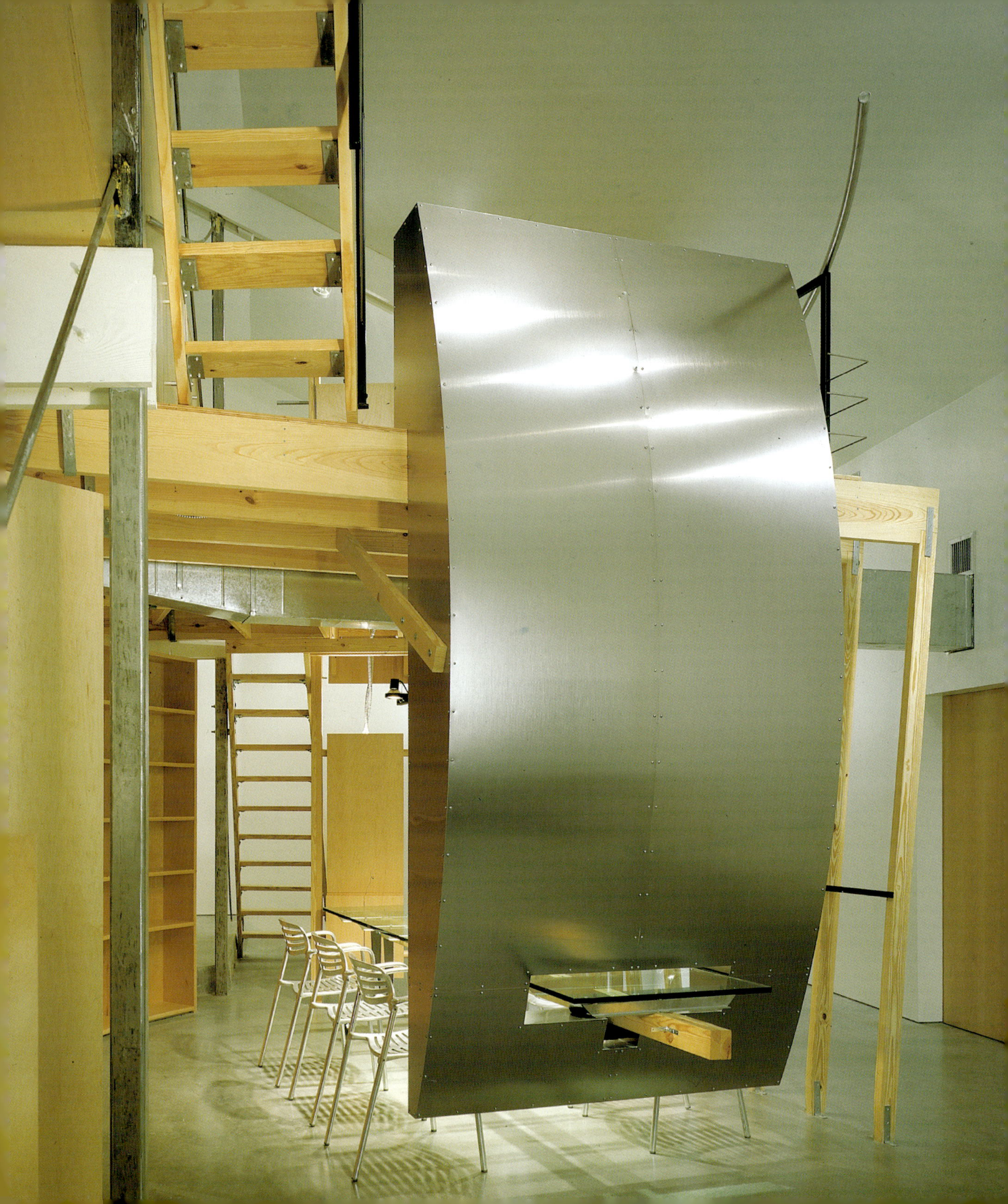

Randy Brown Architects
Casa y estudio ecológicos

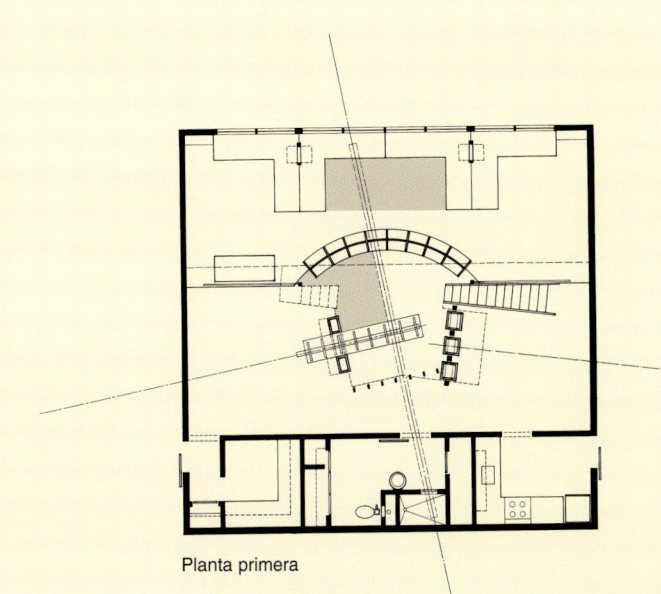

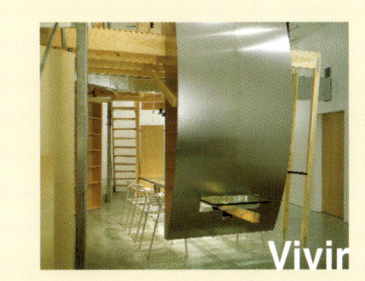

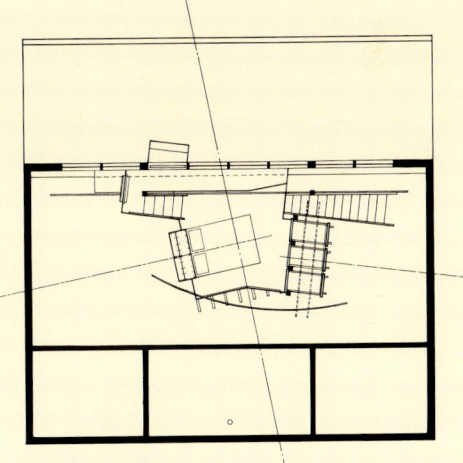

181

Planta primera

Vivir

Trabajar

Planta segunda

Localización
Omaha, Nebraska, Estados Unidos
Superficie
160 m²
Fotógrafo
Farshid Assassi

La casa y estudio se emplaza en una antigua escuela de enfermería, abandonada desde 1970. El arquitecto derribó el interior, analizó la estructura y se dedicó a colocar y retirar elementos, en un proceso de ensayo y error, hasta que obtuvo un edificio que se adecuase a su estilo de vida y filosofía, y donde además pudiera ubicar sus rituales de trabajo.

Brown, comprometido con la ecología, aplicó sus principios a la polifacética problemática de las fuentes energéticas en el ámbito de la construcción de edificios, su mantenimiento y su funcionamiento. En Estados Unidos, los edificios consumen alrededor de un 45% de la energía total. Una arquitectura de conservación de recursos podría crear una vivienda, cuyo funcionamiento estuviese basado en el sol, el viento y el agua como fuente principal, y reducir el consumo energético hasta un 75%.

El edificio tiene dos niveles: en la planta primera se ubican el estudio y las áreas de vivienda, y la planta segunda alberga el dormitorio y el vestidor. En el volumen inferior, el arquitecto ha delimitado tres áreas. El estudio está a un extremo; la cocina y el baño, con espacio para la fotocopiadora, en el otro, y el comedor y la sala de conferencias en el centro.

La sala de conferencias contiene el mueble más representativo de la casa: una pieza compuesta por un armazón de pino con laminado de placa de acero, que en su parte inferior queda unido a la mesa del comedor, y cuya parte superior forma la cabecera de la cama en el dormitorio situado en la segunda planta.

Axonometría

Diseñadores

184

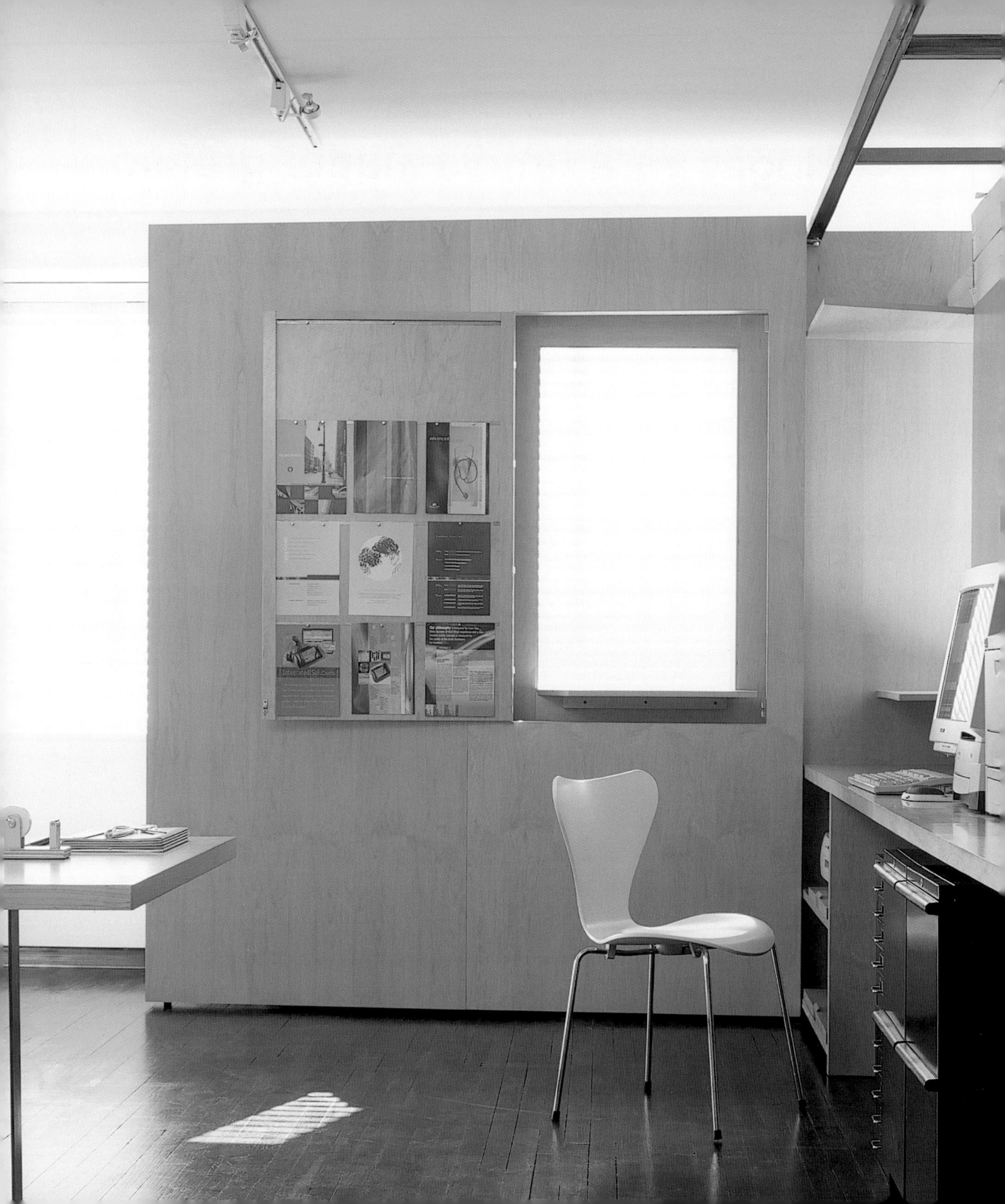

Roger Hirsch (arquitecto) y Myriam Corti
Hogar para un diseñador gráfico

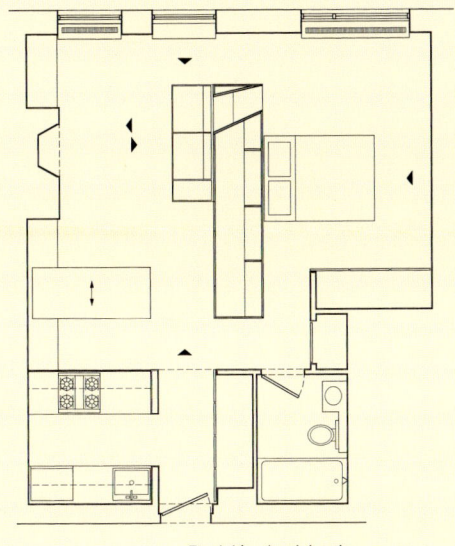

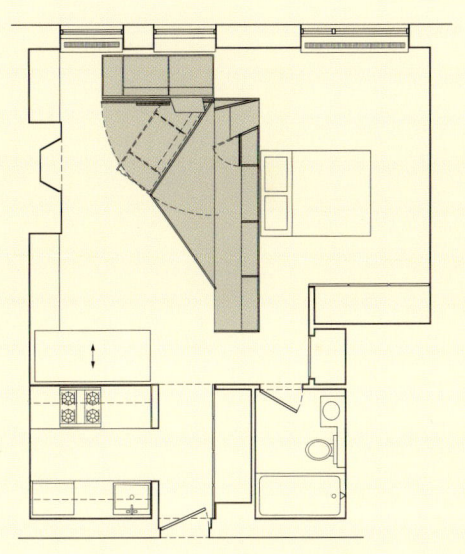

187

Posición de vivienda

Posición de trabajo

Localización
Nueva York, Estados Unidos

Superficie
55 m²

Fotógrafo
Minh+Wass

El objetivo de este proyecto fue crear un interior que funcionase como vivienda y como oficina para un diseñador gráfico en un pequeño apartamento de una sola habitación en el West Village de Manhattan. El reto residía en lograr instalar la oficina en un espacio muy reducido sin sacrificar el área habitable.

Se creó una estructura de 4 m de largo y 2,5 m de alto para separar el salón del dormitorio, y que permitiera al mismo tiempo el paso por ambos lados. Por este motivo, esta estructura funciona de dos maneras. En la posición de vivienda toma la forma de una caja sólida por todos sus lados a excepción de una profunda y angulosa abertura que ofrece selectivas vistas. Un acolchado banco que sirve como sofá y cama para invitados queda suspendido de esta estructura. En la posición de trabajo la caja se abre mediante paneles que se desdoblan para transformar el salón en una oficina. El sofá suspendido se desliza automáticamente y queda oculto, mientras dos completos escritorios aparecen a la vista.

La posición de la mesa del comedor, que se desliza dentro de una ranura en la parte superior del muro, está también controlada por la caja. La mesa aparece para comer cuando la oficina está cerrada y se desliza contra la pared para funcionar también como mesa de trabajo cuando la oficina está abierta. En el área del dormitorio, el módulo actúa como una alta cabecera de madera para la cama y con mesillas de noche plegables a cada lado.

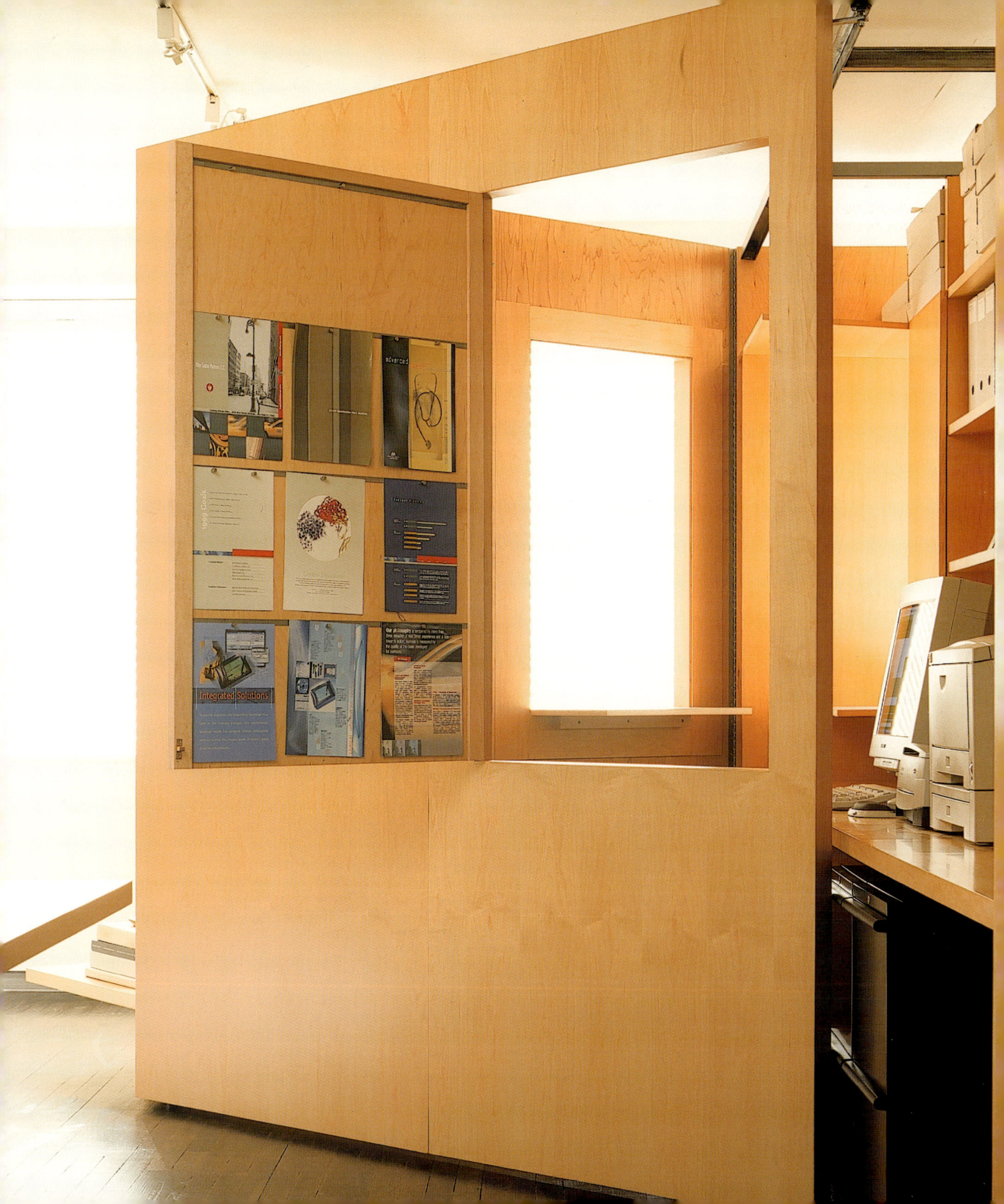
advanced
Integrated Solutions

190   En la posición de trabajo la caja se abre por medio de paneles, que se desdoblan para transformar el salón en una oficina. El sofá suspendido se desliza automáticamente y queda oculto, mientras dos completos escritorios aparecen a la vista.

191

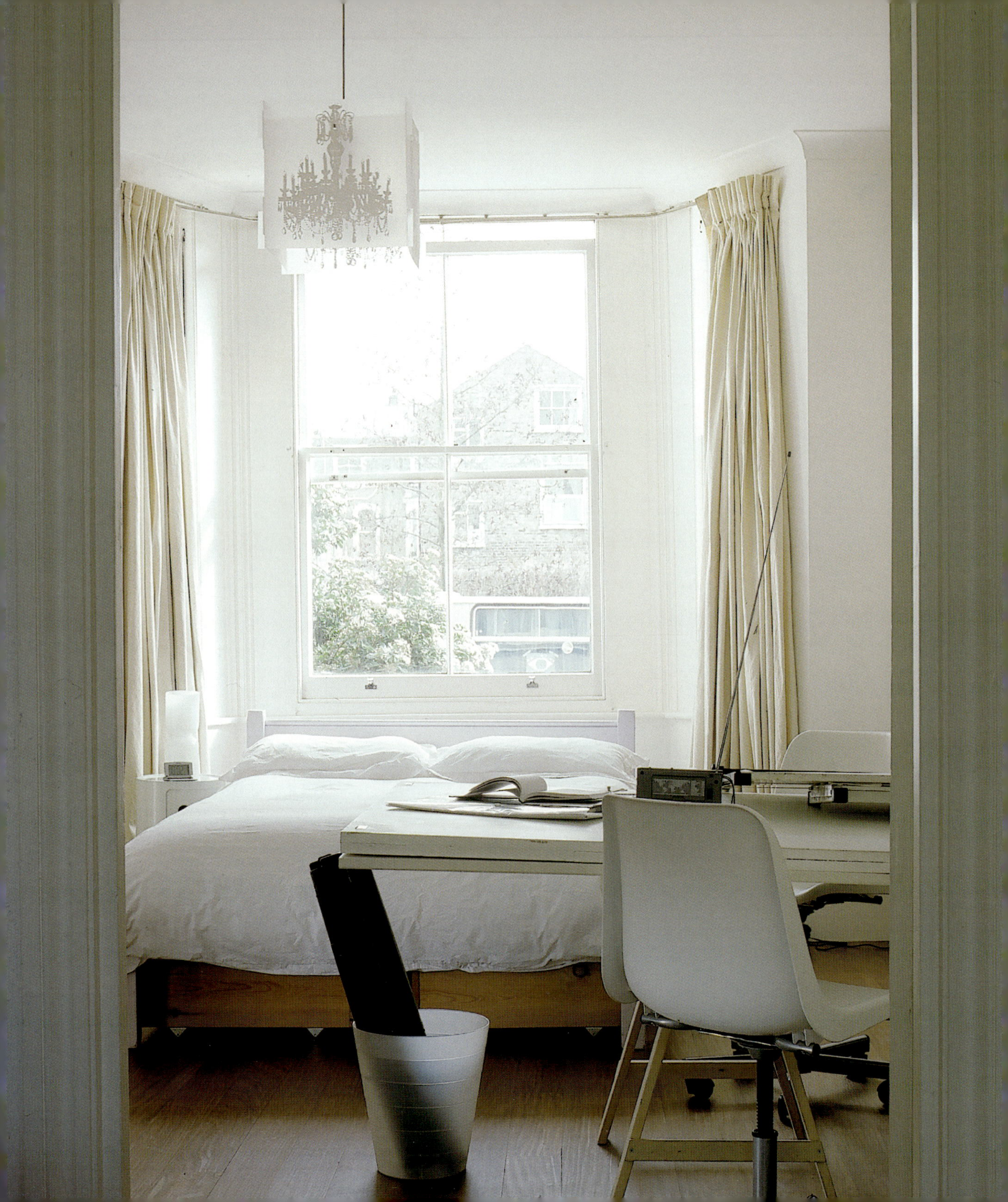

Jeremy King

Apartamento en Shepherd's Bush

193

Vivir

Trabajar

Localización
Londres, Reino Unido
Superficie
47 m²
Fotógrafa
Montse Garriga

El objetivo de la renovación de este pequeño apartamento era una vivienda y un área de trabajo adecuado para una persona y con el máximo espacio de almacenamiento. Un largo armario fue instalado en la pared lateral para dejar espacio libre por la parte superior e inferior. De esta manera se mantuvo una sensación de continuidad y se respetaron las proporciones originales de la habitación. En el mueble se guarda la ropa, aparatos y otros objetos del hogar y, principalmente, una mesa de dibujo y el área de oficina. El escritorio puede plegarse cuando no es utilizado, y así minimizar el desorden en el dormitorio.

Se estudió cada aspecto con detalle. El cromatismo de los materiales reduce el impacto de la renovación. Las tablas del suelo de madera de afromosia conectan los dos ámbitos y añaden un tono cálido al lugar. El mobiliario del dormitorio y la cocina están pintados de blanco en armonía con las paredes. La sutil renovación de este interior –elaborada con materiales cálidos como la madera, tejidos naturales para sillones y cortinas, y pinceladas de color aplicadas adecuadamente– mantiene el carácter original de la vivienda.

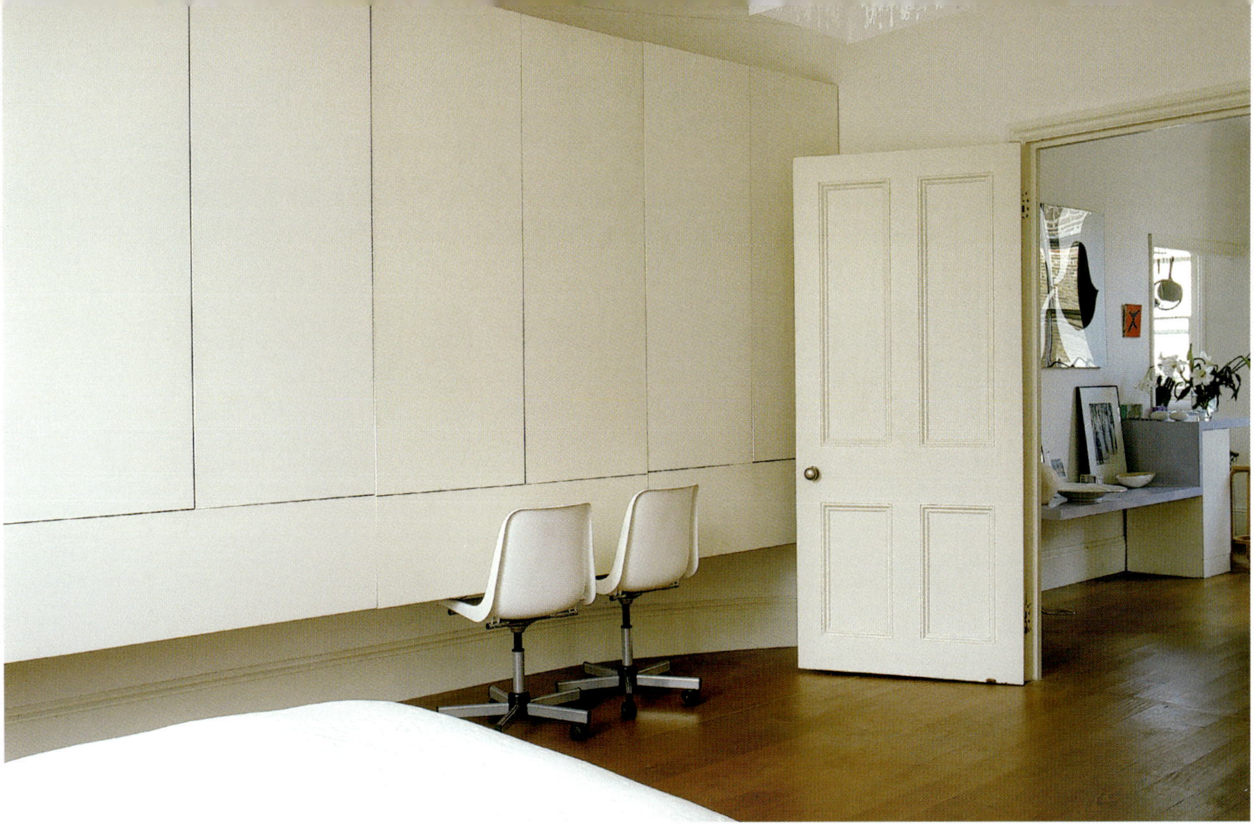

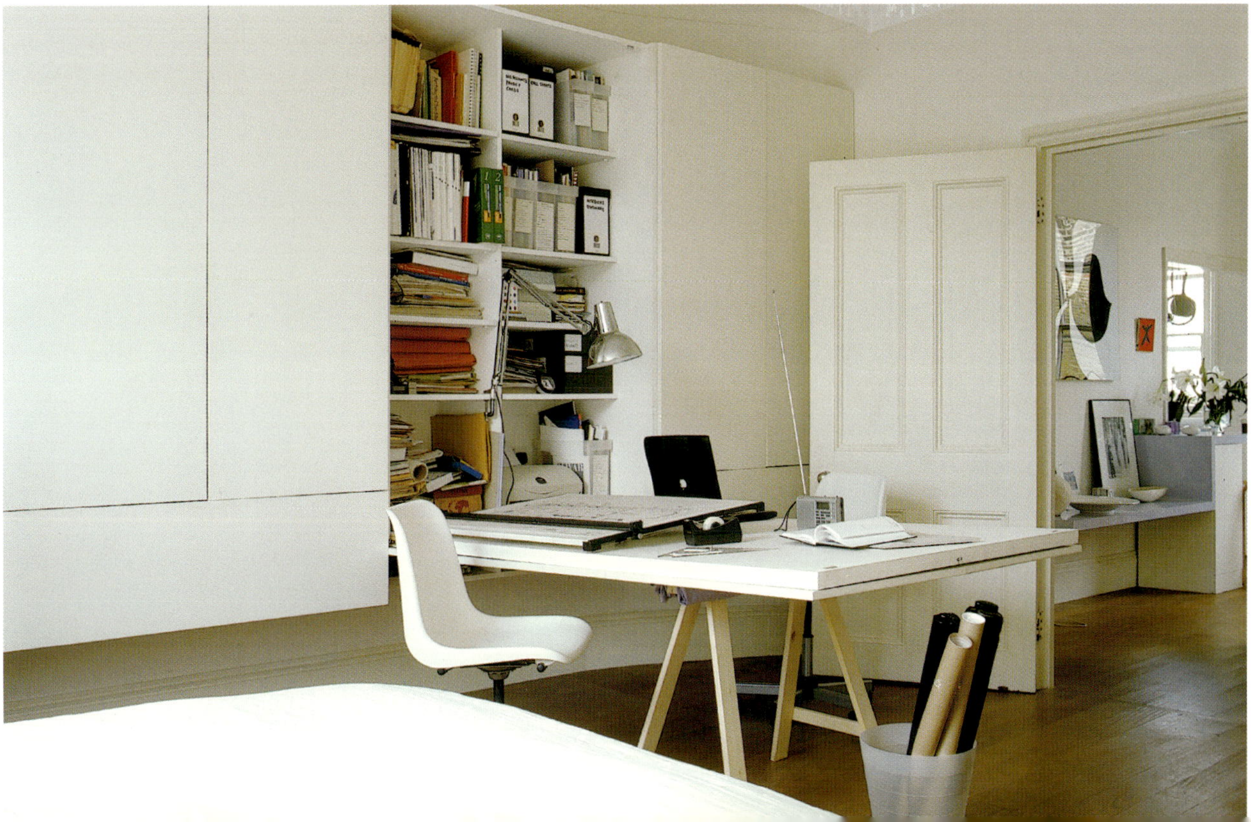

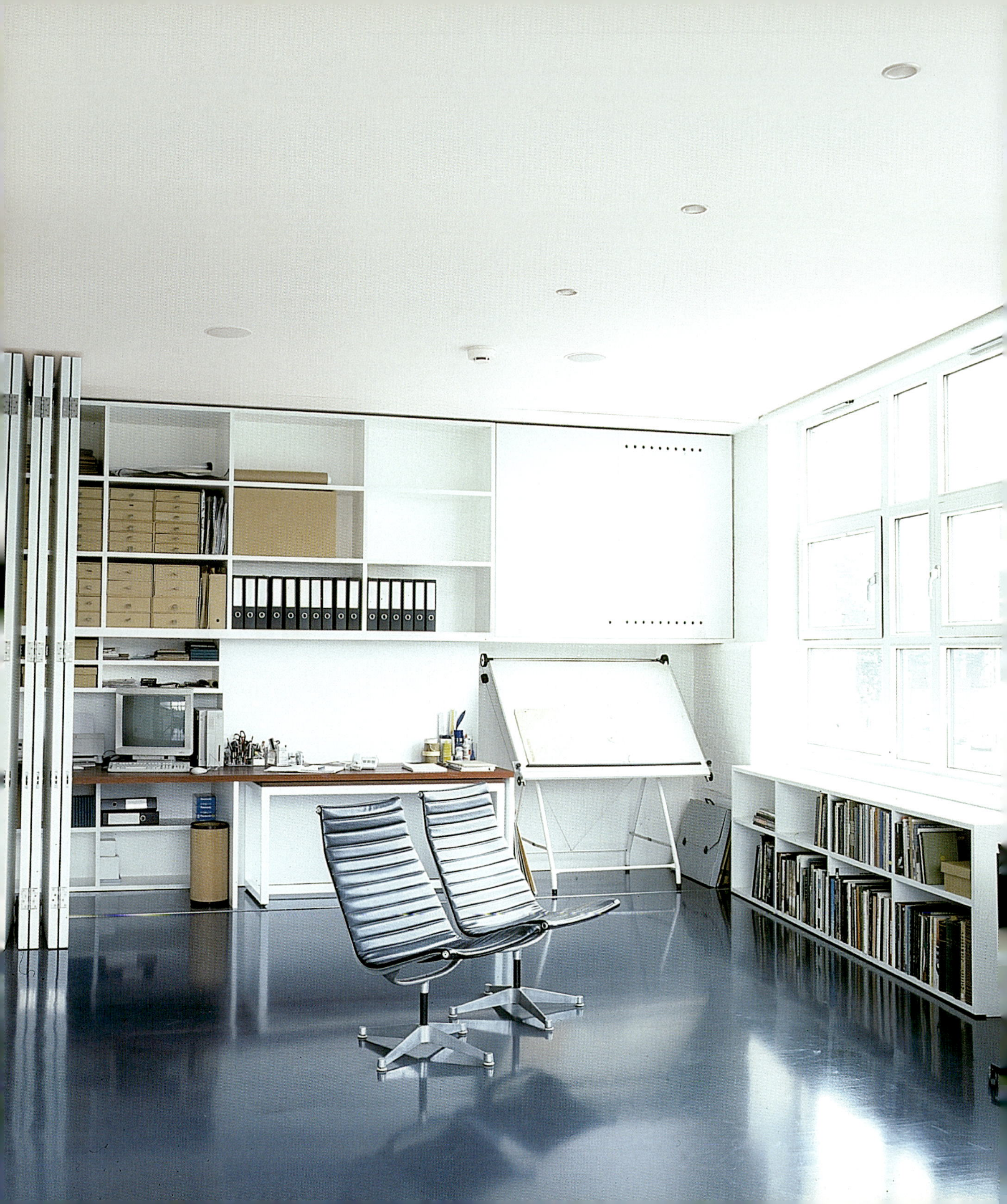

Felicity Bell
Apartamento en Rosoman Street

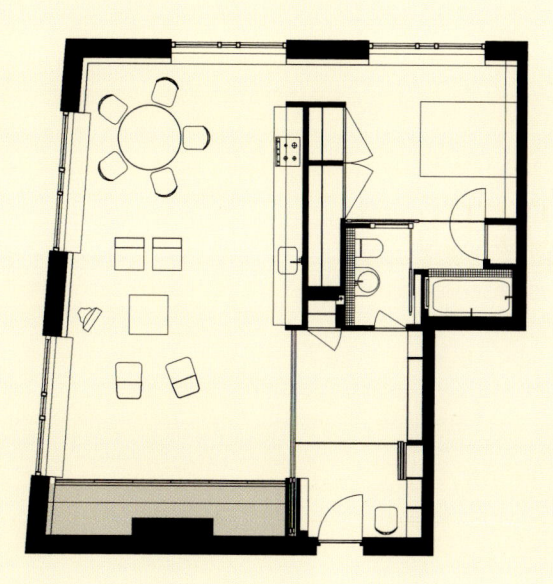

Localización
Londres, Reino Unido
Superficie
55 m²
Fotógrafo
Chris Tubbs

Este apartamento situado en el barrio de Clerkenwell fue concebido como vivienda y estudio. Desde un principio se procuró conservar la sensación de luz y espacio, y proporcionar una zona de trabajo y una sala de reuniones sin que por ello afectase la intimidad del hogar. La solución consistió en una serie de pantallas correderas que cerradas proporcionan pequeños espacios privados para visitantes y clientes, pero cuando se abren revelan un área amplia y libre de obstáculos. La naturaleza industrial del edificio tuvo poca influencia en el resultado del proyecto, ya que el espacio era neutral. El maderamen, los acabados y la estructura fueron modificados para atenuar el rudo aspecto fabril e introducir una apariencia más contemporánea.

El suelo queda dividido por una línea central imaginaria. En un lado hay una amplia área flexible donde vivir y trabajar; en el otro está la habitación principal con su baño privado. Las dos pantallas translúcidas cercanas a la entrada se encuentran normalmente plegadas, y permiten la libertad de movimientos. Al extender una de las pantallas correderas, el pasillo queda convertido en una sala de reuniones. Por consiguiente, los negocios pueden llevarse a cabo sin que las visitas tengan acceso a la vivienda. A lo largo de una de las paredes de la esfera principal ha sido instalada una zona de trabajo con una mesa de despacho, estanterías y una mesa de dibujo. Esta área puede quedar oculta por otras pantallas plegables.

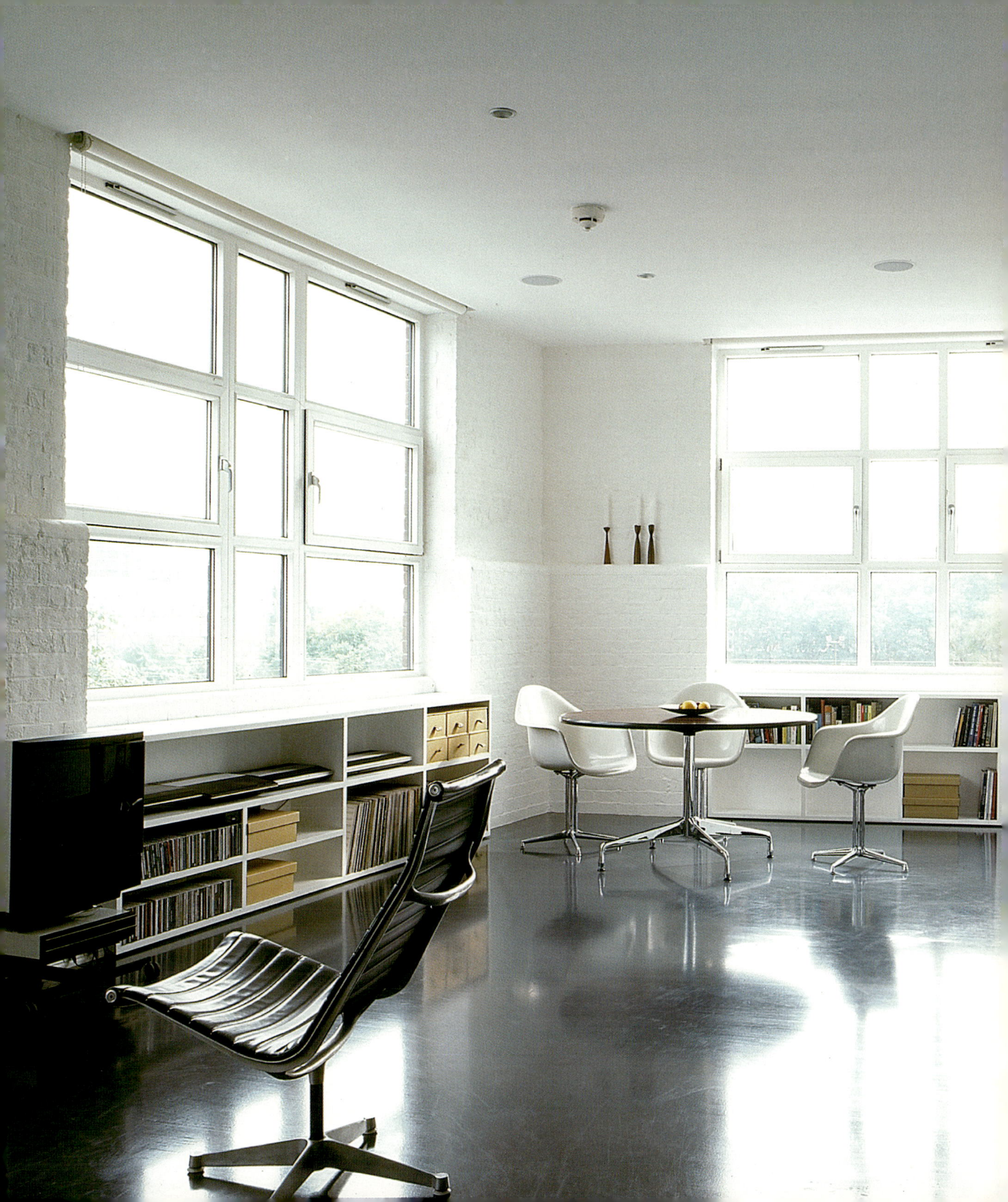

200

201

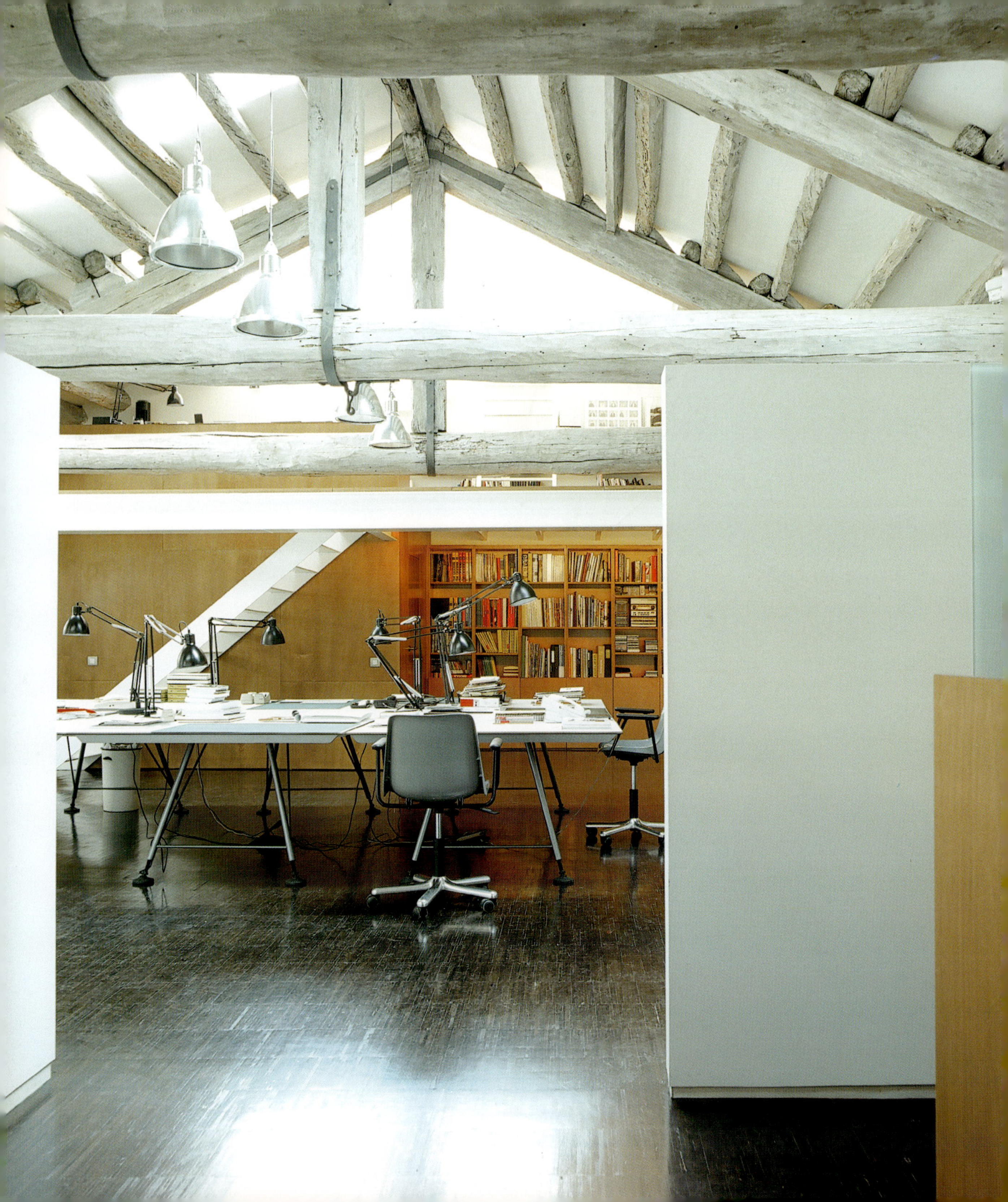

Ignacio Forteza, Forteza Carbonell Asociados

Estudio Claret Serrahima

203

Localización
Barcelona, España
Superficie
110 m²
Fotógrafo
Eugeni Pons

El objetivo del trabajo llevado a cabo en este estudio en el centro de Barcelona fue preservar la autenticidad de la situación de este ático. Ubicado en un viejo palacio dividido en varias áreas multifuncionales, el brillantemente iluminado espacio rectangular tiene un tejado cubierto de brea sostenido por singulares postes y vigas. Ignacio Forteza fue el responsable de dar forma a este cálido, moderno y múltiple espacio.

Los objetivos principales para la construcción fueron dirigir la luz natural en el espacio, proveer el lugar de la funcionalidad necesaria, lograr una sensación equilibrada y moderna, y crear una entrada para la anterior inaccesible terraza de 45 m². La renovación requería la remodelación de un espacio vacío y casi cuadrado, de una altura considerable de 3,5 m en el punto más bajo. Un altillo fue creado para acceder a la terraza. La librería, el baño y la cocina se sitúan debajo de este nivel intermedio.

Como resultado de las características del lugar y de la actividad para la que iba a ser destinada (un estudio de diseño gráfico), no resultó necesaria la creación de espacios de trabajo separados. Desde el principio se decidió crear áreas sin romperlo. A causa de ello es posible ver el resto de la superficie desde la zona de recepción y de reunión: frente a la recepción, un separador con forma de L genera un espacio que se utiliza como lugar de reuniones. El área de trabajo queda definida por una larga mesa central, compuesta por tres mesas, que no necesita ser informatizada, y otra accesoria donde se sitúa el ordenador. Un muro de cristal hacia la terraza y enormes tragaluces bañan de luz natural toda la oficina.

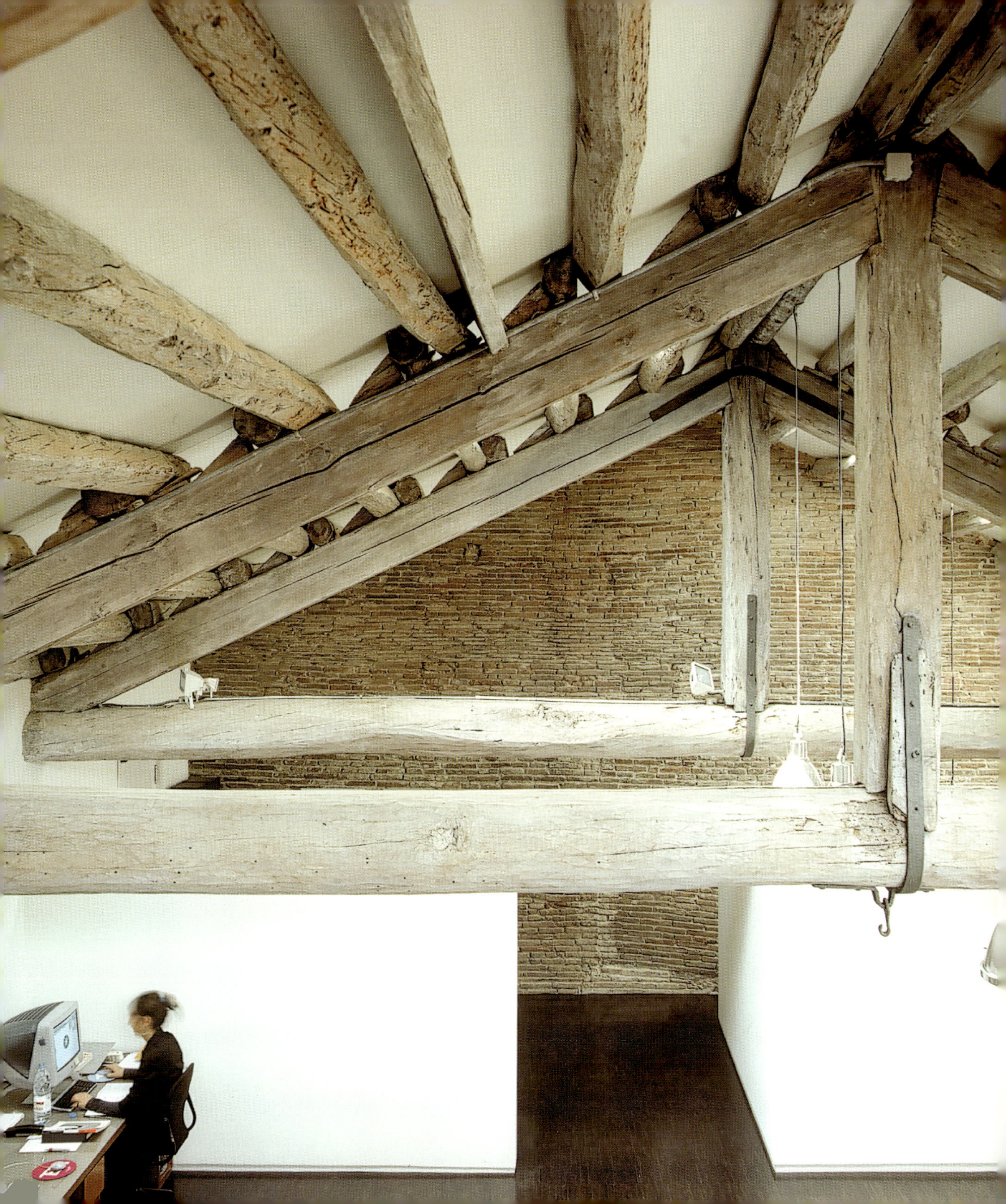

206 · El área de trabajo queda definida por una larga mesa central, formada por tres, y una mesa accesoria donde se ubica el ordenador.

207

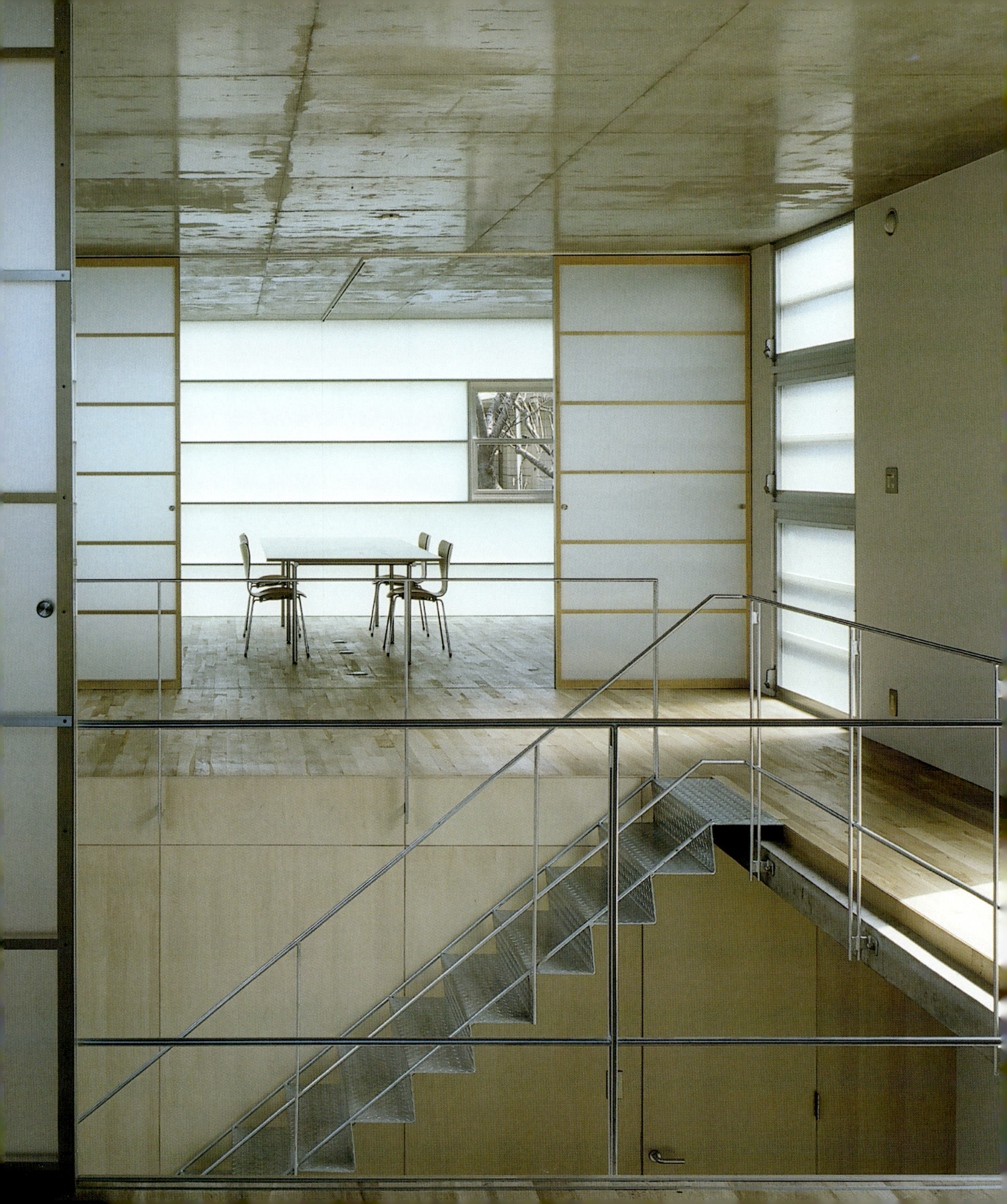

Toyo Ito

Casa T

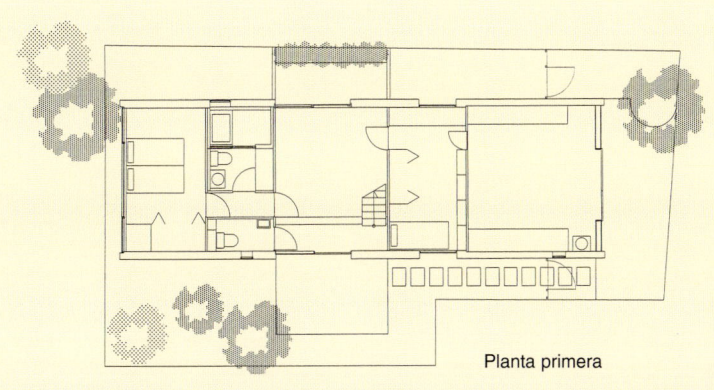

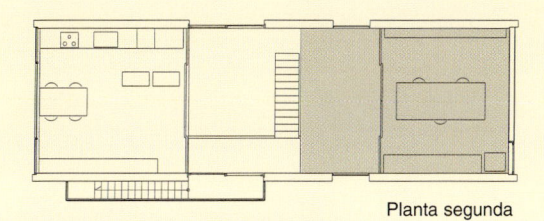

Planta primera

Planta segunda

Vivir

Trabajar

Localización
Tokio, Japón

Superficie
70 m²

Fotógrafo
Shinkenchiku-Sha

El arquitecto Toyo Ito hace referencias constantes a una realidad mediática y virtual. La tecnología de la información y la evolución de los medios de comunicación han permitido a los seres humanos ver el mundo a través de otro prisma, y los ordenadores ofrecen la posibilidad a los clientes de este proyecto, a los diseñadores gráficos, de trabajar desde casa.

Aunque la vivienda está ubicada en un área urbana, una ventana de grandes dimensiones en la parte posterior ofrece la estimulante panorámica del exuberante jardín anexo. Sus habitantes pasan la mayoría de su tiempo en el hogar donde la división entre las actividades profesionales y privadas es prácticamente imperceptible. El diseño está basado en un concepto de vida que engloba discretos y heterogéneos espacios. El estudio, los dormitorios y los baños están dispuestos de forma paralela.

Tanto la estructura arquitectónica como la variedad de materiales fueron minimizados y adaptados para adecuarse a las necesidades personales de los tres habitantes. Su disposición posee tres módulos conectados por espacios vacíos desde la planta baja hasta el tejado. La construcción proporciona sensación de unidad y no una sucesión de ámbitos. Aunque fiel a sus principios, Ito se propuso crear una vivienda confortable y satisfacer los requisitos de los clientes con sencillos elementos mecánicos de construcción, y utilizar los fenómenos naturales como la brisa, la luz solar y la relación con el entorno en su beneficio.

Alzado frontal

211

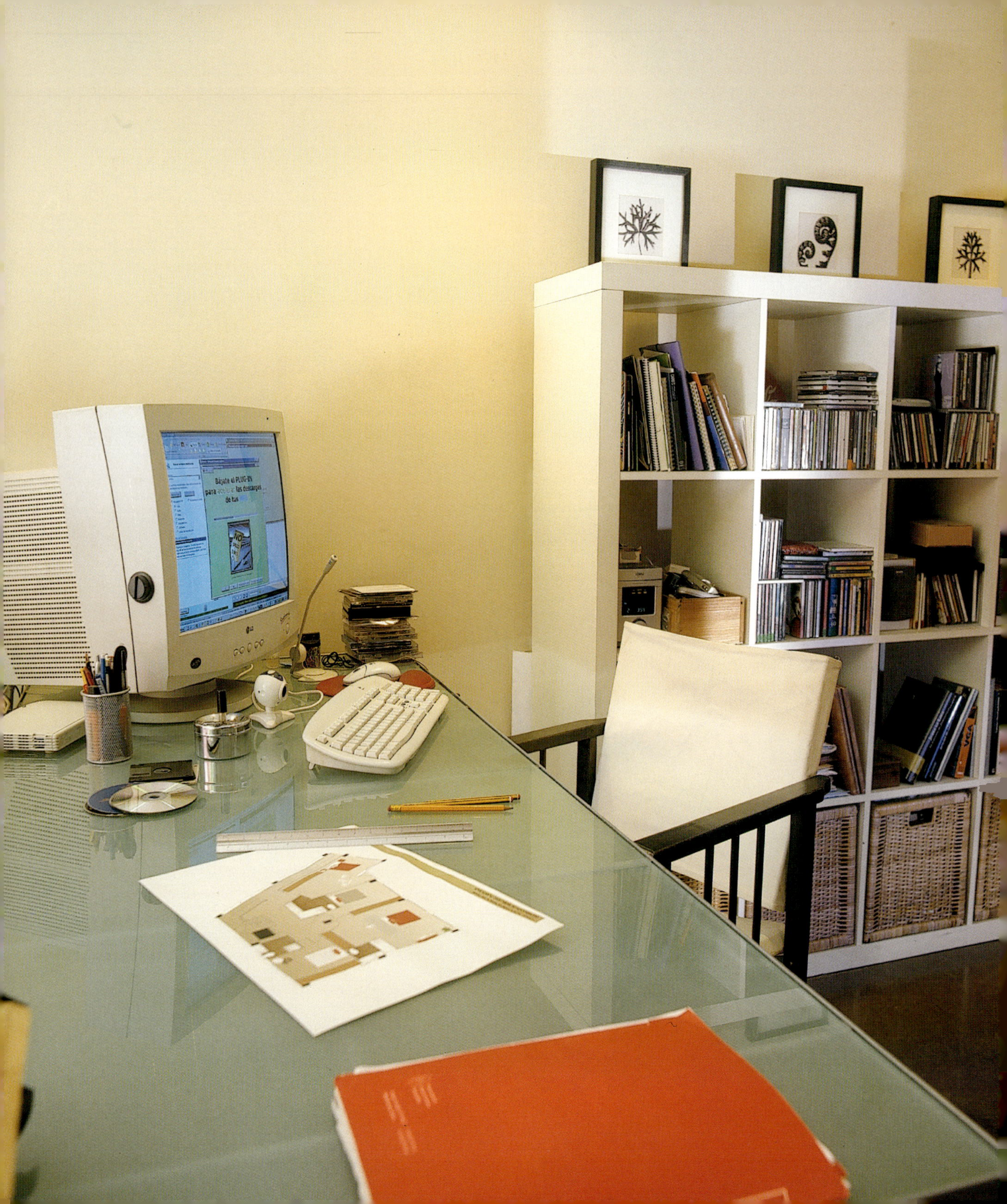

Helena de Juana

Ático en Barcelona

213

Vivir

Trabajar

Localización

Barcelona, España

Superficie

140 m²

Fotógrafa

Nuria Fuentes

Las divisiones en una vivienda pequeña pueden ser elementos clave para instalar un estudio u oficina. En este dúplex, diseñado por y para una diseñadora de interiores, estas particiones fueron importantes a la hora de separar el área laboral del área doméstica.
Una superficie rectangular con una terraza en un extremo requería la distribución de la esfera de vivienda y del estudio de diseño en un espacio compartido. El dormitorio quedaba situado en la planta superior para una mayor intimidad. La propietaria deseaba primar las áreas de vivienda, por ello las ubicó próximas a la entrada y al dormitorio en el nivel superior. En consecuencia, el área laboral fue emplazada en la zona más alejada de la vivienda, con la ventaja de una terraza que provee de luz, intimidad y tranquilidad.
Dos particiones a media altura, que sirven también como estanterías en el estudio, fueron colocadas para crear una clara separación con respecto al salón, la cocina y el comedor. Para que este espacio estuviese iluminado, se instaló un techo de cristal en el nivel superior para filtrar la luz solar que entra por el tragaluz del techo del dormitorio.
Gracias a las particiones se creó una vivienda iluminada e íntima que ofrece la sensación de profundidad y continuidad.

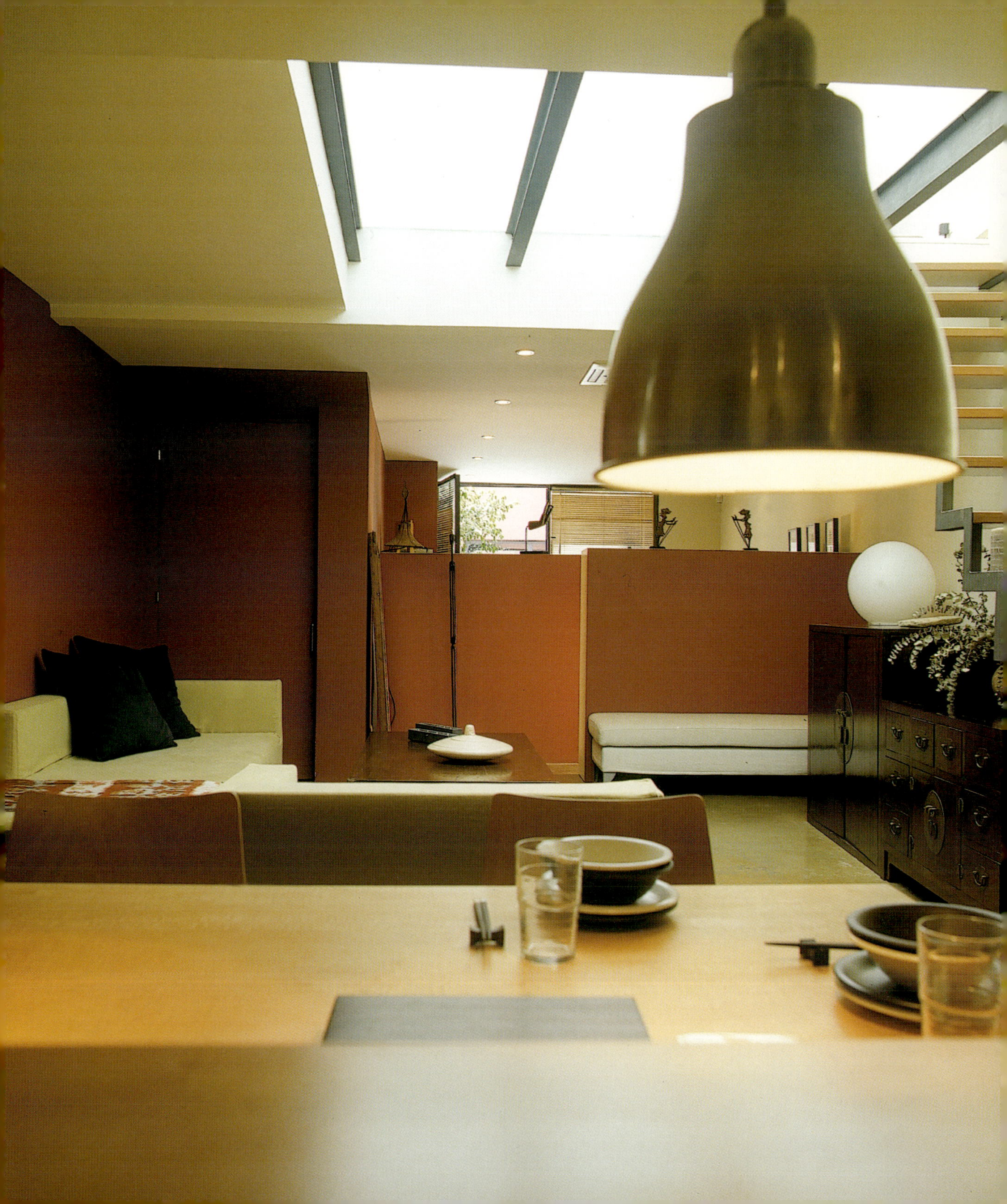

216

217

218 Dos particiones a media altura, que funcionan también como estanterías en la parte que corresponde al estudio, fueron instaladas para crear una clara separación entre el salón, la cocina y el comedor.

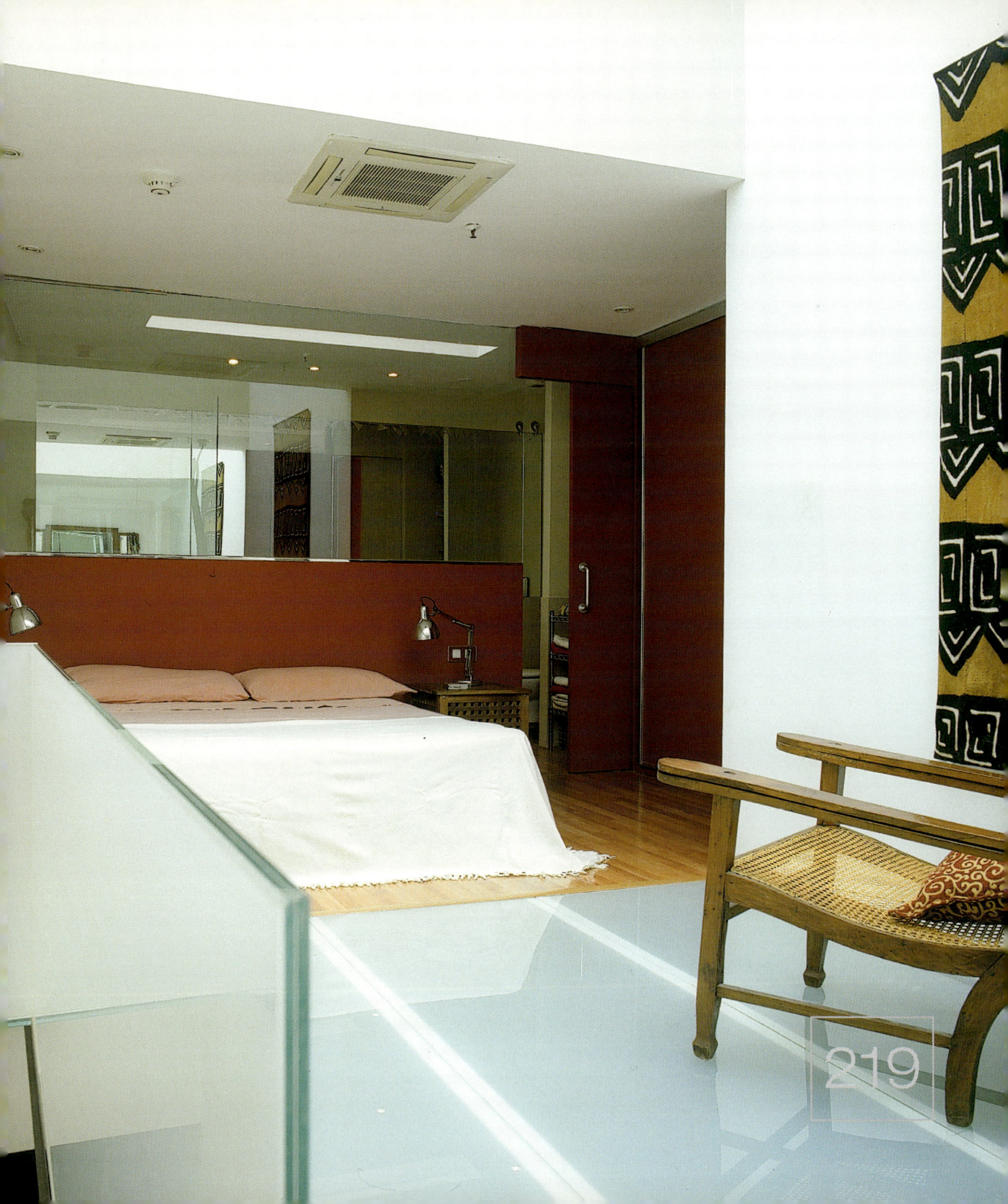

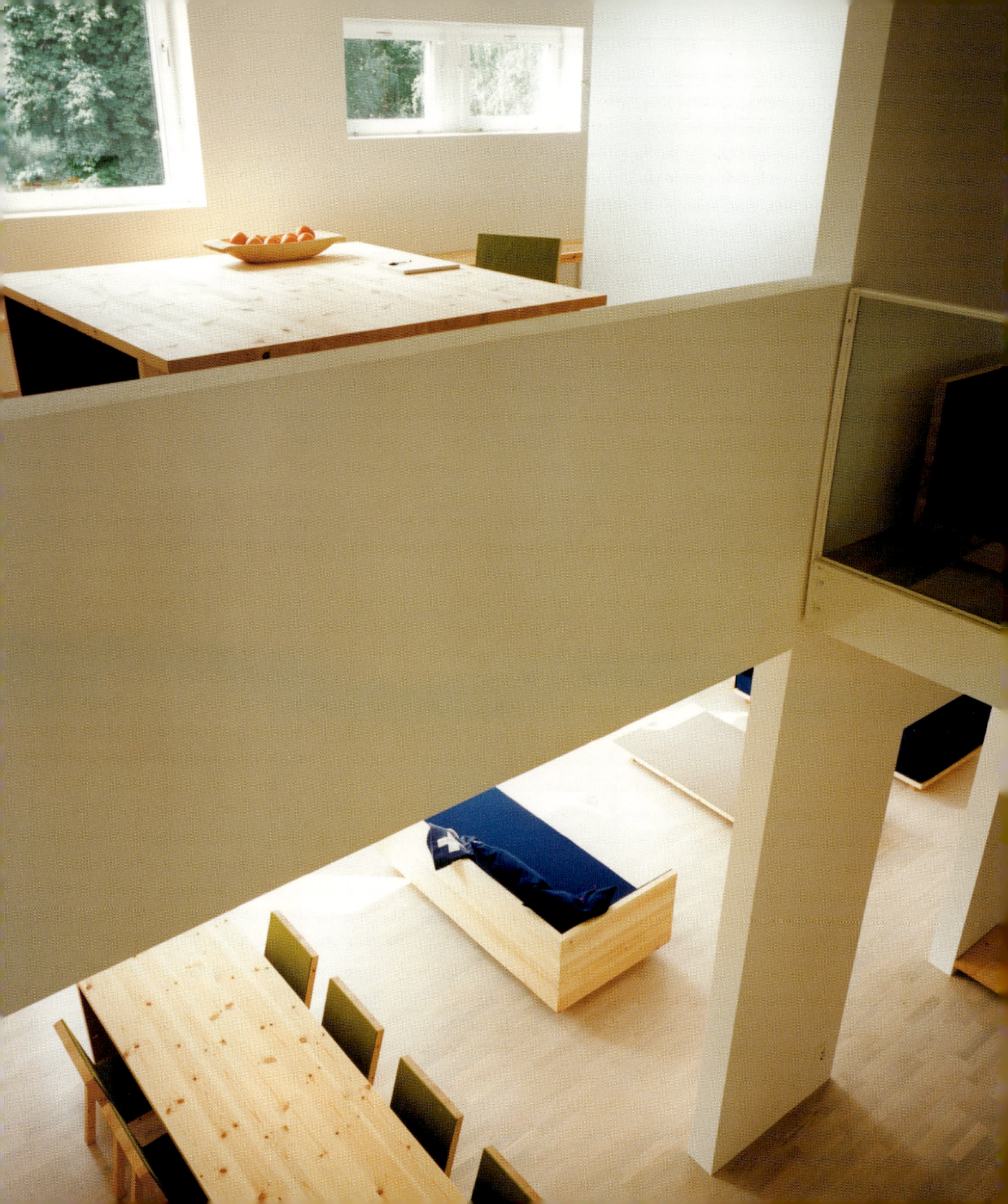

Jacques Sandjian y Claesson Koivisto Rune
Casa y estudio en Estocolmo

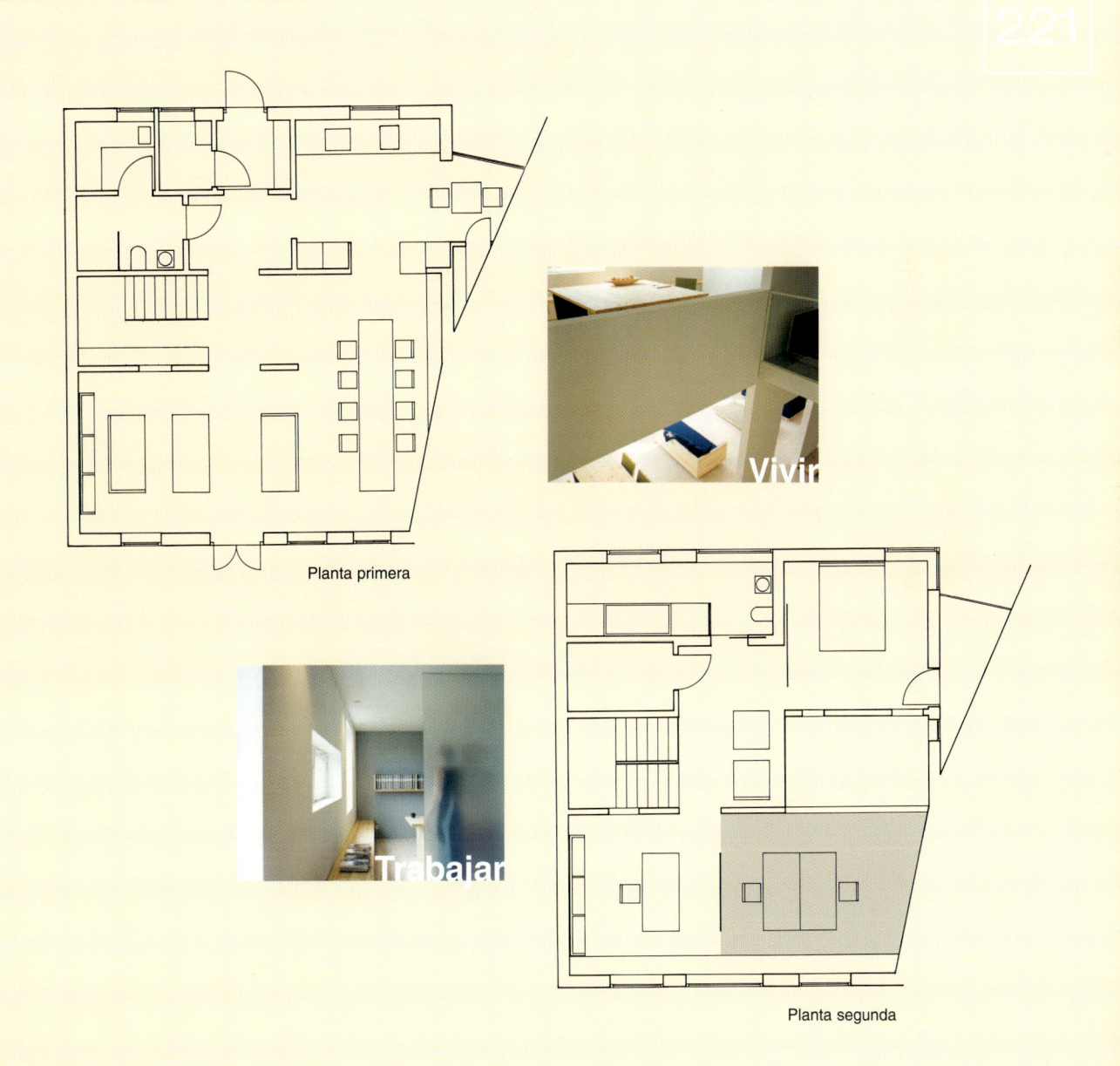

Planta primera

Vivir

Trabajar

Planta segunda

Localización
Estocolmo, Suecia

Superficie
154 m²

Fotógrafo
Åke E:son Lindman

Esta vivienda emplazada en una colina próxima a Estocolmo sirvió como prototipo para un proyecto residencial distinto llevado a cabo por una gran promotora sueca. La casa se compone de dos niveles que contienen un comedor, una cocina, dormitorios, dos baños, un vestidor y una amplia área de estudio y oficina. En términos espaciales, los arquitectos visualizaron un dúplex con una amplia sección vertical abierta que contuviese una escalera y un área central de dos plantas en la que predominara la luz.
Para acentuar la interconexión visual, se utilizan puertas y separadores cuando son necesarios. Las distintas separaciones crean un rico diseño de planos y volúmenes, y atribuyen al proyecto un carácter dinámico. El estudio está dividido en dos por una pantalla de vidrio.

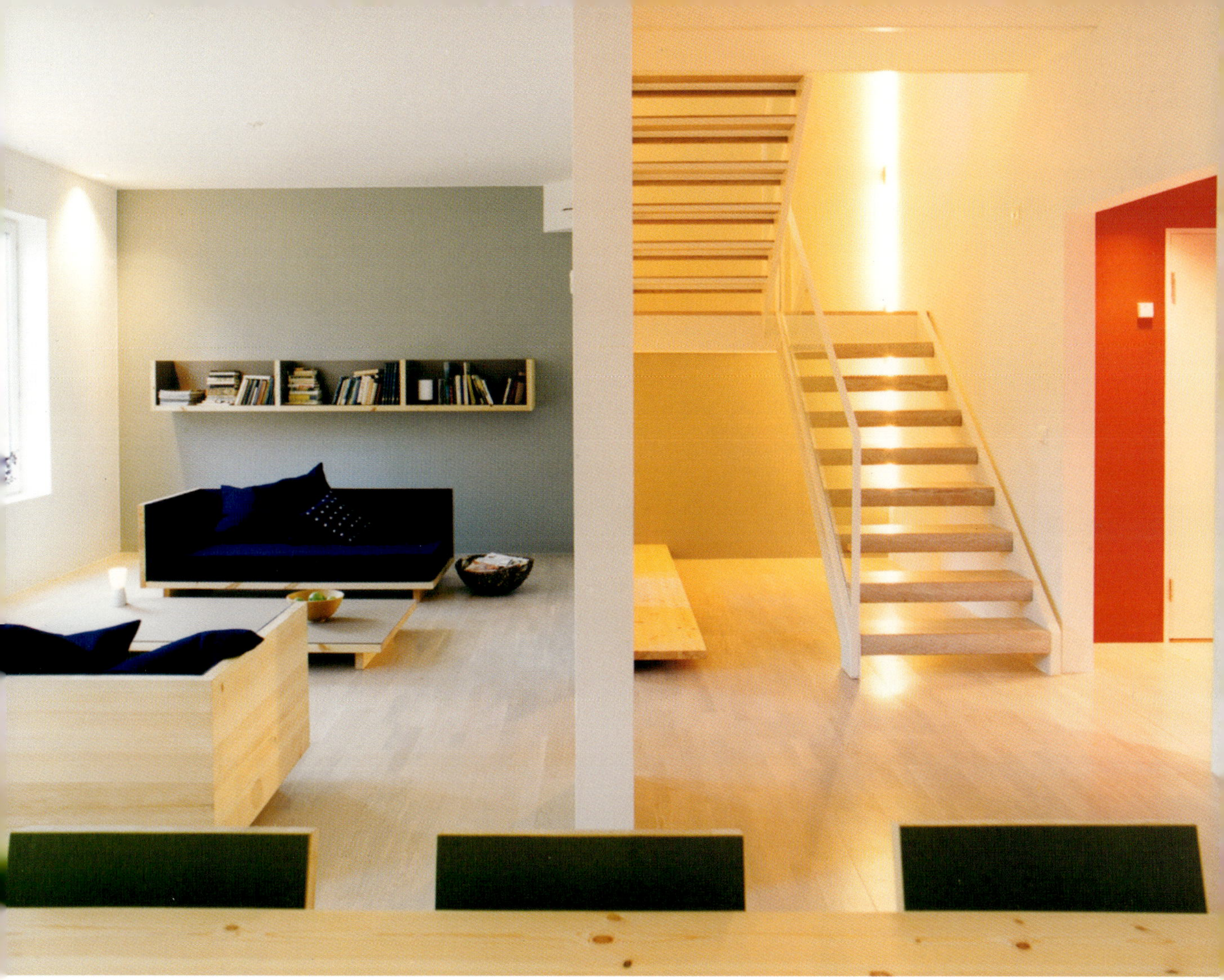

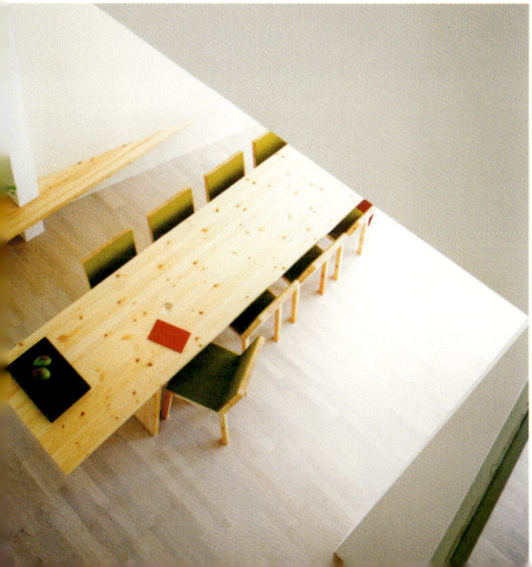

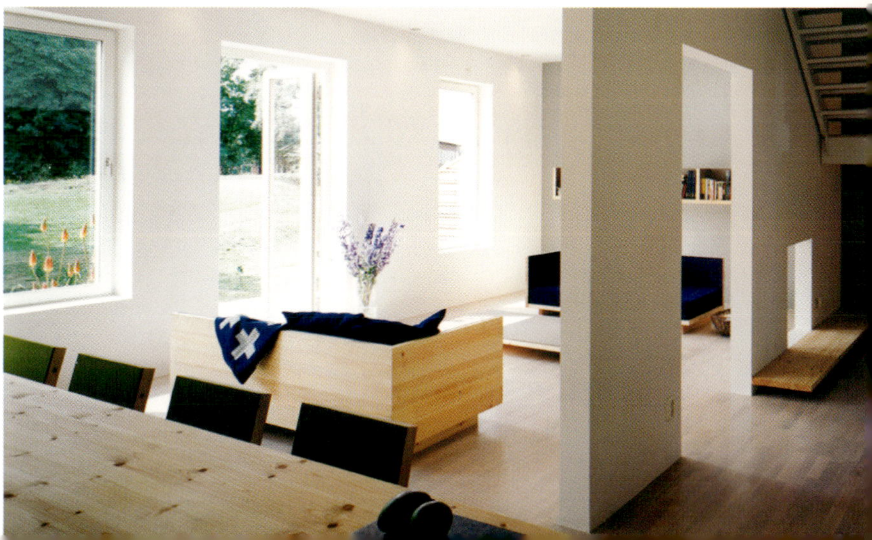

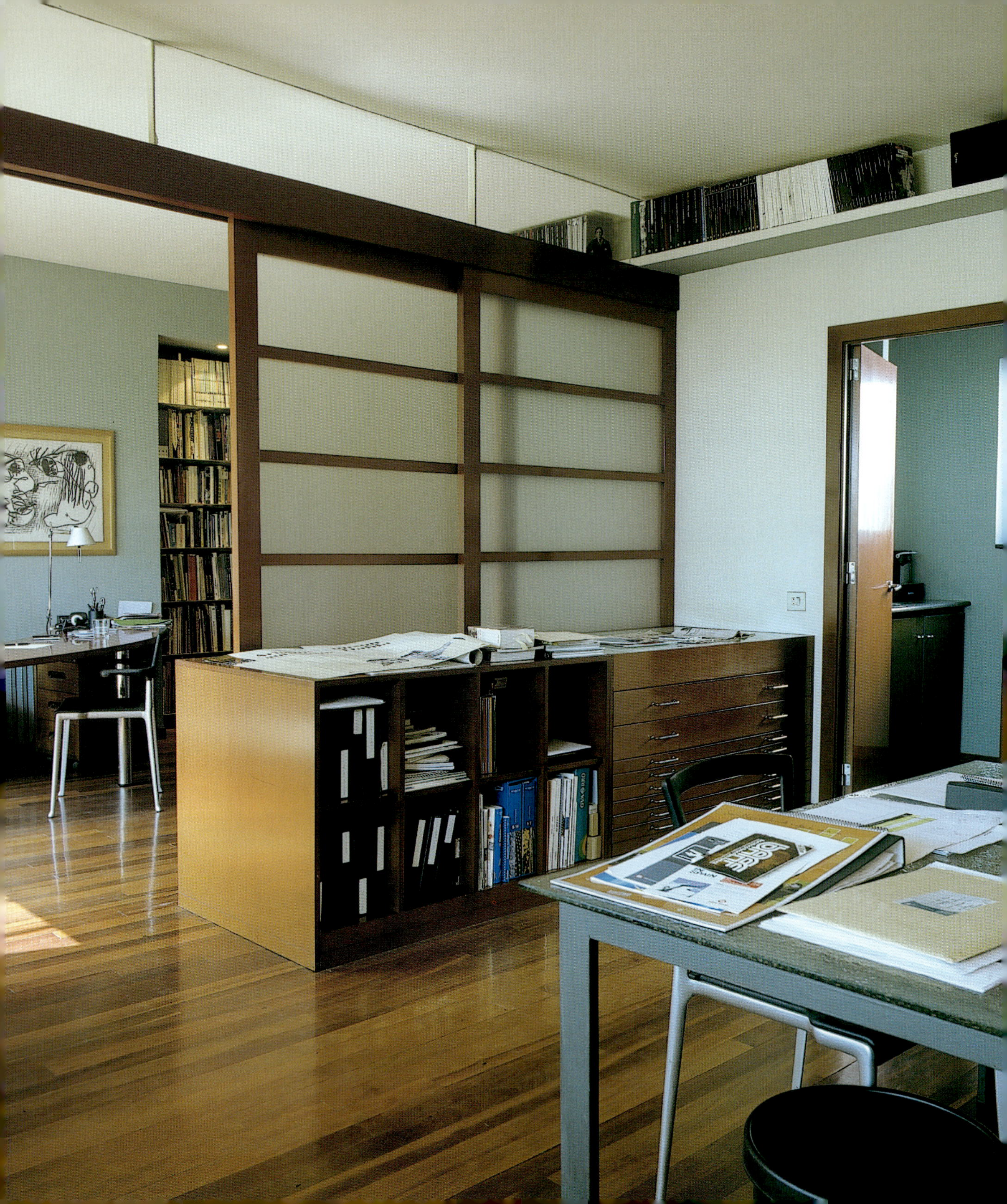

Josep Bagá y Marta Rovira

Estudio en Barcelona

225

Trabajar

Vivir

Localización
Barcelona, España
Superficie
242 m²
Fotógrafa
Nuria Fuentes

Este proyecto transformó un piso típico de Barcelona en un estudio y vivienda de un solo espacio. Particiones, pasillos y dormitorios fueron eliminados para crear una espaciosa área dividida por grandes puertas correderas.

Tradicionalmente, los apartamentos en esta zona de Barcelona se extienden a lo largo de un corredor que conduce a varios dormitorios relativamente pequeños, muchos de los cuales a menudo no reciben suficiente luz natural. Muchos de esos apartamentos fueron transformados en viviendas de tipo loft que se benefician de la orientación del edificio para obtener una luz óptima. El deseo de integrar un espacio de trabajo dentro del hogar condujo al uso de puertas de cristal translúcido, enmarcadas en madera, plegables y correderas, para efectuar la distinción entre las áreas privadas y las profesionales. El estudio fue configurado para que pudiera ser fácilmente abierto hacia el área de vivienda y ser percibido como una parte integrante.

El mobiliario de la zona de trabajo consiste en estanterías abiertas, mesas y un estante alrededor del perímetro del estudio y del área de vivienda, como una atractiva solución de ahorro de espacio. Desde el estudio se puede acceder a una terraza exterior.

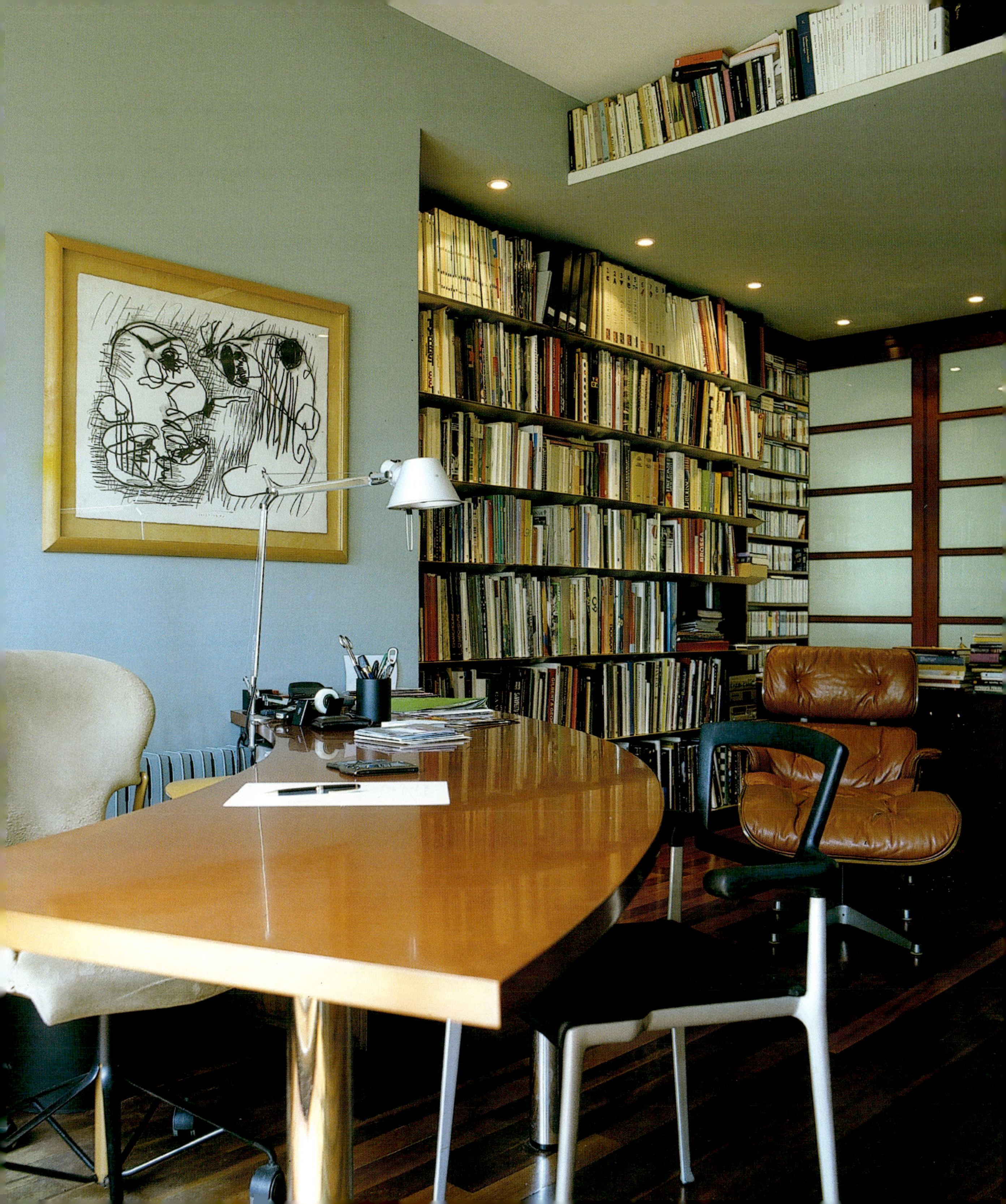

228 El mobiliario, y la disposición elegida para el área profesional, consiste en estanterías abiertas, mesas de trabajo y un acceso a la terraza exterior.

229

230

231

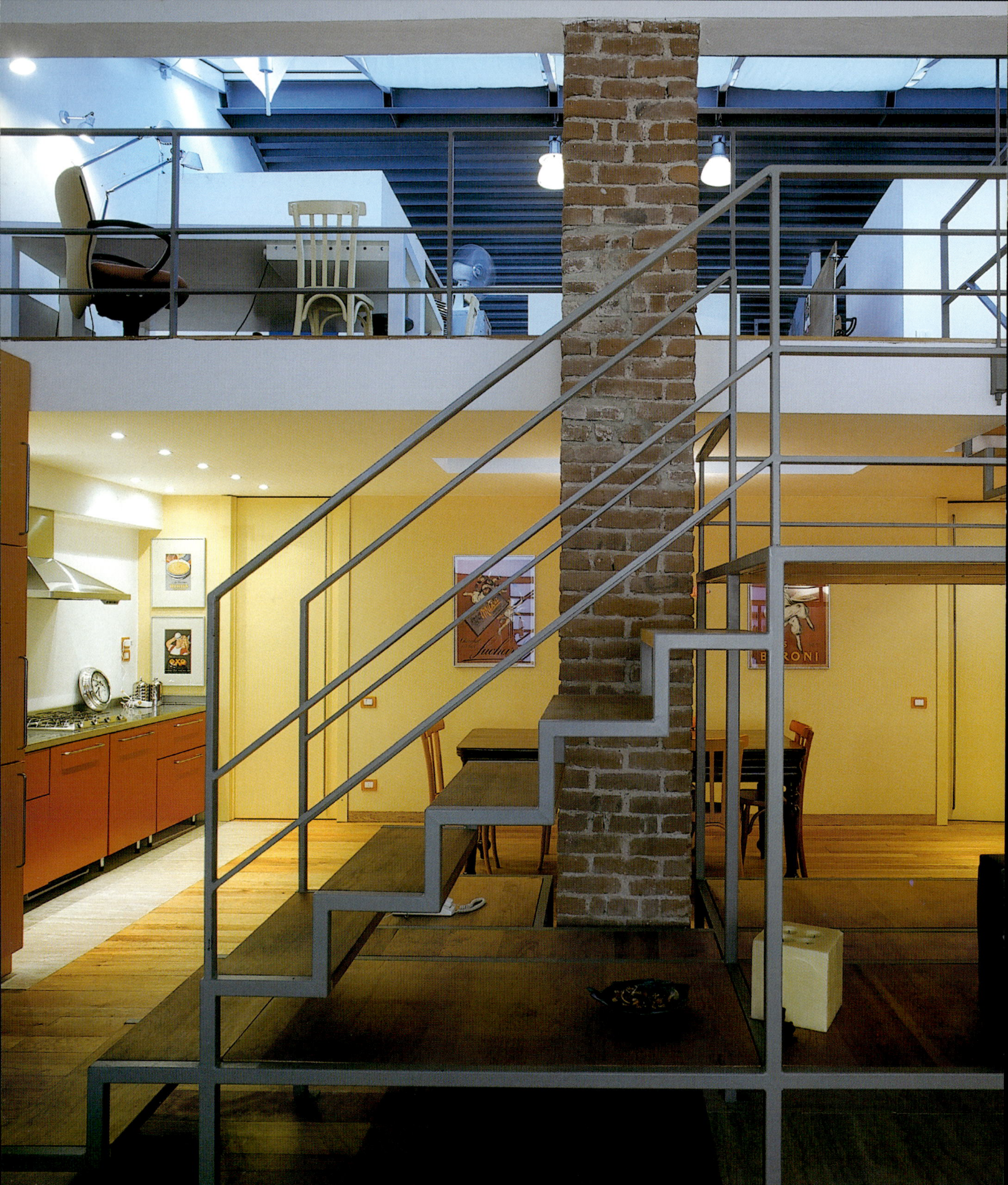

Patrizia Sbalchiero

Loft de diseñadores

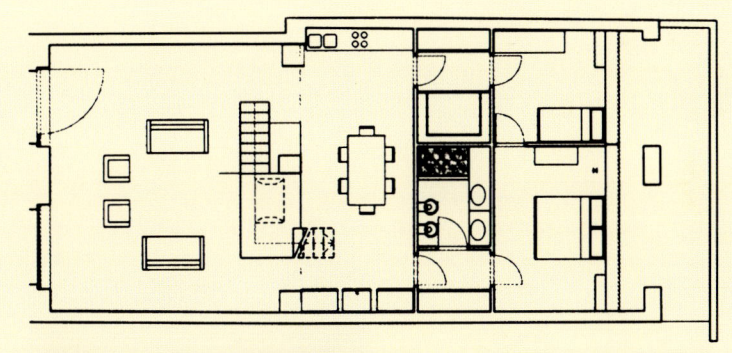

233

Planta primera

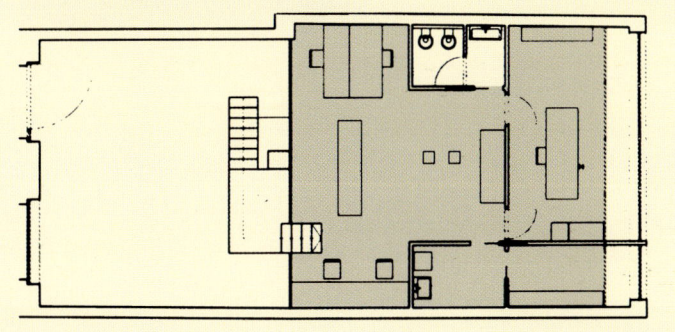

Vivir

Trabajar

Altillo

Localización

Milán, Italia

Superficie

200 m²

Fotógrafo

Andrea Martiradonna

Situado en la antigua zona portuaria de Milán, esta antigua carpintería fue transformada en un loft para una joven pareja de diseñadores gráficos y su hijo. El espacio se caracteriza por altos techos compuestos de vigas de madera y láminas de metal. Mientras estos elementos fueron conservados, nuevos cambios se incorporaron para lograr más luz y para distribuir de manera óptima las áreas de vivienda y de trabajo, novedad que resulta importante para estos artistas gráficos, que realizan la mayor parte de su trabajo desde su hogar.

Dada la generosa altura del loft, el arquitecto dividió el espacio vertical en dos con un altillo. A este se accede por medio de una escalera de acero y madera que también efectúa la división entre el área nocturna y la diurna. Las escaleras envuelven una columna central de ladrillo –elemento estructural común en muchos lofts industriales– y conducen al estudio, cuyo techo es ligeramente más alto que en el resto del espacio. Entre las mesas de trabajo, los instrumentos y los ordenadores se encuentran artículos antiguos, como una cómoda de tipógrafo a lo largo del muro de la parte posterior.

El techo de cristal inclinado esta cubierto con pantallas de bambú y con tela blanca para difuminar la entrada de luz solar, que es filtrada por paneles de cristal en el suelo hacia la zona del comedor que se ubica justamente debajo. Desde el estudio se puede contemplar el área de vivienda, pero sin que esto afecte la intimidad de los propietarios

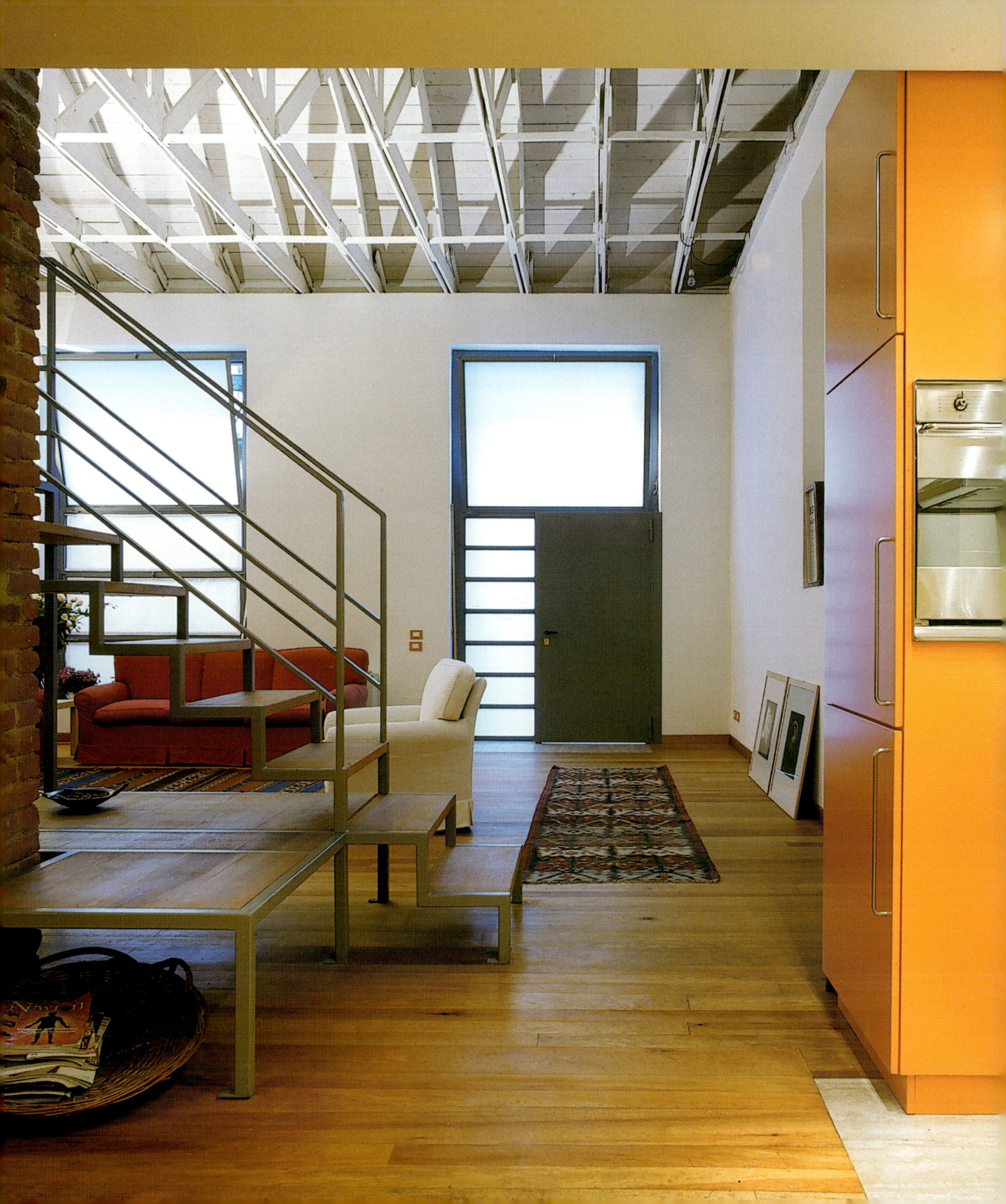

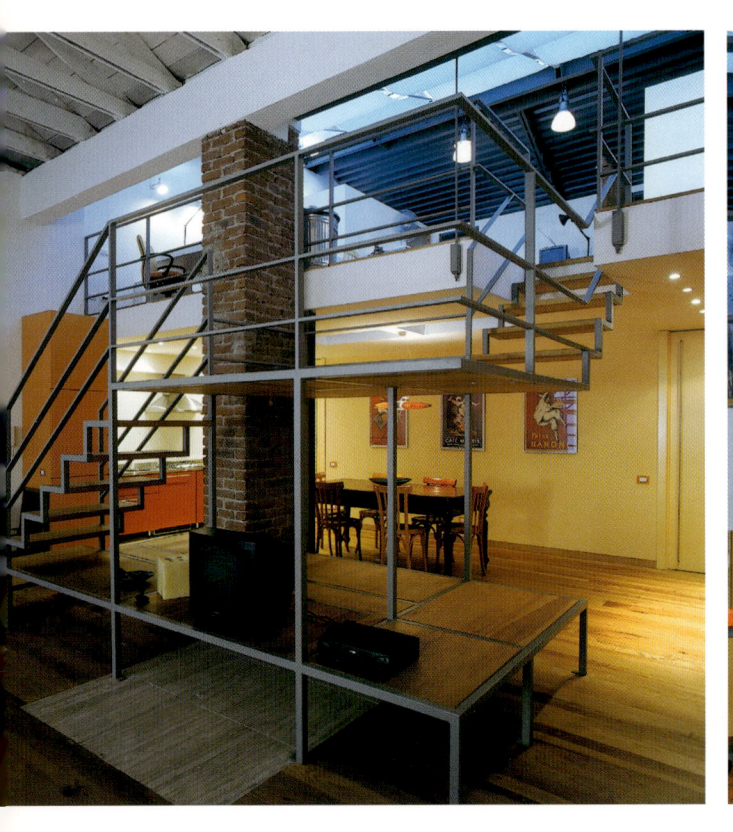

236 La vía de acceso al altillo es una escalera de acero y madera que también divide el área nocturna y la diurna. Las escaleras envuelven una columna central de ladrillo y conducen al estudio, cuyo techo es ligeramente más alto que en el resto del espacio.

237

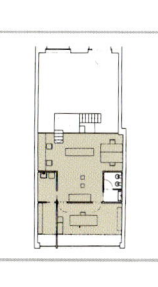

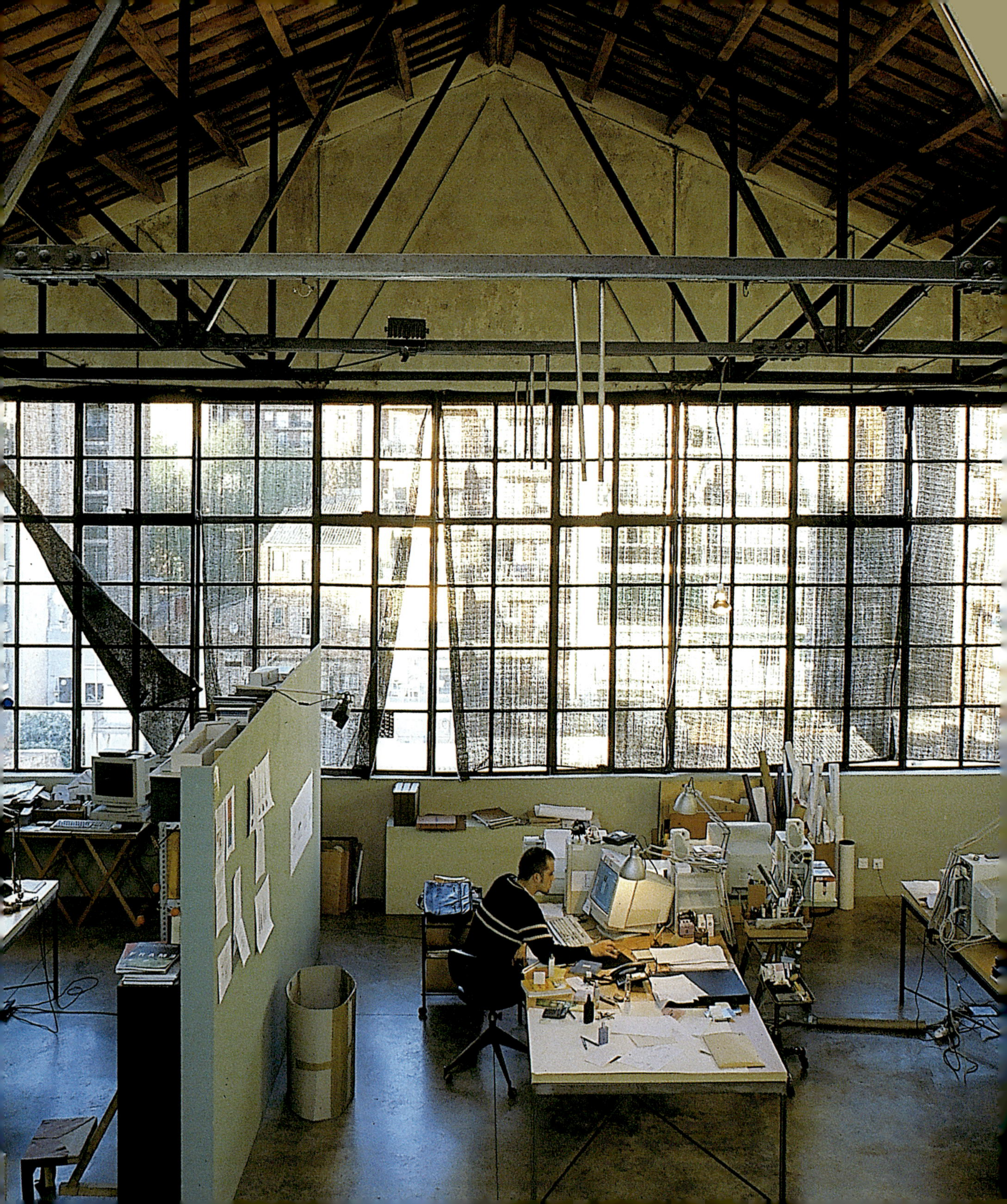

Antoni Arola

Loft en Barcelona

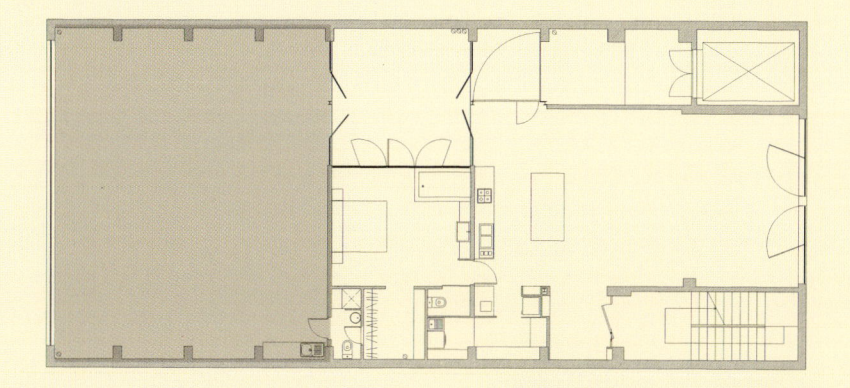

239

Vivir

Trabajar

Localización
Barcelona, España
Superficie
185 m²
Fotógrafo
Pere Planells

Al igual que el Soho de Nueva York, el área industrial de Poble Nou, en Barcelona, se ha convertido gradualmente en un lugar predilecto para arquitectos y artistas. La amplitud, los altos techos y la abundante luz de las viejas fábricas y almacenes han seducido a muchos de estos profesionales para trasladarse a esta zona. Los amplios interiores animaron a la mayoría de ellos a vivir y trabajar en el mismo lugar, como el diseñador gráfico e industrial Arola, que decidió restaurar una vieja fábrica y convertirla en su propia residencia y taller.

El espacio está dividido en dos grandes áreas: una para su equipo de trabajo y la otra para su vida privada, ambas separadas por un pequeño patio. Motivado por el deseo de flexibilidad, diseñó un espacio que evolucionara según las necesidades futuras. Las ventanas de la fachada y el cristal que da al patio aseguran la entrada de abundante luz natural a la casa. La estructura original de madera, los trabajos de forja y los marcos de metal sin pintar se conservaron, de esta manera evocan un ambiente industrial y dotan al espacio de un atractivo cambio constante. Arola presta especial atención a los elementos modelados por el continuo efecto de la naturaleza, y él mismo trabaja esculpiendo objetos sin utilizar la fuerza, con delicado cuidado, perfeccionando una idea hasta crear una hermosa y práctica forma.

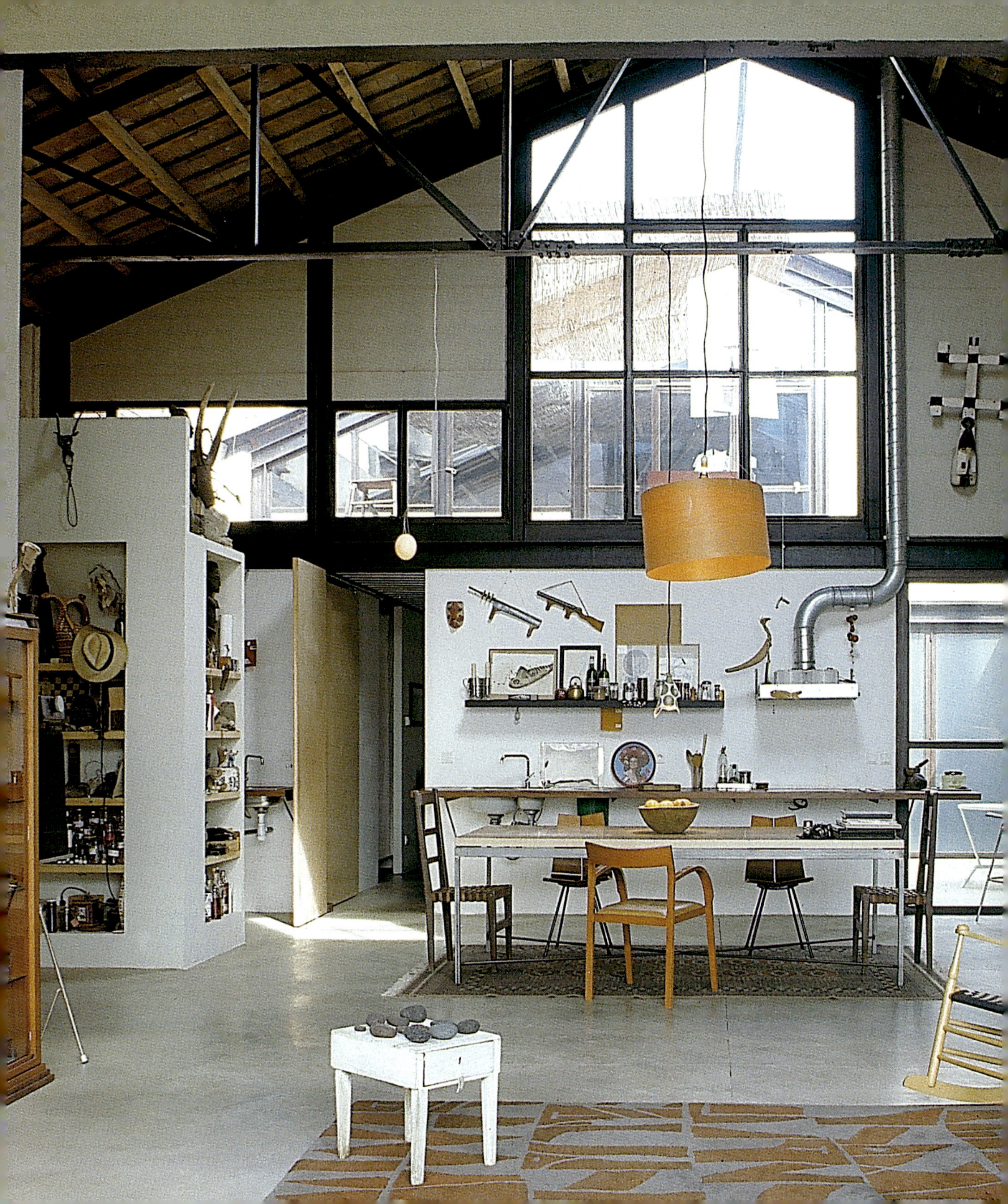

242 El arquitecto y diseñador también define el área de trabajo con la incorporación de bocetos, dibujos y modelos de su trabajo a lo largo de los muros del espacio.

Sección longitudinal

243

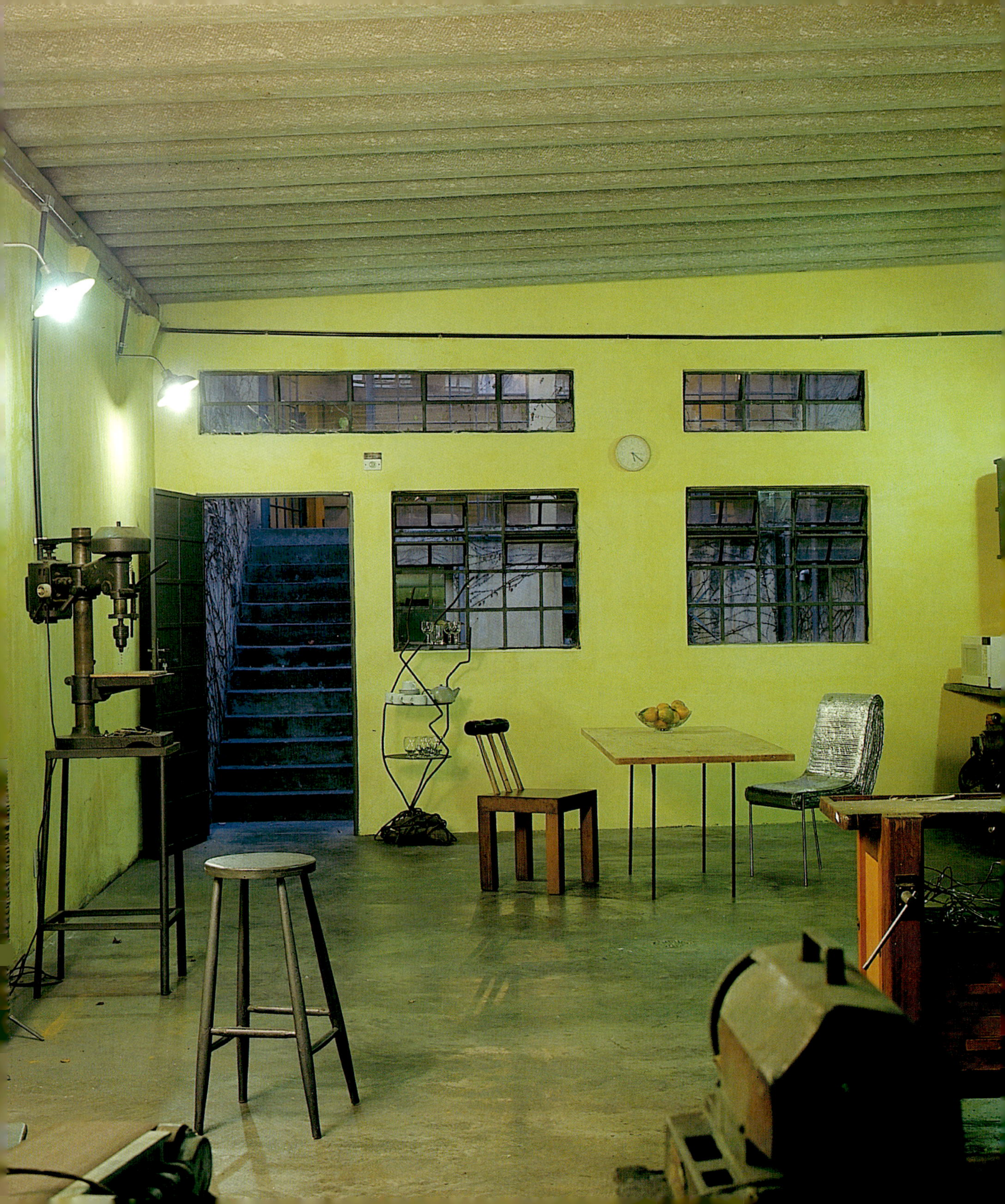

Fernando Campana

Loft Campana

245

Vivir

Trabajar

Localización

São Paulo, Brasil

Superficie

230 m²

Fotógrafo

Andrés Ortero

Este proyecto, situado en un edificio comercial de 1940 en un barrio residencial del centro de São Paulo, es utilizado como estudio, sala de exposiciones y vivienda. El edificio de esta manzana de bloques de hormigón estaba unido por baños comunes en dos lugares a lo largo de la fachada y la parte trasera de la edificación. Campana convirtió la planta segunda de la sección frontal en una extensa área de exposiciones y vivienda. La parte trasera del edificio quedó transformada en taller y cocina.

Para garantizar una iluminación óptima en el área de exposiciones, se instaló en el muro del fondo un ventanal enmarcado en acero que proporcionaba una vista panorámica del patio ajardinado. En el interior se emplearon acabados sencillos para conservar la rudeza del ambiente industrial. Los muros se recubrieron de yeso grueso y pintura, los suelos de hormigón fueron encerados y pulidos, y la escalera, también de hormigón, se dejó intacta.

En primer lugar, el edificio fue concebido sólo como lugar para exposiciones y taller para la construcción de prototipos, pero al finalizarlo el arquitecto se dio cuenta de que era lo suficientemente flexible para ser utilizado también como vivienda, ya que en él había suficiente espacio neutral donde desarrollar distintas actividades durante el día.

247

SOTHEBYS

Gaston Bertin

images de rien

Christophe Pillet

Loft París

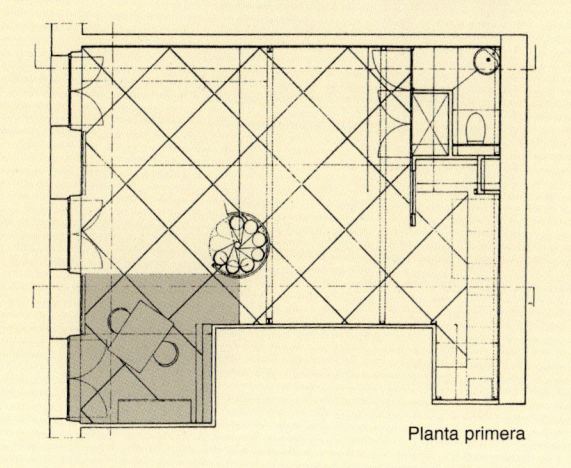

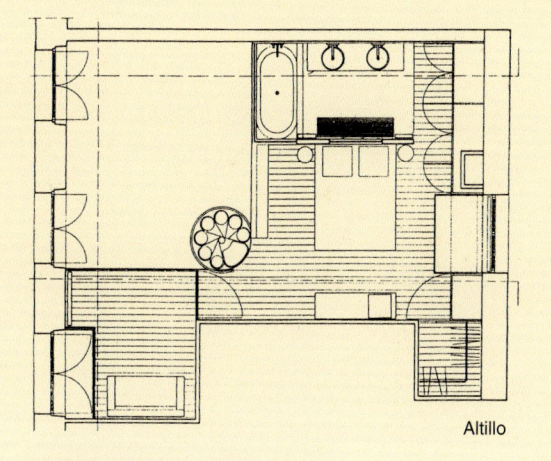

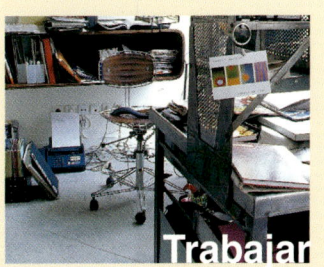

Vivir

Planta primera

Altillo

Trabajar

Localización
París, Francia
Superficie
77 m²
Fotógrafo
Jean François Jaussaud

La aparición de tareas especializadas que pueden ser llevadas a cabo fuera de la oficina ha permitido que muchos profesionales realicen su trabajo como *freelance*. El cliente que encargó este proyecto, un especialista en diseño, decidió establecer su base operativa en casa. La vivienda está distribuida en dos niveles: las áreas diurnas –cocina, comedor, baño, estudio y sala de estar, que se extiende al segundo nivel– se encuentran en la planta inferior, mientras que el dormitorio con su baño privado se sitúa en el nivel superior.

El diseñador conectó visualmente todos los espacios para ofrecer mayor amplitud en una vivienda de pequeñas dimensiones. Puesto que era indispensable que el máximo de luz llegase a las zonas más recónditas de la casa, las divisiones verticales que separan el baño y el dormitorio, así como la cocina y el comedor, incluyen una ventana circular. Una parte transparente del suelo del nivel superior comunica visualmente todas las áreas de la casa. Debido al interés del cliente por las obras de arte y los muebles de diseño, se proyectó un espacio neutral donde los elementos funcionales y decorativos quedaran puestos en relieve y adquiriesen un carácter relevante. Se consiguió así una funcional, flexible e ingeniosa distribución adaptada a las actividades domésticas y profesionales de sus habitantes.

251

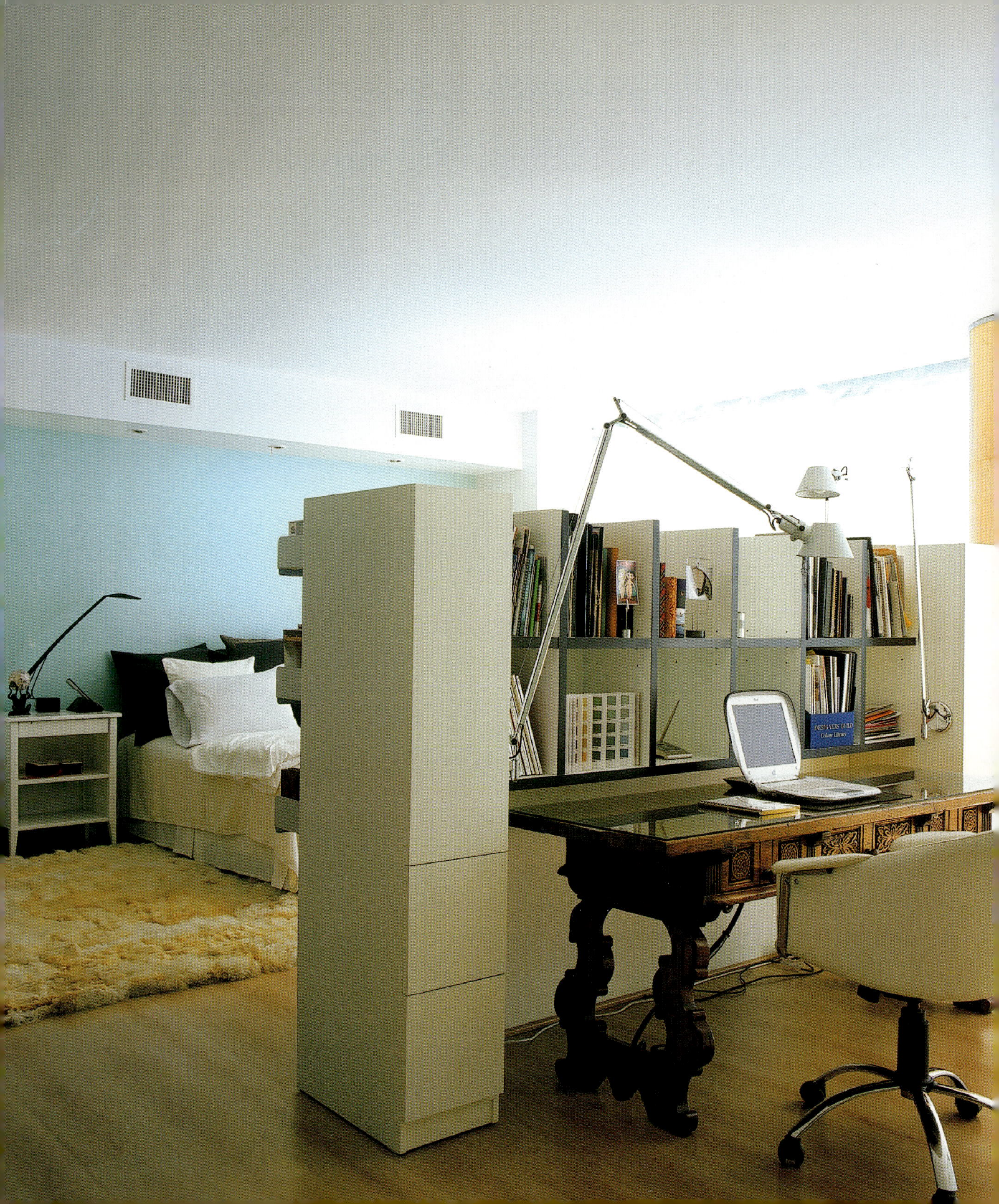
DESIGNERS GUILD

Dorotea Oliva

El loft de un decorador

253

Localización
Buenos Aires, Argentina
Superficie
80 m²
Fotógrafo
Virginia del Guidice

El diseño de Dorotea Oliva para esta vivienda está basado en la libertad espacial, la ausencia de límites, la intimidad, la pureza y la paz. El volumen, el espacio y la luz natural cumplen los requisitos funcionales necesarios para hacer de la vivienda un lugar estéticamente agradable y funcional. Las puertas de cristal opaco del armario y un panel tras la cama proporcionan un fondo relajante; las estanterías de mútiples colores reflejan los rayos de luz irisada que atraviesan las enormes ventanas. Un cuidadoso equilibrio entre modernidad y antigüedad incluye un escritorio austriaco del siglo XVIII, un par de sillones Luis XV y un sofá de Le Corbusier.

En lugar de muros estructurales o particiones altas, el espacio fue dividido por un módulo de media altura que cumple dos funciones: la parte que apunta hacia la cama sostiene unas estanterías de aluminio para el equipo de audio y vídeo, mientras que el otro lado es una librería que incorpora dos instalaciones de luz extensibles sobre el antiguo escritorio. Esta división de doble intención facilita la separación del área de trabajo y vivienda, tanto en espacios reducidos como en lugares amplios. Los colores utilizados, principalmente blanco, turquesa y azul, optiman el flujo de la luz y proporcionan sensación de continuidad y calma.

255

Artistas

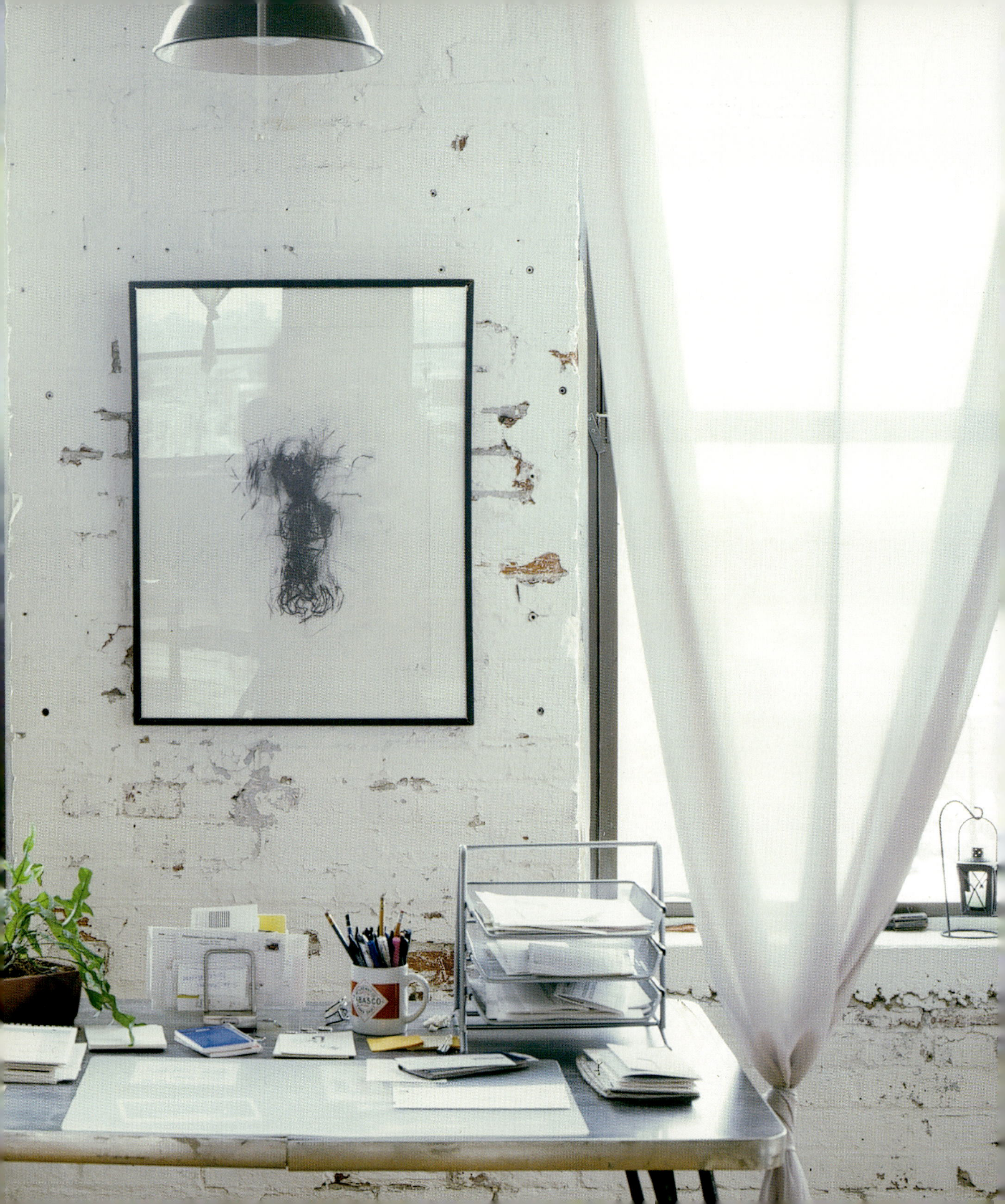

Dan Schimmel

Estudio de pintura

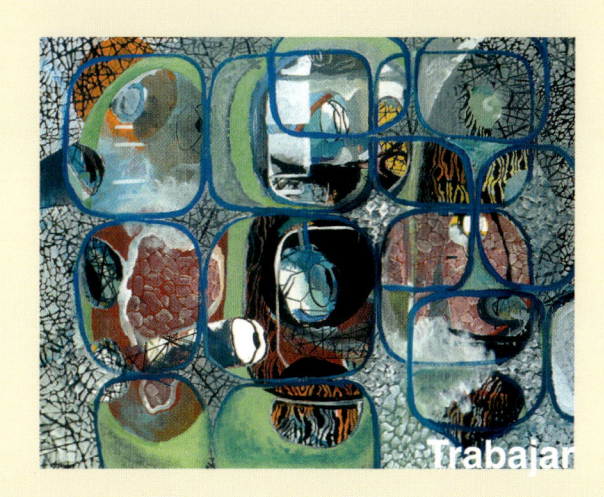

259

Localización
Filadelfia, Pensilvania, Estados Unidos
Superficie
464 m²
Fotógrafo
Catherine Tighe

Hogar y estudio de Dan Schimmel, artista y director de una galería de arte sin ánimo de lucro en Filadelfia. Esta reformada fábrica textil emplazada en una vieja zona industrial de la ciudad es una ecléctica mezcla de estilos y obras que expresan la personalidad y el gusto de su propietario. La estructura de la fábrica se conservó intacta para ser utilizada como taller de pintura, ya que ofrecía un amplio espacio, luz y maravillosas vistas de la ciudad.

El estudio de pintura está separado del área de vivienda por una pared de 2,5 m en la que el cliente añadió unas ventanas enmarcadas en madera para llenar el hueco existente entre la pared y el techo. Estas ventanas proveen de un espacio sin fisuras, que permiten la entrada de luz y transmiten la sensación de espacio abierto.

Materiales sencillos y objetos encontrados en la calle amueblan la casa. Muchos de los elementos industriales del espacio original han adquirido una función doméstica en el presente, como un cable de acero y un armario sobre ruedas de 2 x 2 m donde se guardaban telas en nueve compartimentos, y que se utiliza como armario de dormitorio; una gran mesa para cortar patrones de ropa es utilizada como terminal de ordenadores y escritorio; en la cocina, una mesa de trabajo de 3 m es ahora una barra para preparar comidas. El artista restauró viejas instalaciones de luz localizadas en el sótano del edificio para iluminar ciertas zonas del loft durante la noche. Telas vaporosas cortadas para tubos de cobre fueron colgadas del techo para convertirse en cortinas de 3 m que ondean suavemente acariciadas por la brisa.

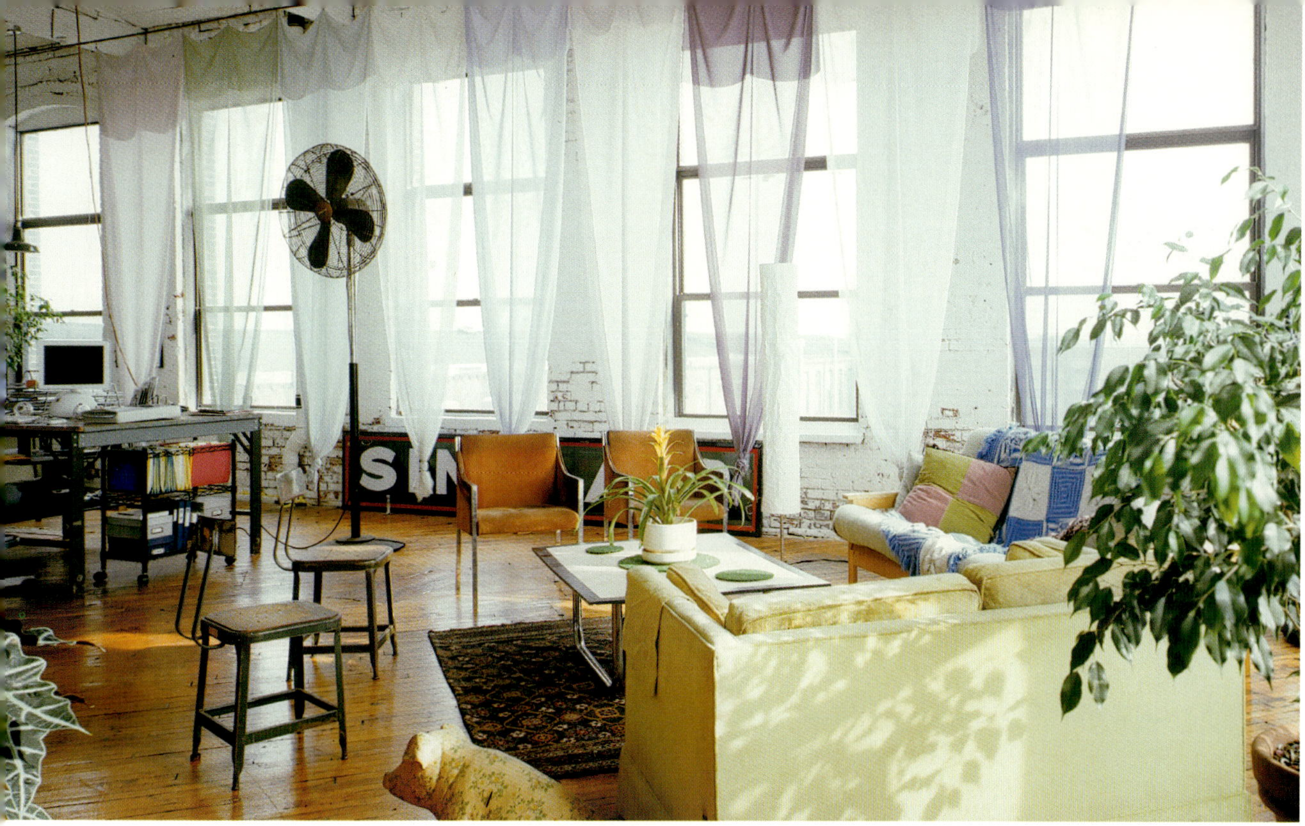

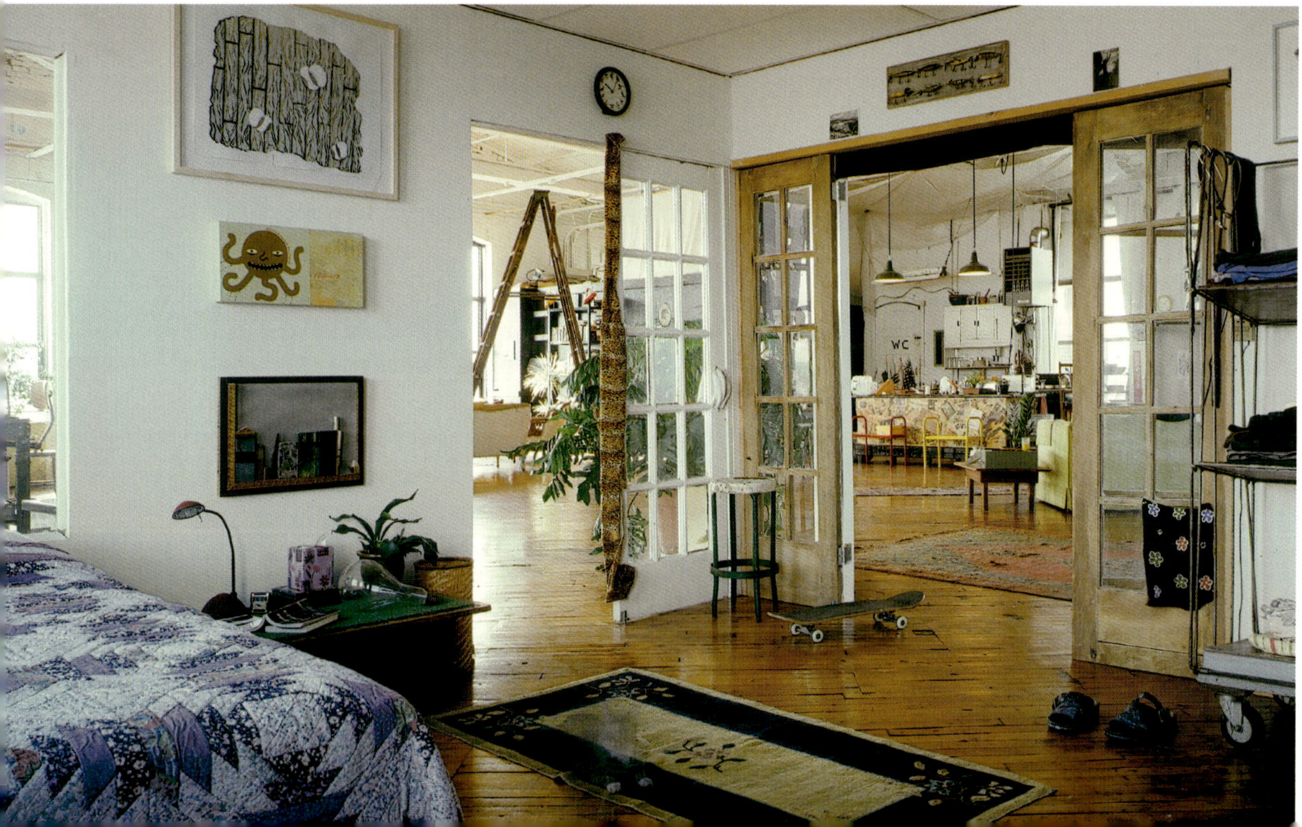
WC

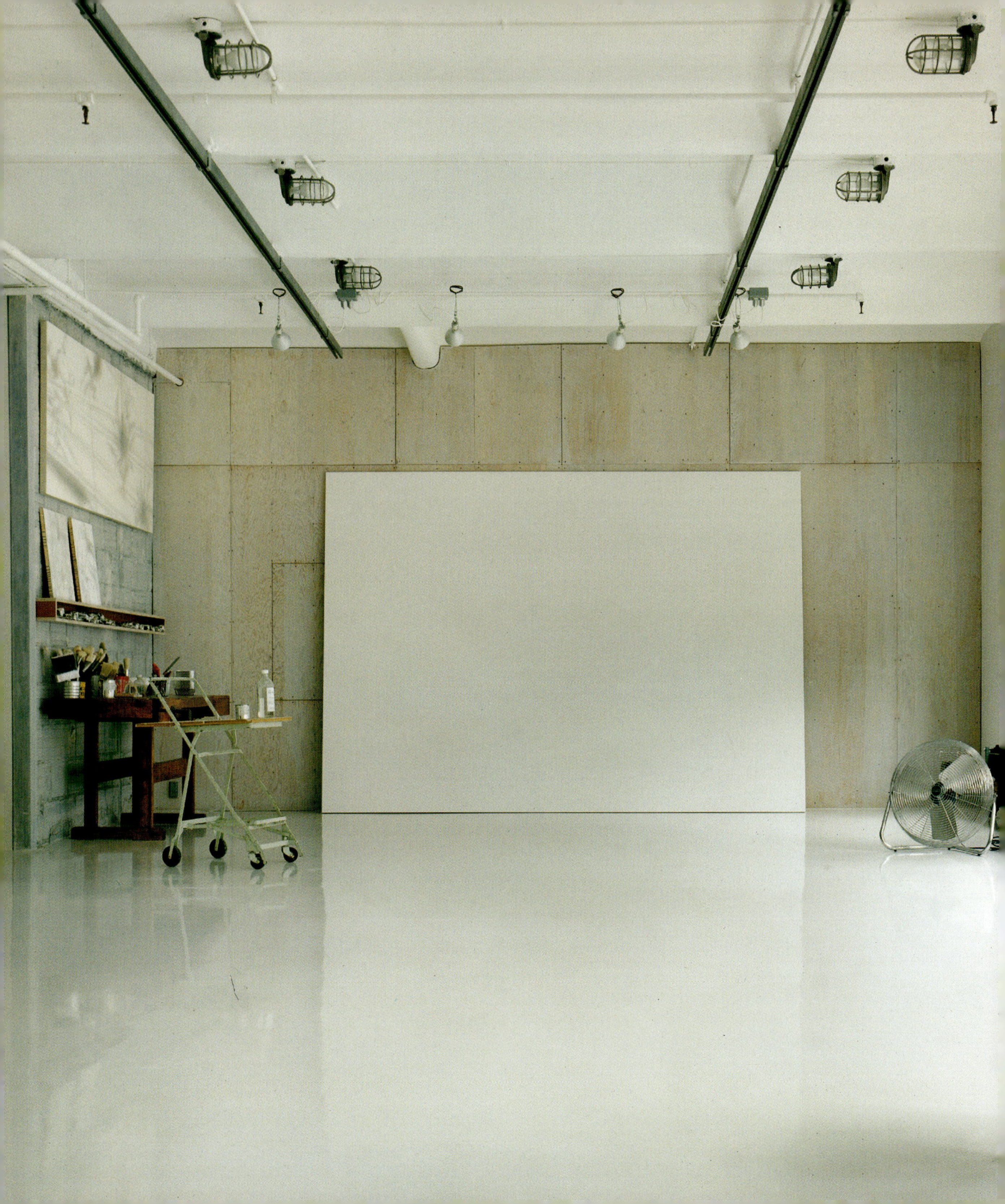

Abelow Connors Sherman Architects

Loft Siegel-Swansea

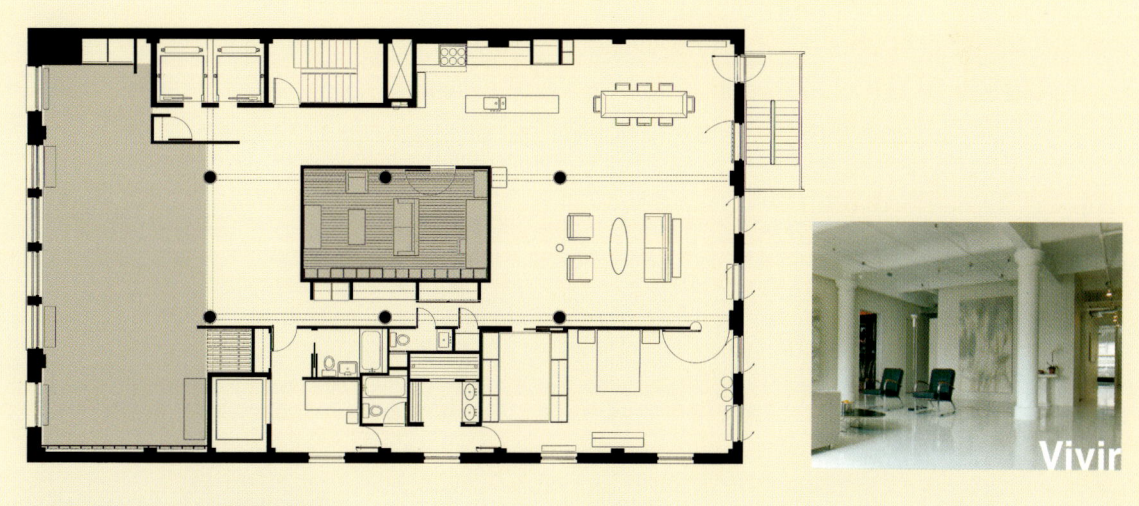

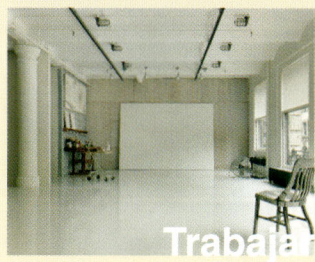

263

Vivir

Trabajar

Localización
Nueva York, Estados Unidos
Superficie
200 m²
Fotógrafo
Michael Moran

Joel Siegel y su esposa, Ena Swansea, adquirieron este loft en Nueva York con la finalidad de crear un espacio donde ambos pudieran vivir y trabajar. Deseaban integrar una serie de influencias estéticas y prácticas aparentemente incompatibles para crear un flexible ambiente doméstico y laboral. Se respetó el carácter original del edificio, una fábrica de principios del siglo XX, y se conservaron los techos abovedados, las paredes enyesadas y los detalles industriales. Para los trabajos de restauración se emplearon materiales y productos similares a los existentes y la instalación eléctrica y las tuberías se dejaron expuestas. La introducción de estos cambios puso sutilmente de manifiesto los rasgos del edificio, mientras que las más novedosas técnicas fueron utilizadas para acentuar con precisión cada uno de los detalles. El estudio, orientado hacia el norte, permite al artista contemplar excelentes vistas a través de los ventanales. La oficina ocupa el núcleo del loft y ofrece, además de espacio para escribir y pintar, un lugar para la relajación y el entretenimiento. Aislado visual y acústicamente del resto de la vivienda, la separación viene marcada por el hecho de que es la única zona en donde se conservaron los suelos de madera; esto la convierte en una isla rodeada por el resto del apartamento. Las áreas más privadas, como los dormitorios, el baño y el vestidor, están situadas a lo largo del perímetro del loft, separadas del resto de los espacios.

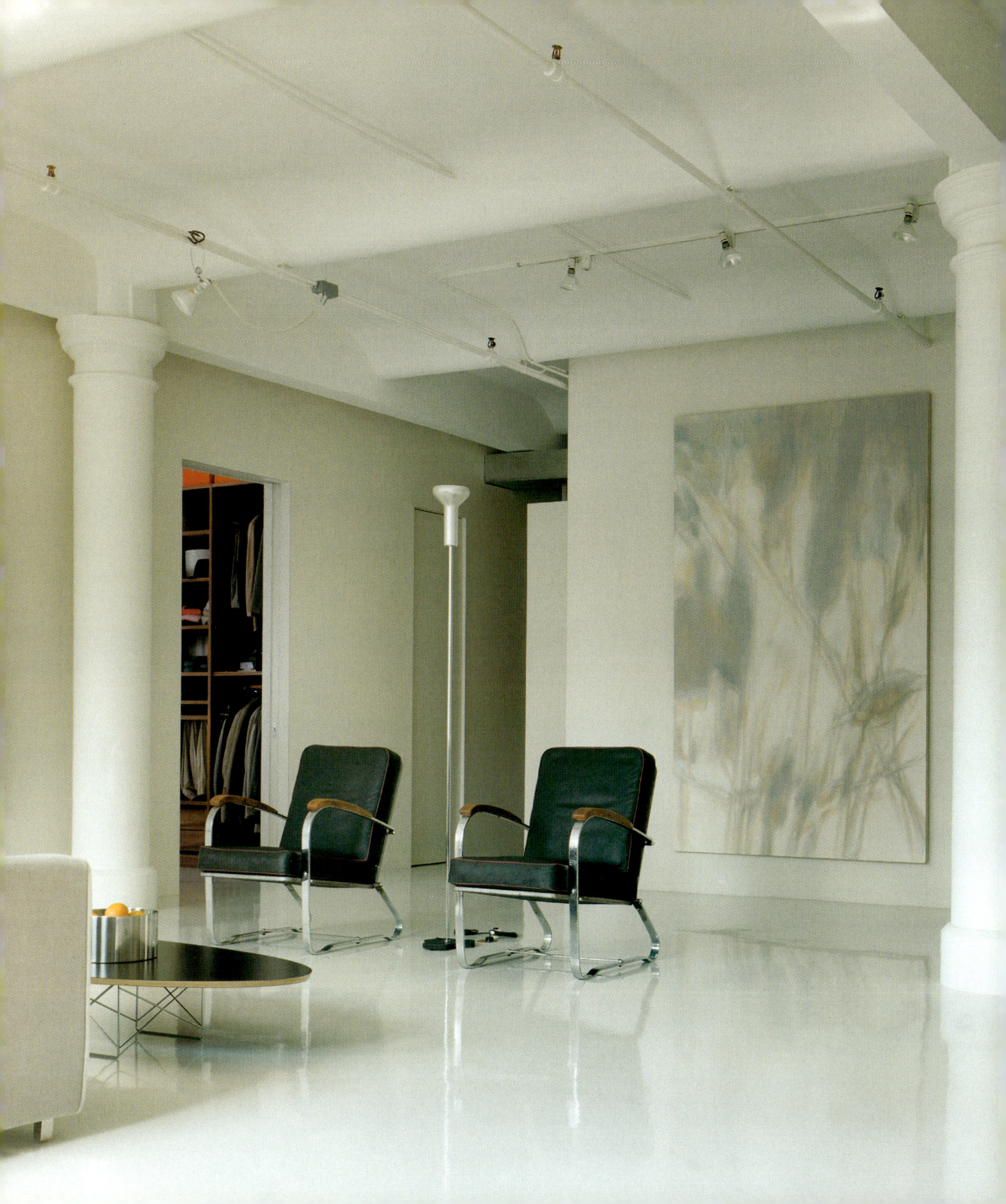

266 La oficina ocupa el centro del loft y ofrece un espacio para la relajación y el entretenimiento personal, así como para la escritura y la pintura.

267

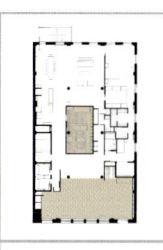

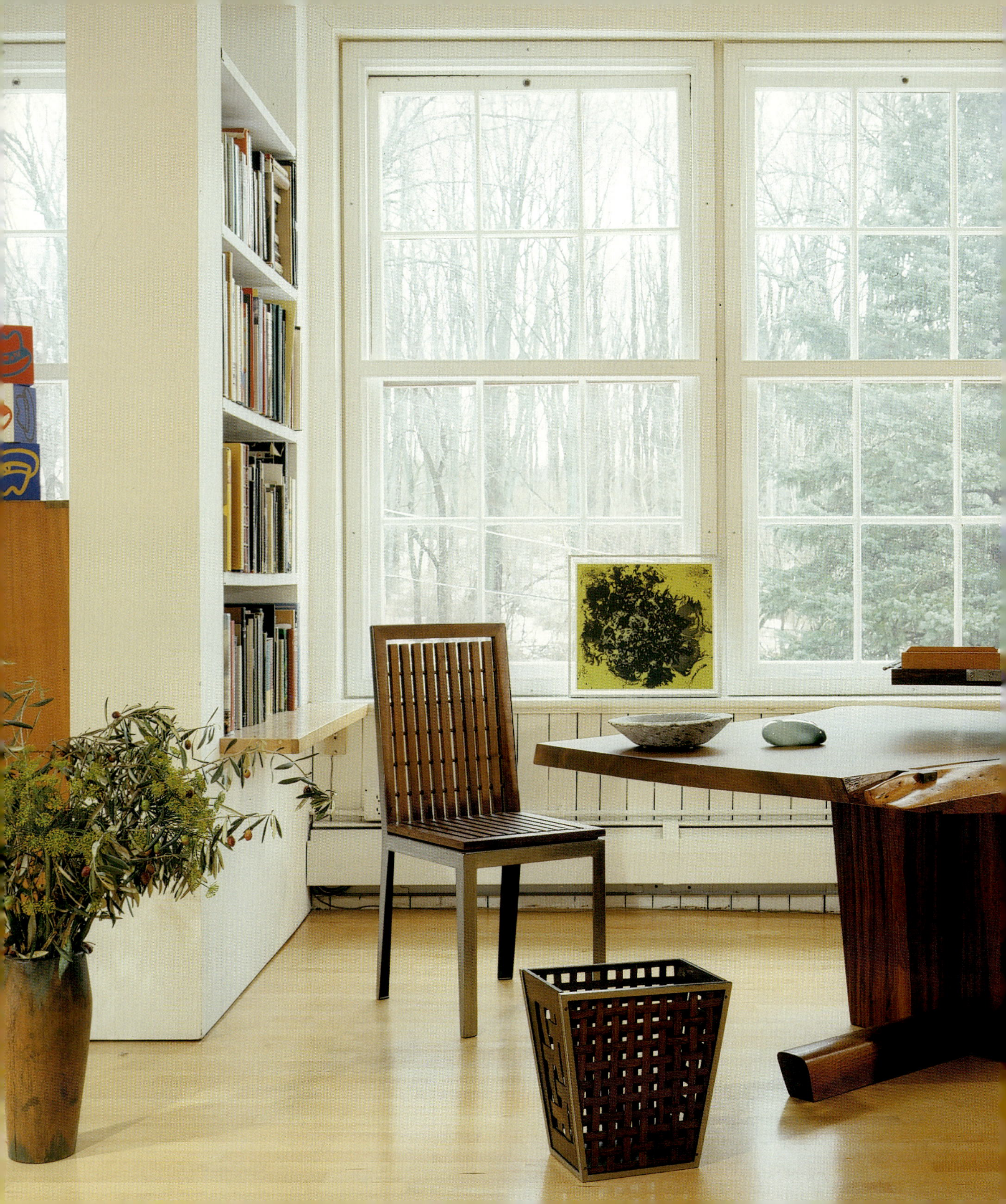

Ann Marshall y Jean-Paul Russell

Durham Press

269

Vivir

Trabajar

Localización
Bucks County, Pensilvania, Estados Unidos
Superficie
280 m²
Fotógrafa
Catherine Tighe

Este edificio rural en Pensilvania, antiguamente un colegio interno, fue transformado en la vivienda y taller de los artistas Ann Marshall y su esposo Jean-Paul Russell. Maestro tipógrafo, Russell realizó grabados para Andy Warhol en Nueva York en la década de los ochenta.

El estudio, ubicado en una amplia superficie, fue separado del área de vivienda para prevenir la propagación de humo, olores o pintura. Innumerables botes y cubos quedan almacenados en estanterías y bajo las mesas, siempre visibles por razones prácticas y estéticas. El organizado desorden de elementos aporta movimiento y carácter al espacio y contrasta con el aspecto más minimalista y sereno de la esfera privada del hogar. Altos techos y una serie de amplias ventanas aumentan la sensación de espacio y ofrecen luz en abundancia para el trabajo de los artistas.

Los propietarios a menudo invitan a artistas a su estudio para que colaboren en los proyectos. Estas asombrosas obras llevadas a cabo por diferentes autores quedan expuestas en distintos lugares de la casa. Su presencia añade color y contribuye a la ambientación de las diferentes áreas, que transportan la creatividad que nace en el ámbito profesional.

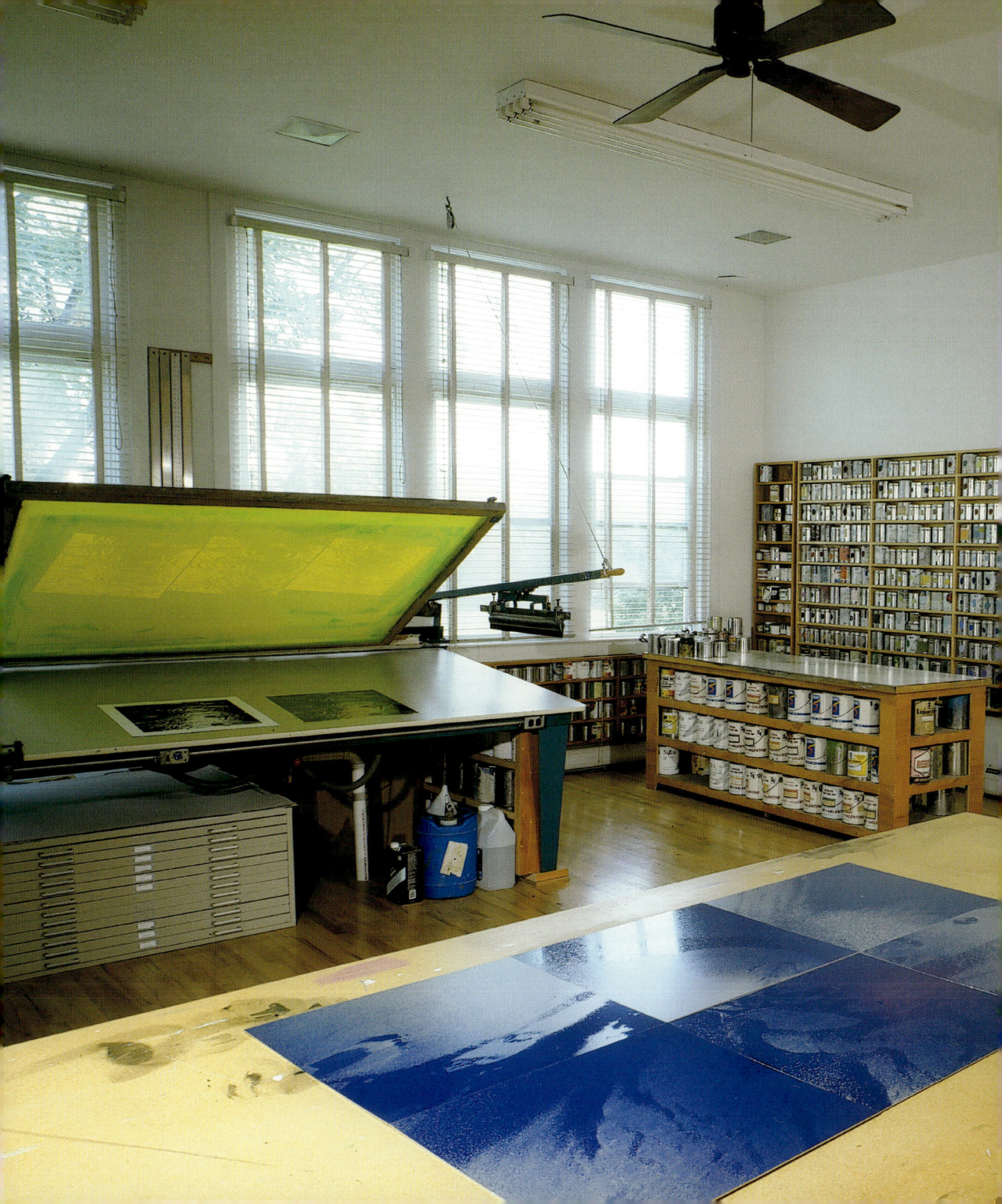

272 | Altos techos y una serie de amplias ventanas aumentan la sensación de espacio y ofrecen luz en abundancia para el trabajo de los artistas.

273

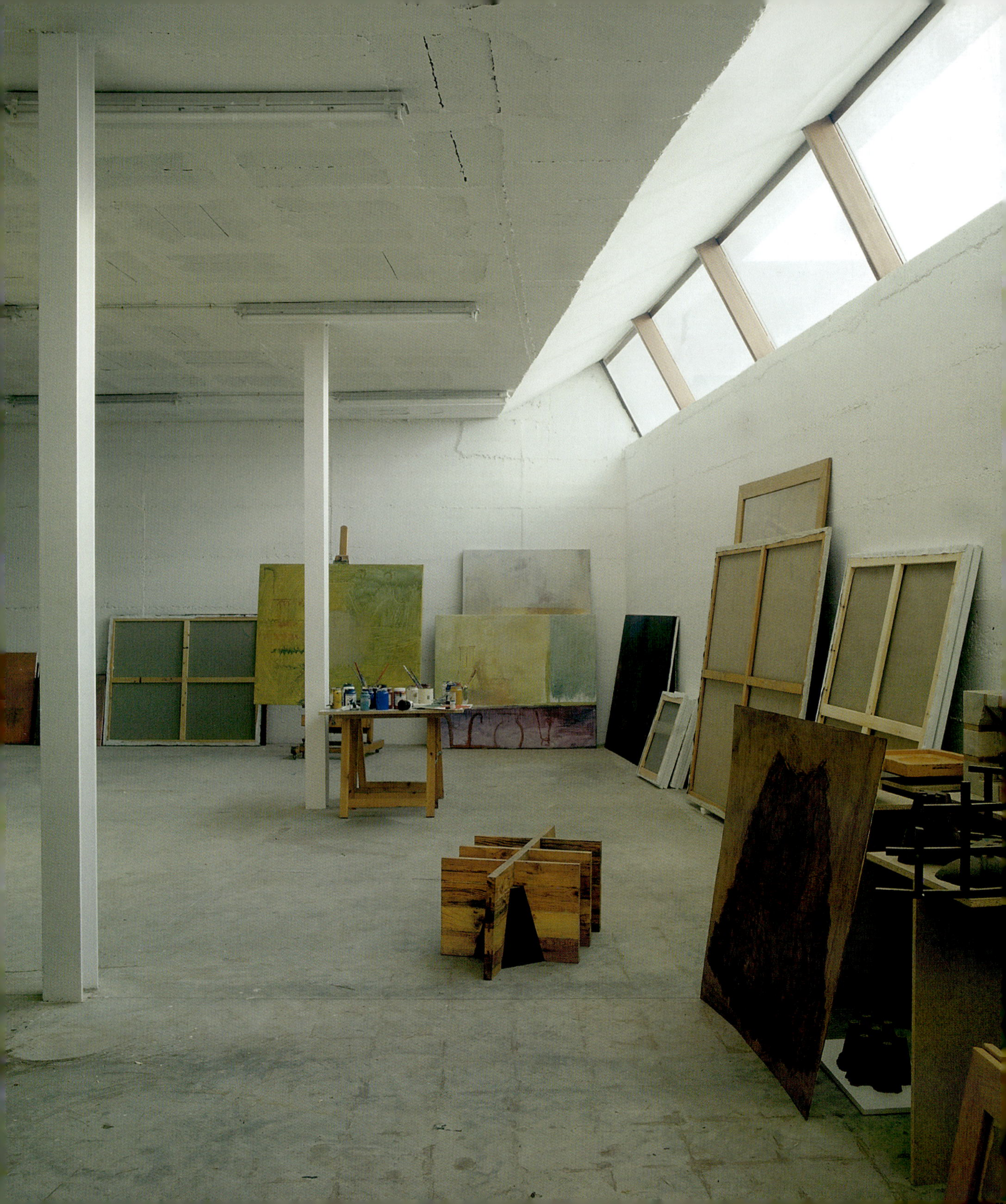

Carlos Ferrater y Joan Guibernau

Casa Alonso Plana

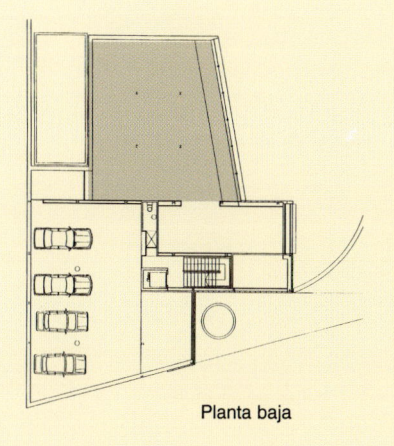

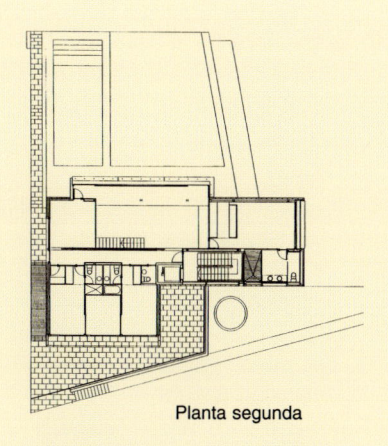

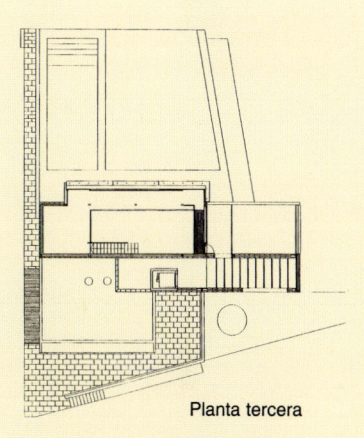

275

Planta baja

Planta segunda

Planta tercera

Trabajar

Vivir

Localización
Esplugues de Llobregat, España
Superficie
544 m²
Fotógrafo
Eugeni Pons

La casa está edificada en un terreno abrupto cerca de la cima de una montaña. Las vistas son magníficas en cualquier dirección: Barcelona se extiende a sus pies, mientras hacia el sudoeste, a ambas orillas del río Llobregat, las llanuras se difuminan en la distancia.

Desde la zona principal de la vivienda, gracias a su emplazamiento en la parte más alta de la ladera, con las áreas niveladas a ambos lados del edificio, se obtiene una panorámica de todo el valle. La larga y estrecha estructura tiene tres plantas para hacer la vida más cómoda a sus habitantes. El nivel inferior tiene acceso directo a la piscina y al solárium. La planta del medio concluye en el jardín, mientras que la planta superior linda con terrazas más aisladas e íntimas, ocultas tras los muros.

El sótano, excavado en la montaña, alberga la entrada, el garaje y los espacios utilitarios. El ámbito creado por la forma alargada del edificio ha sido utilizado en beneficio de los estudios de pintura y escultura de la casa. La luz fluye uniformemente por una gran abertura horizontal caracterizada por una pieza de hormigón y cristal, que nos ofrece una vista del patio superior. Ninguna división interrumpe el espacio, que permanece abierto y flexible. El efecto buscado fue el de serenidad; el detallado diseño apenas es percibido.

277

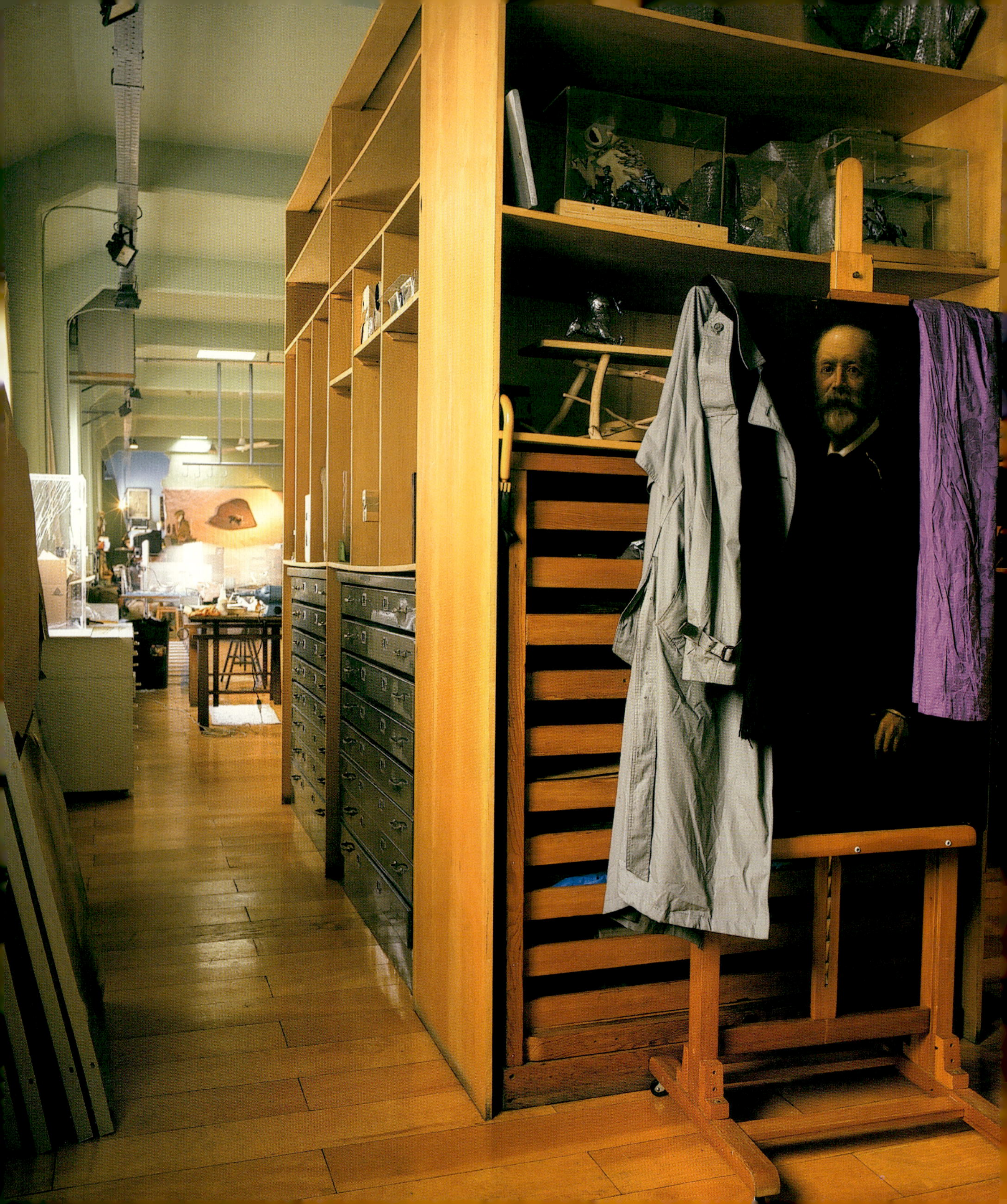

Luis Benedit

Casa y taller

279

Vivir

Trabajar

Localización	Buenos Aires, Argentina
Superficie	170 m²
Fotógrafo	Virginia del Guidice

Este loft fue anteriormente una panadería en un antiguo mercado. Pertenece a Luis Benedit, un conocido artista y arquitecto que ha expuesto su trabajo en el Museo de Arte Moderno de Nueva York y en el Museo de Arte Contemporáneo de Sydney, Australia. Adquirió este loft con el objetivo de convertirlo en el lugar donde vivir y trabajar.

Para crear una atmósfera más doméstica, el propietario revistió las paredes con madera de guatambú e instaló un sistema de iluminación de cuarzo a lo largo de la parrilla del techo industrial. Las áreas públicas fueron distribuidas por el loft de 39 m de longitud. La cocina y la zona de vivienda permanecen elevadas para ser diferenciadas del resto del espacio, que pertenece al estudio.

Algunos artículos de diseño, como la silla de la oficina y el sofá rojo, aportan un aire contemporáneo al artesanal ambiente. Las imágenes de algunas fotos, tomadas durante la preparación de la retrospectiva del artista para el Museo Nacional de Bellas Artes de Buenos Aires, exponen la versatilidad y el carácter de este espacioso loft, adaptable al movimiento constante y al estilo de vida diario de artistas como Benedit.

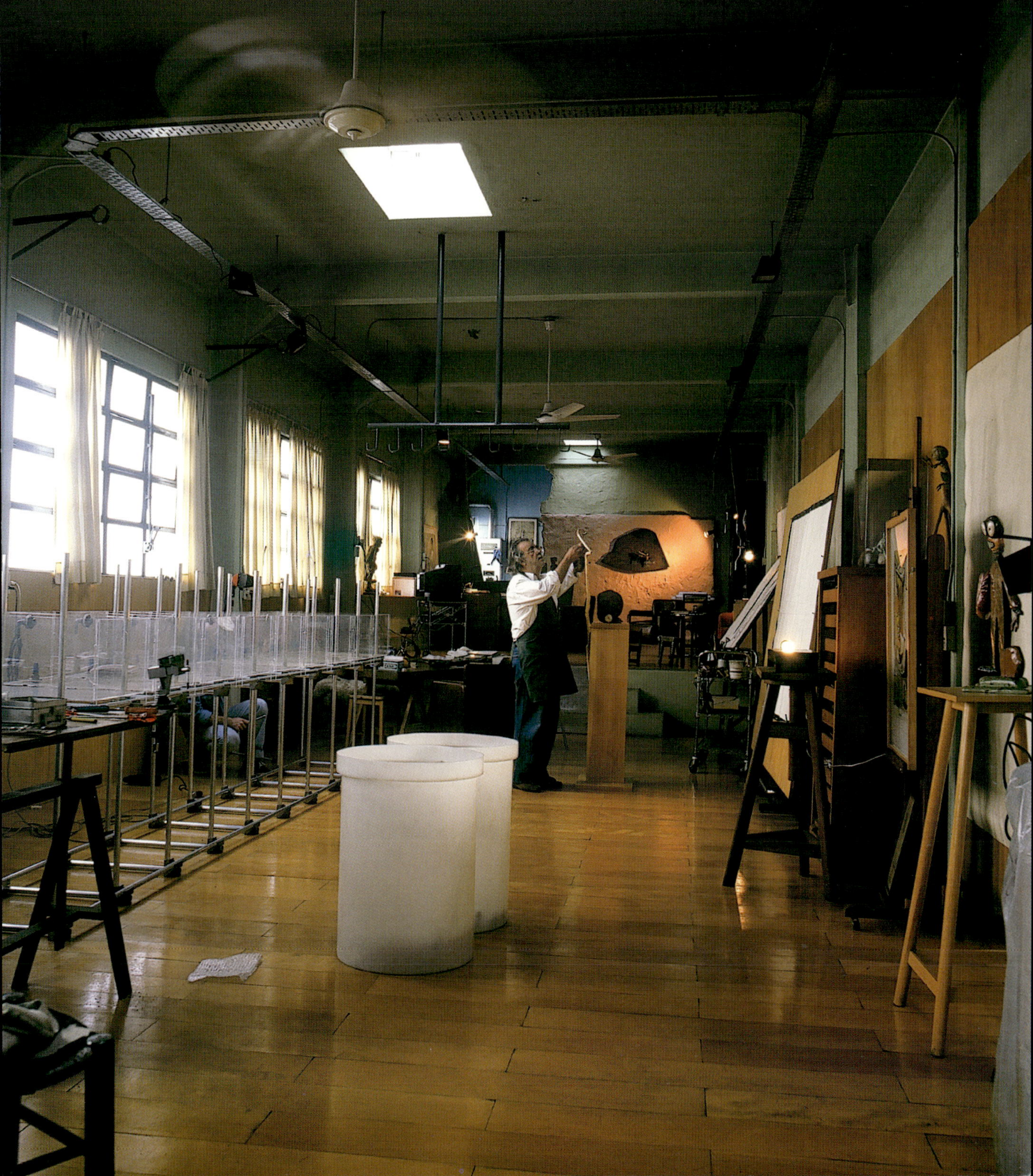

282

El uso de distintos niveles es una técnica muy valiosa para crear ambientes diferenciados en espacios pequeños o estrechos.

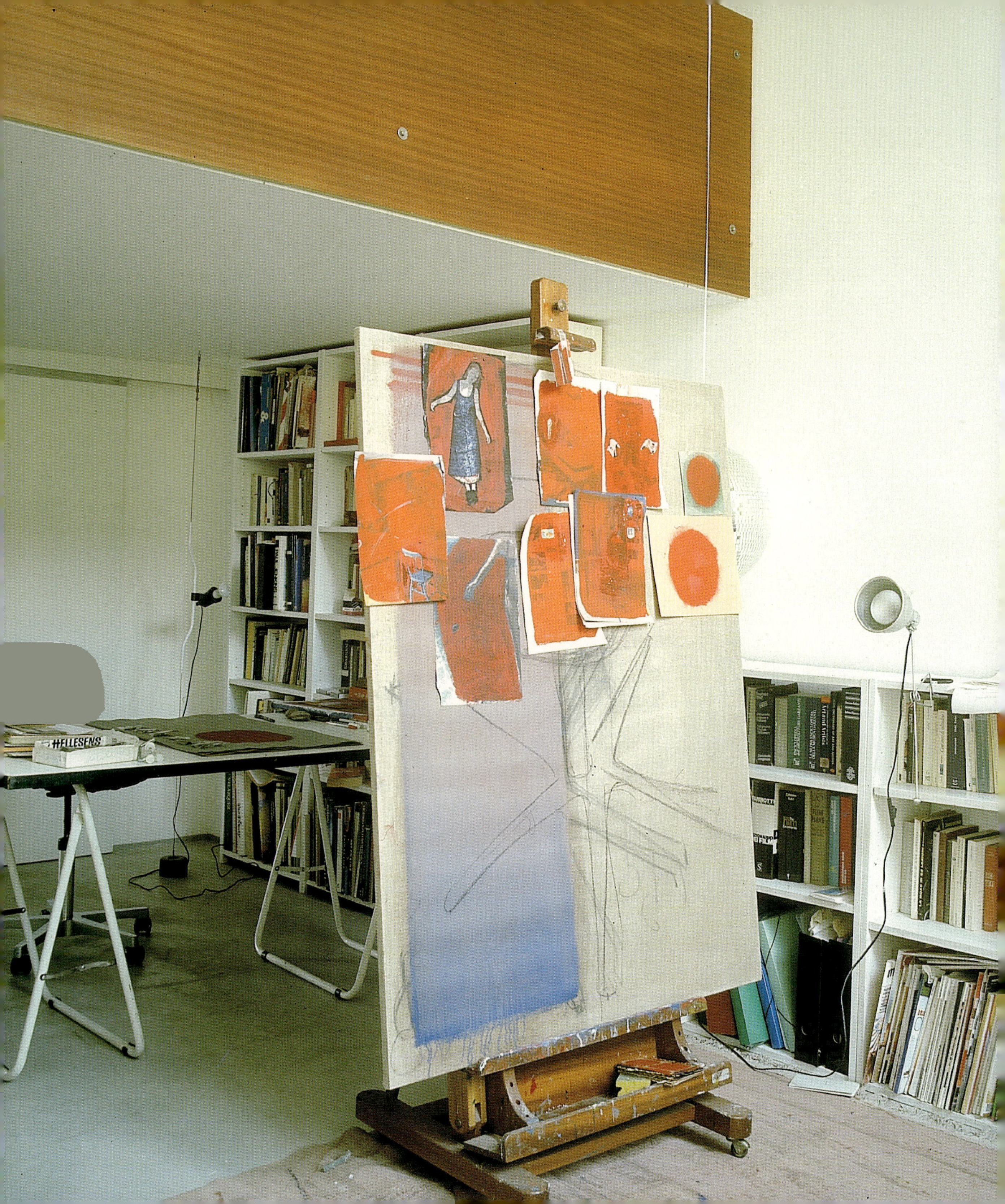
HELLESENS

Antonio Zanuso

Casa Muzi Falcone

285

Localización
Milán, Italia
Superficie
250 m²
Fotógrafo
Henry Bourne/ Speranza

La casa ocupa la planta tercera de un edificio industrial de finales del siglo XIX y principios del siglo XX, en una pintoresca área de Milán. El arquitecto que efectuó la renovación, Antonio Zanuso, y su joven cliente son buenos amigos, así que no sorprende el hecho de que los estilos y caprichos de ambos se manifiesten en el resultado final.

El loft está dividido en dos áreas que forman una L. La zona de entrada concluye en una espaciosa cocina, donde se conservó el ambiente industrial original del edificio; comunica con un largo pasillo hacia el salón y los dos estudios, y en el ala derecha se sitúan los dos dormitorios y un baño.

El área de trabajo no tiene puertas y la conexión entre los estudios y el resto de los espacios queda acentuada por un suelo de resina gris. El elevado techo permitió que el arquitecto crease una superficie intermedia donde ubicar las habitaciones privadas. A este nivel se accede mediante dos escaleras: una que sube desde el estudio y otra desde el pasillo.

El proyecto fue concebido como un espacio para vivir, trabajar y organizar reuniones sociales. Ella misma diseñó la decoración, gracias a la mezcla de piezas originales junto con artículos hallados en mercadillos y tiendas de antigüedades.

287

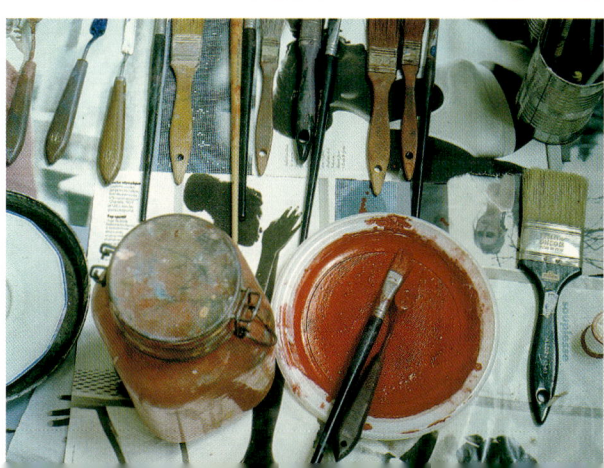

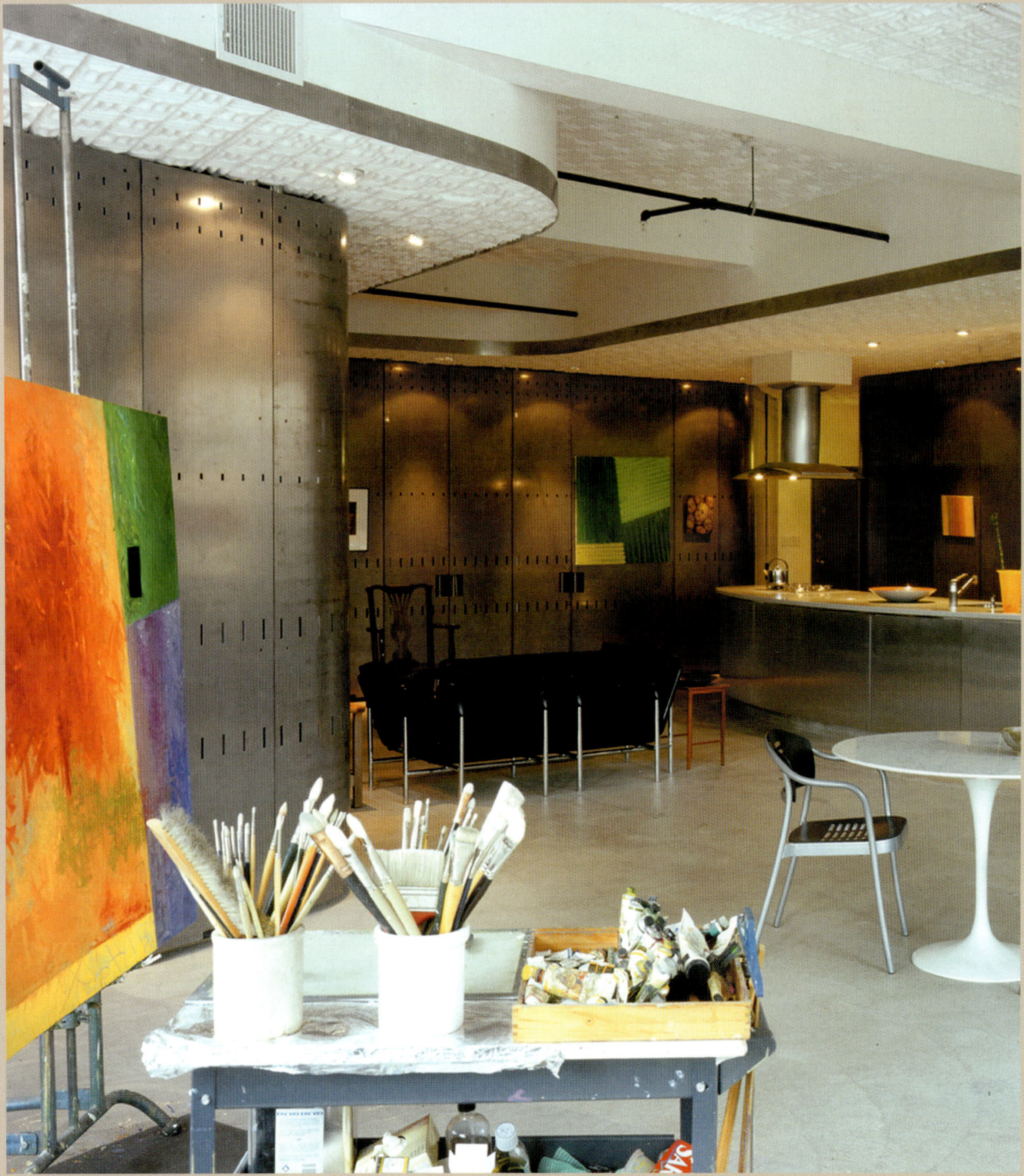

Della Valle + Bernheimer Design, Inc.
El loft del artista

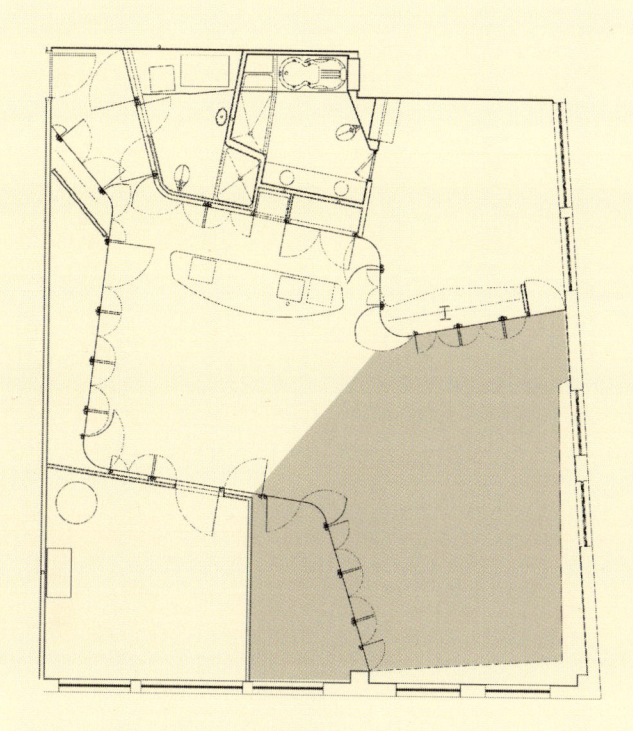

289

Vivir

Trabajar

Localización
Brooklyn, Nueva York, Estados Unidos
Superficie
232 m²
Fotógrafo
Richard Barnes

Las nuevas tecnologías láser contribuyeron a la creación de los muros curvilíneos de aluminio de este loft. El proyecto fue diseñado para una ceramista-pintora y su esposo, un inventor y científico informático. El acero proporciona un telón de fondo neutral rico en textura para la labor de la artista, y de modernidad en relación con el trabajo de su pareja.

Los clientes deseaban tres tipos diferentes de espacio: el privado-doméstico, el público-estudio y el privado-estudio. En la parte norte se distribuye la esfera privada del loft, donde se sitúan el dormitorio principal y los baños. En la parte orientada hacia el sur se ubica el estudio privado, que incluye el taller de cerámica y un lugar para la meditación. La superficie restante del apartamento, entre estas originales paredes curvadas, alberga una cocina y un estudio de pintura. Durante el año, este espacio abierto se convierte de manera intermitente en galería para exposiciones públicas.

Estas dos paredes están construidas sobre acero cortado con láser. Los paneles de metal tienen perforaciones para tiradores de puertas y ganchos donde colgar las obras. La tecnología de corte por láser ofreció un proceso económicamente viable y técnicamente preciso. Para fabricar los paneles, se sometieron digitalmente diversos dibujos arquitectónicos informatizados a la cortadora láser para ser después transmitidos directamente a la maquinaria. Para lograr fluidez y eficacia espacial, se diseñó un sistema de bisagras a lo largo de las paredes, como si se trataran de puertas de cualquier armario convencional o despensa.

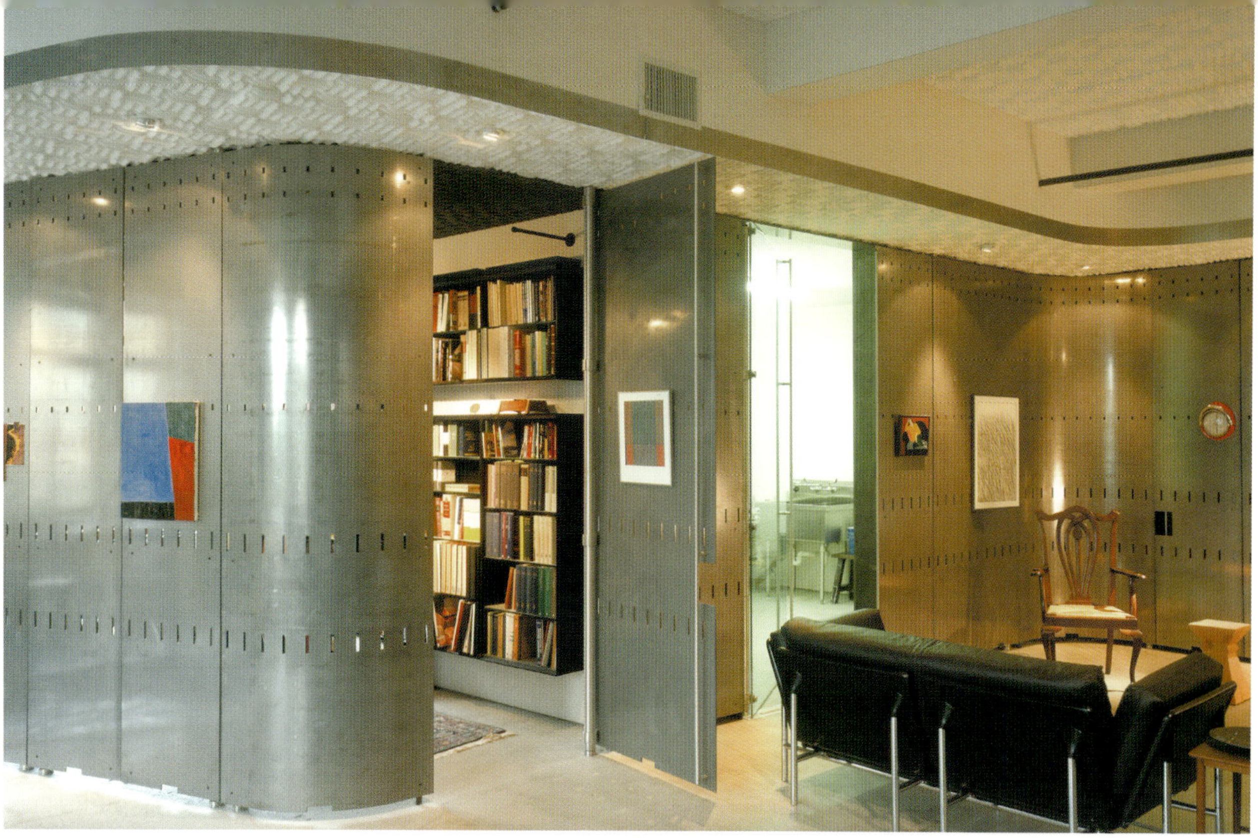

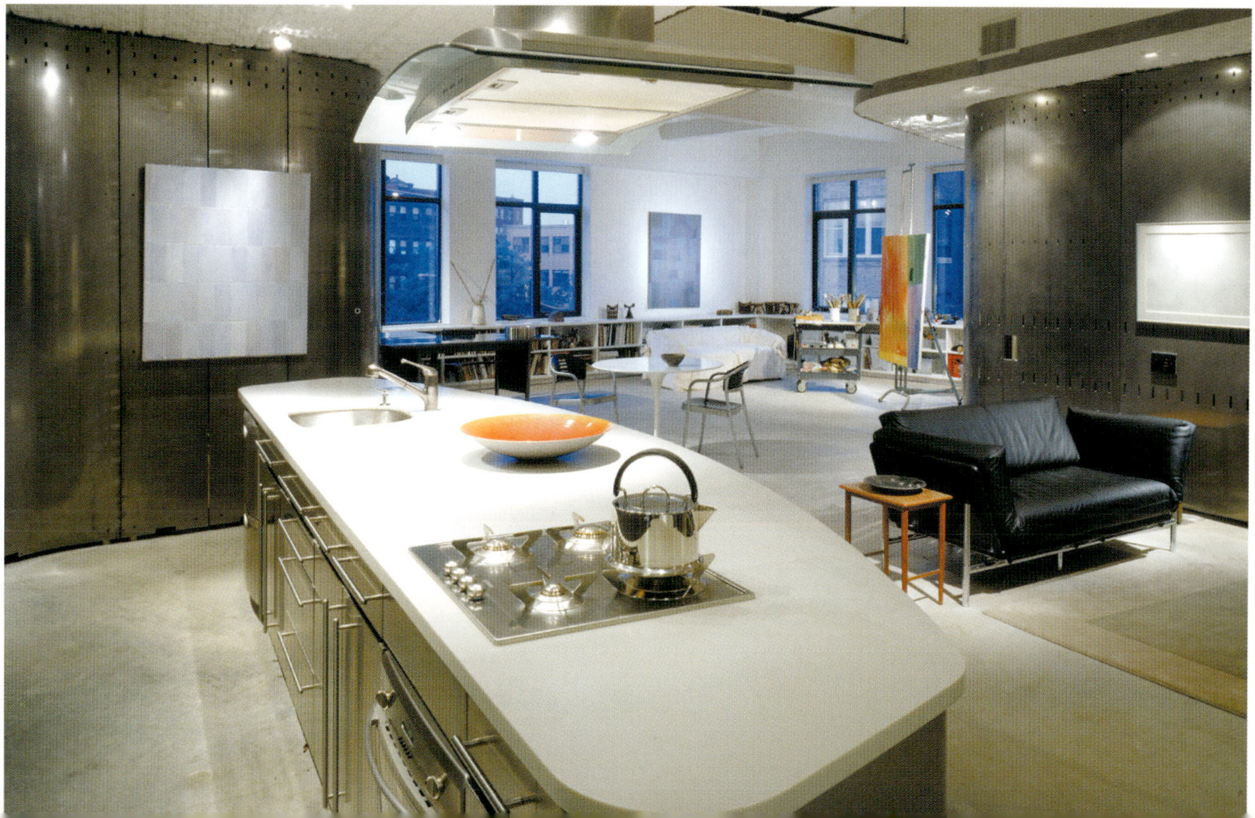

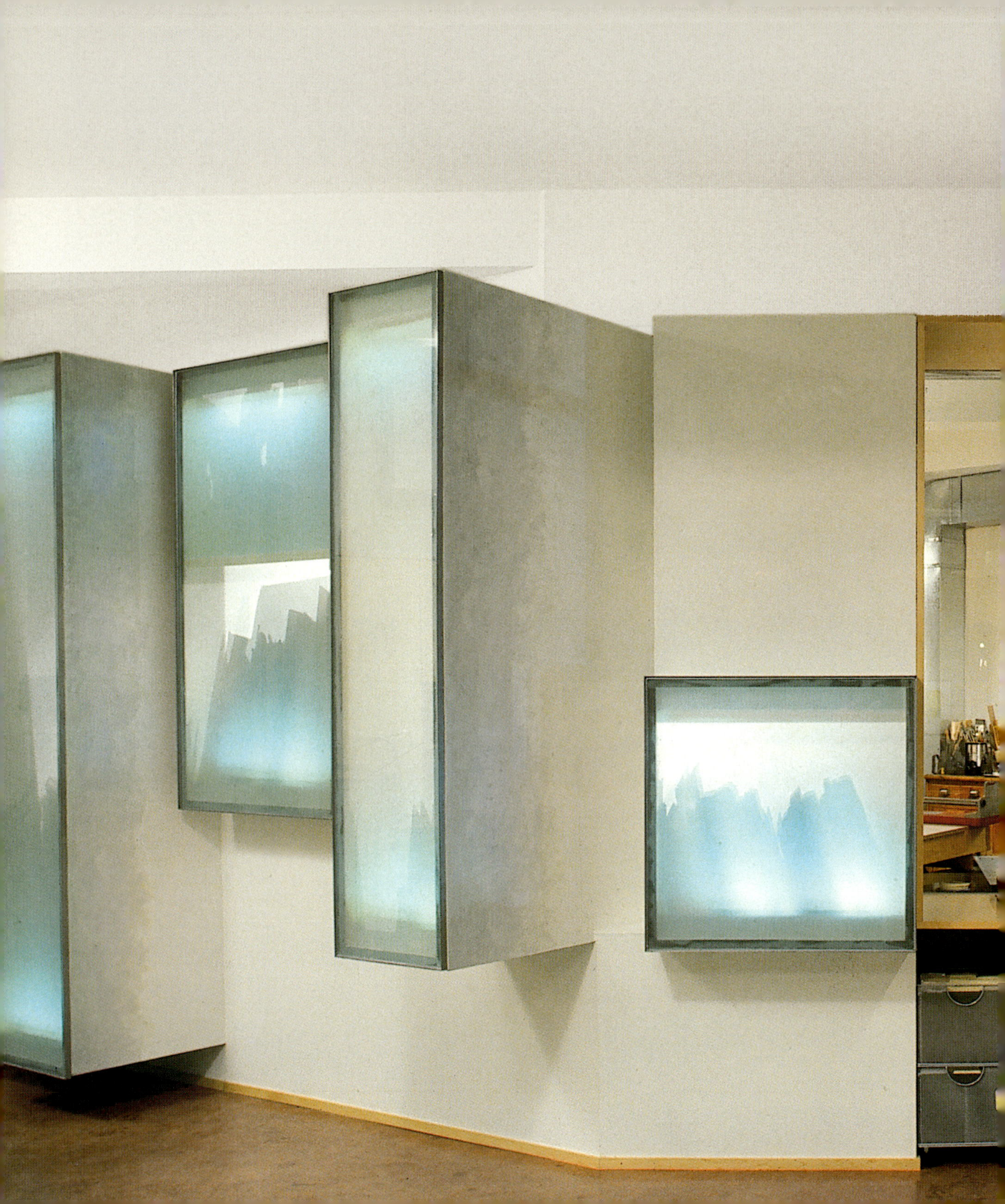

Kennedy & Violich Architecture

El loft del tipógrafo

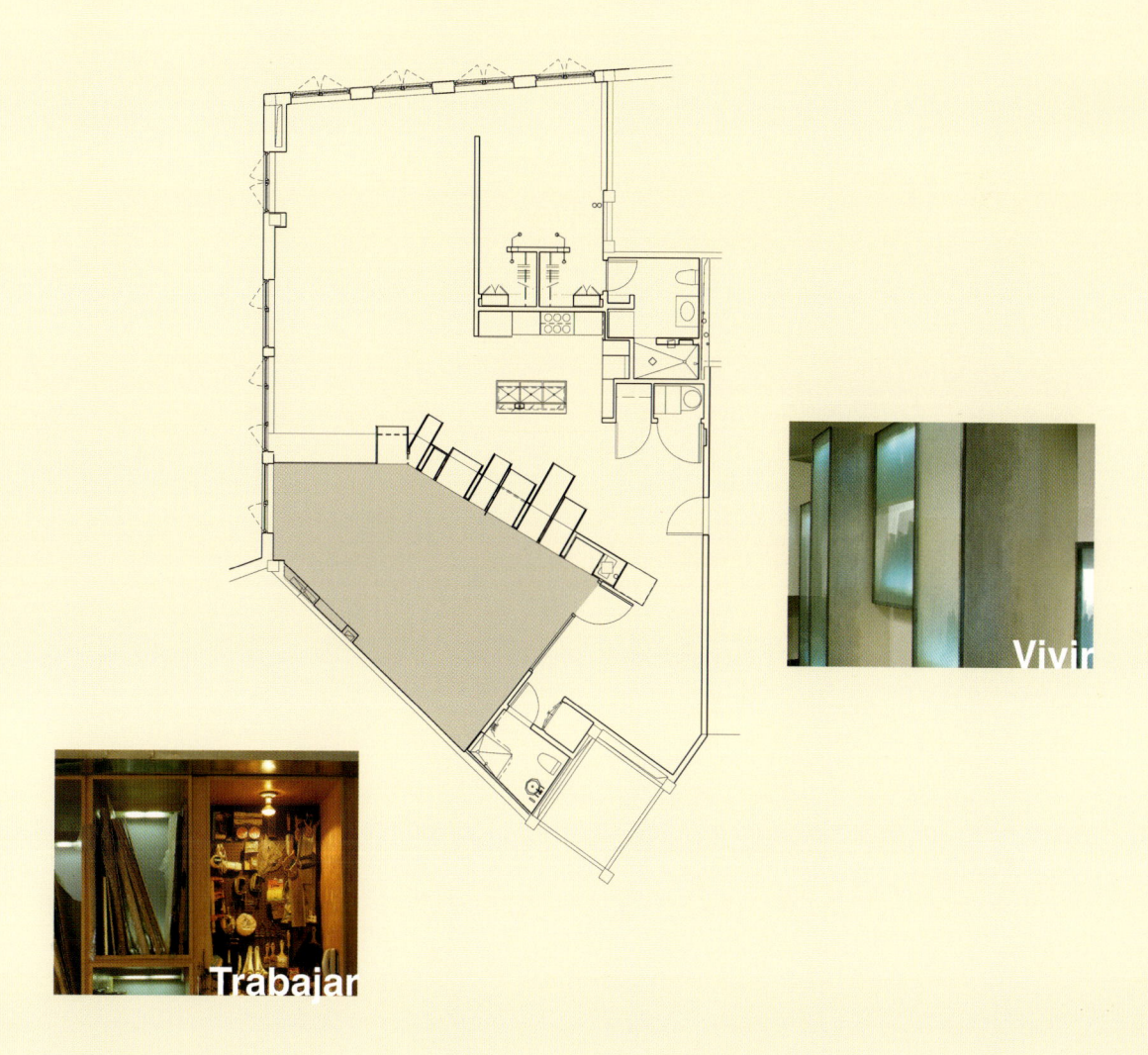

293

Vivir

Trabajar

Localización
Boston, Massachussets, Estados Unidos
Superficie
195 m²
Fotógrafo
Bruce T. Martin, K&V Architecture

Este espacio fue diseñado por una tipógrafa muy reconocida a escala nacional que deseaba integrar su equipo y sus amplias instalaciones de almacenamiento en un loft. Deseaba que sus mesas de composición y su maquinaria de impresión coexistiesen con los ámbitos públicos y privados que conforman una vivienda común. Los requisitos del cliente fueron analizados para identificar las áreas que necesitaban de mayor intimidad y aquellas que podrían coincidir con otra sugerencias. El proceso tuvo como resultado un diseño que redefine los conceptos de hogar y estudio para que sus elementos funcionen de manera simultánea.

El proyecto comprendía dos dormitorios y dos baños, una cocina y el salón, y un estudio con vestíbulo, galería, oficina, biblioteca y almacén. Las características del almacén de la tipógrafa se basaron en las medidas específicas del equipo de pantallas para imprimir y de las obras finalizadas. Una pared-armario entre el estudio y el salón dispone de las dimensiones necesarias. Las superficies de las paredes están acabadas con un yeso iridiscente que cambia de color según la perspectiva de cada uno. La coexistencia de las obras y el equipo se convirtió inconscientemente en algo ornamental, abstracta como una sombra sobre los paneles de cristal de la pared, que son transparentes durante la noche y reflectantes durante el día.

El vestíbulo y la biblioteca desempeñan también la función de habitación de invitados, y el baño de huéspedes fue también ampliado para asumir así las utilidades de cuarto de limpieza del estudio.

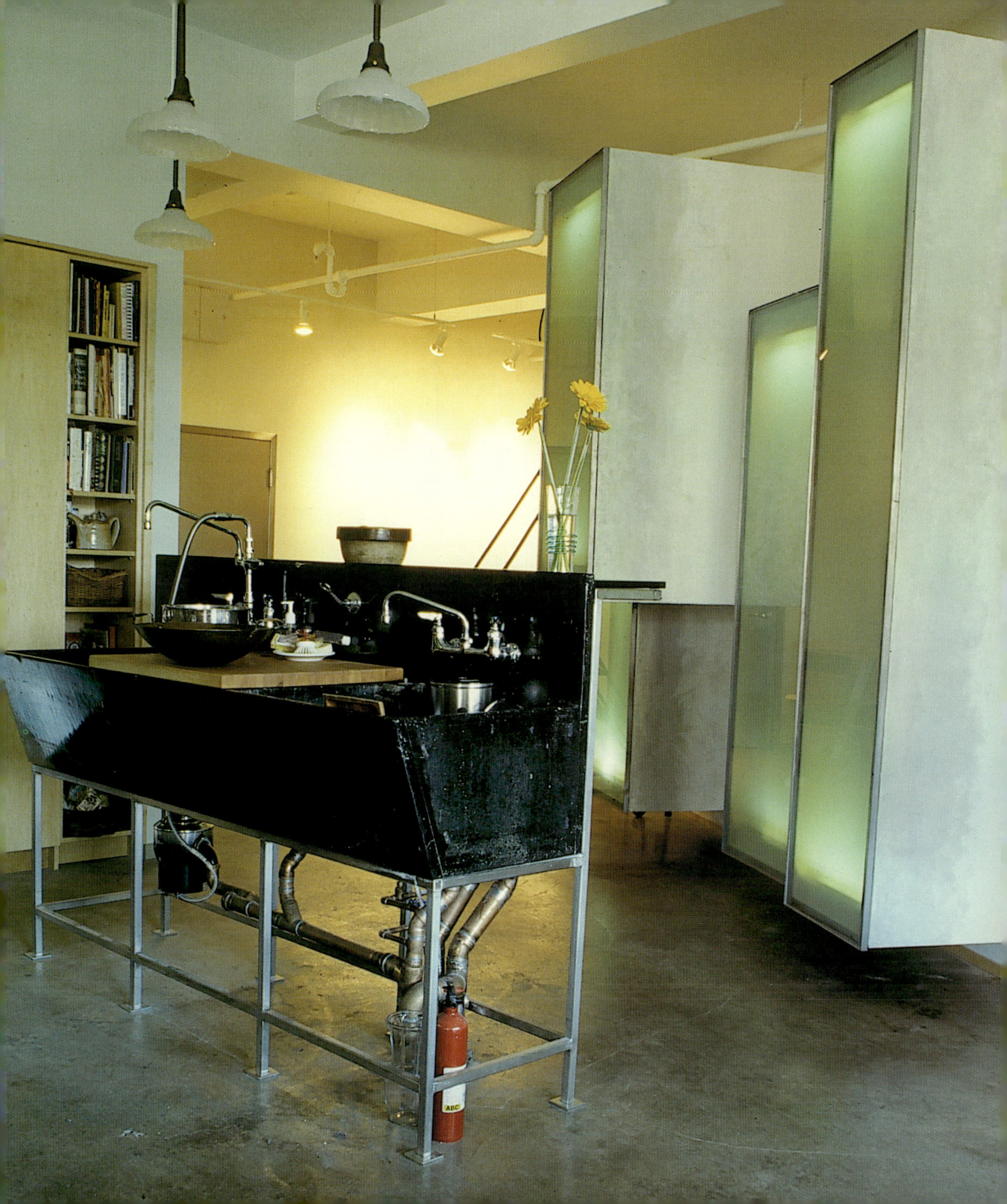

296 | Una pared-armario, construida entre el estudio y el área de vivienda, tiene la función de acomodar el equipo de pantallas de la tipógrafa, así como sus obras finalizadas.

297

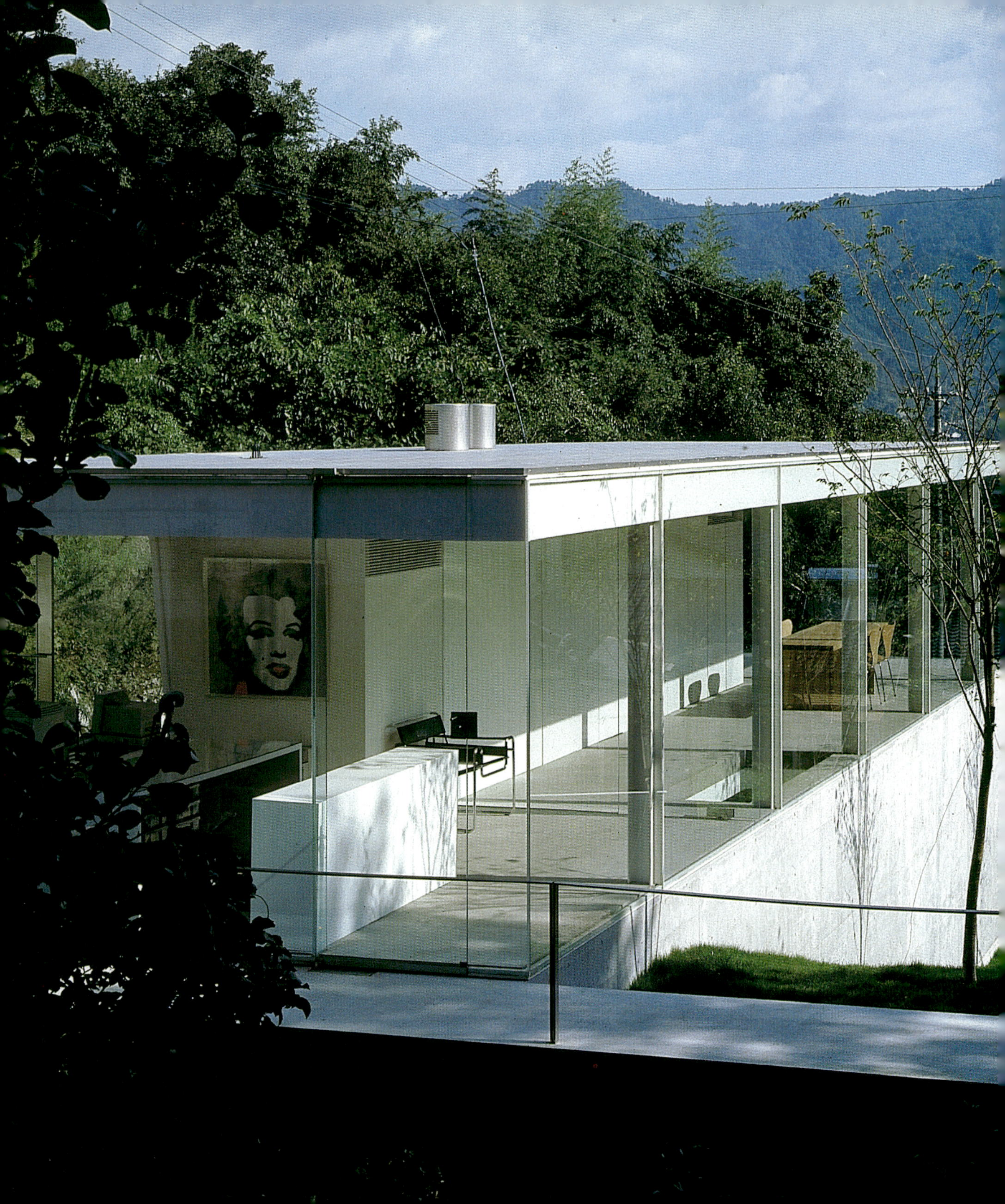

Shinichi Ogawa

Casa y estudio Isobe

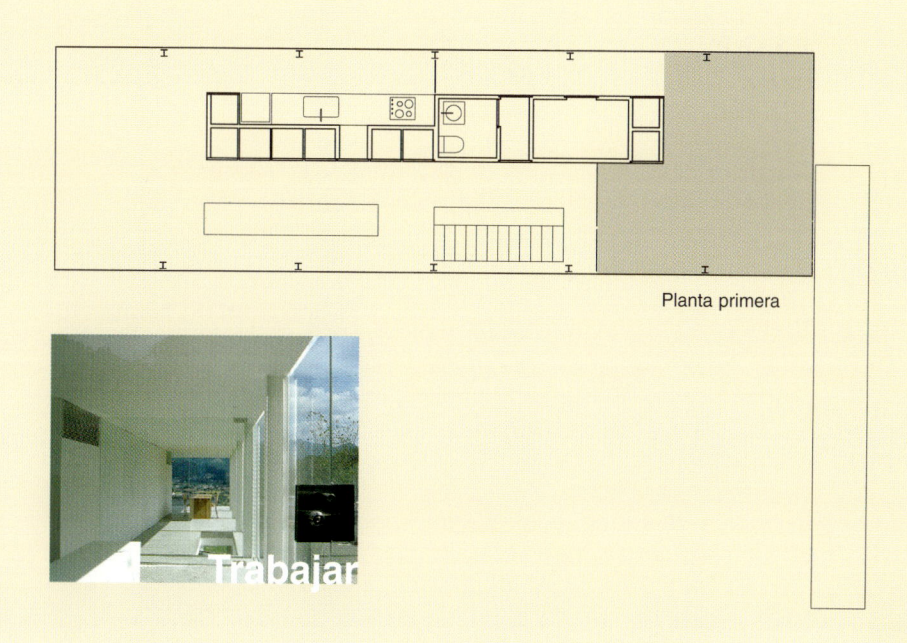

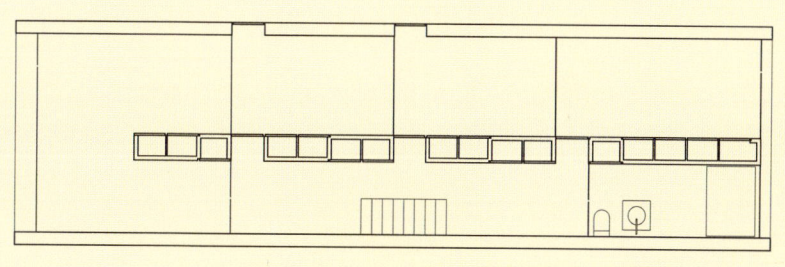

Planta primera

Trabajar

Planta segunda

Vivir

Localización
Yamaguchi, Japón
Superficie
167 m²
Fotógrafo
Shinkenchiku-sha

El estudio Isobe está situado cerca de una autopista en las afueras de la ciudad de Yamaguchi, oculto en un valle entre boscosas montañas. La abrupta pendiente del terreno incitó al arquitecto a diseñar una casa de dos plantas, a cuyo nivel superior es posible acceder desde la carretera por un puente de cemento.

El espacio fue dividido en módulos. Cada zona se transformó en parte del edificio, en un metódico ejercicio que creó una totalidad precisa y racional. Las áreas con mayor actividad –el salón, la cocina y el lugar de trabajo– se ubican en la planta segunda, rodeadas por una estructura de cristal de 5 m de ancho y 18 m de largo aproximadamente. El espacio destinado a la vivienda, el comedor y el estudio, que alberga el área de la entrada, son claramente visibles desde el exterior a través de grandes paneles de cristal.

En el interior de la vivienda, el mobiliario ha quedado limitado a piezas funcionales con la intención de mantener la flexibilidad junto con la mínima obstrucción visual. El carácter del proyecto queda acentuado por la obra artística del cliente, distribuida estratégicamente por la casa y el jardín que la rodea, como una exposición abierta al paisaje.

Pese a su marcada estructura geométrica, la casa se integra en el paisaje. La sencillez de los acabados destaca el proyecto y demuestra cómo la elegancia puede ser intensificada gracias a un entorno natural.

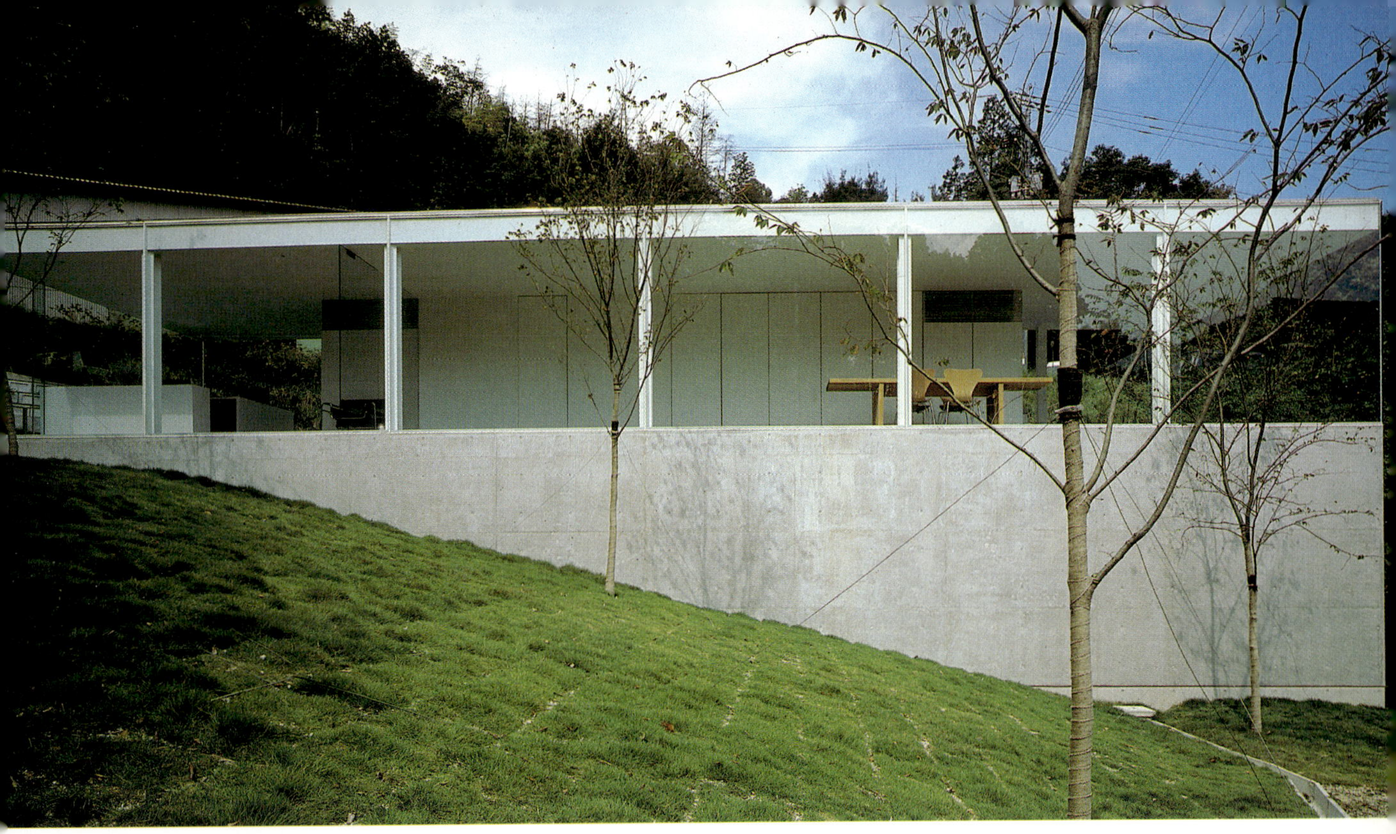

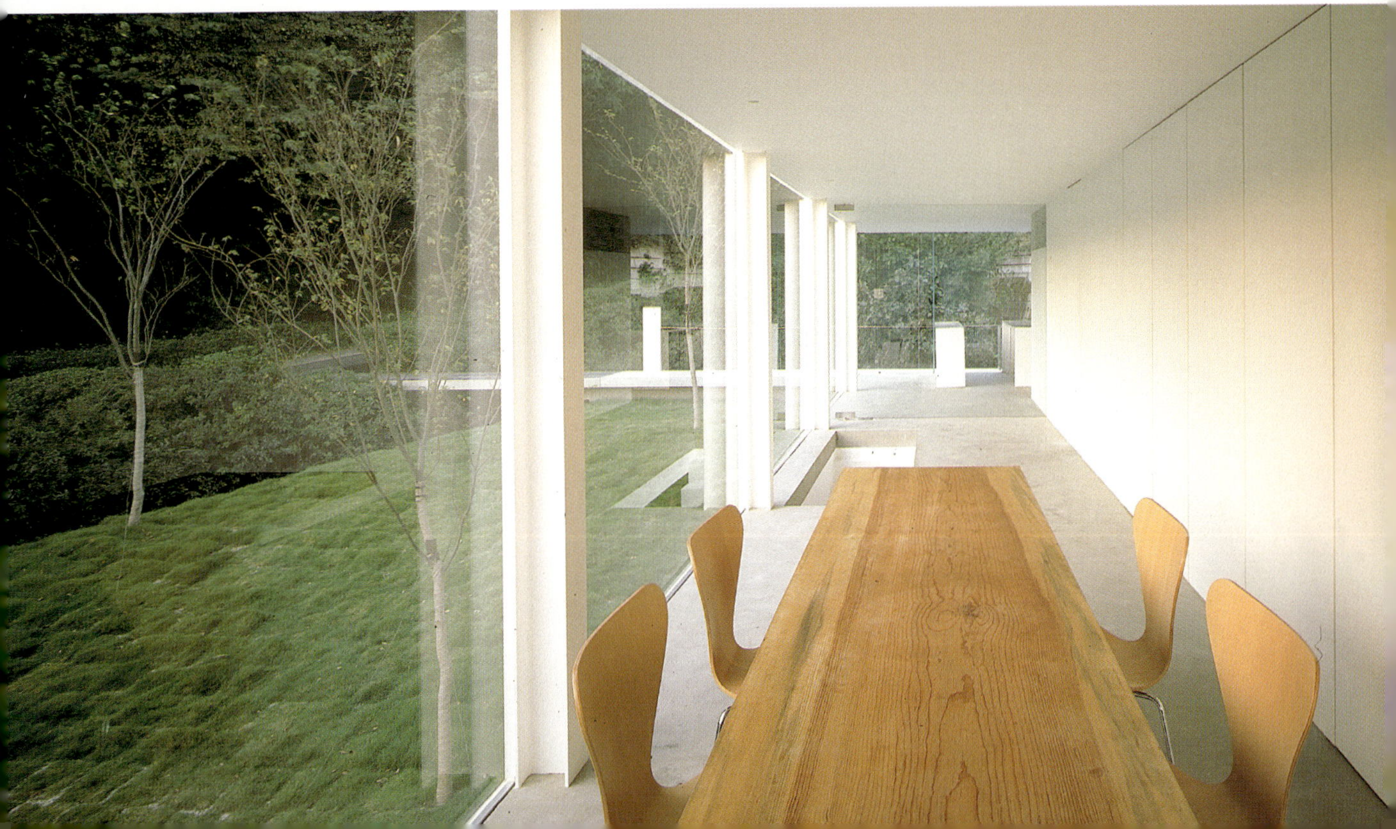

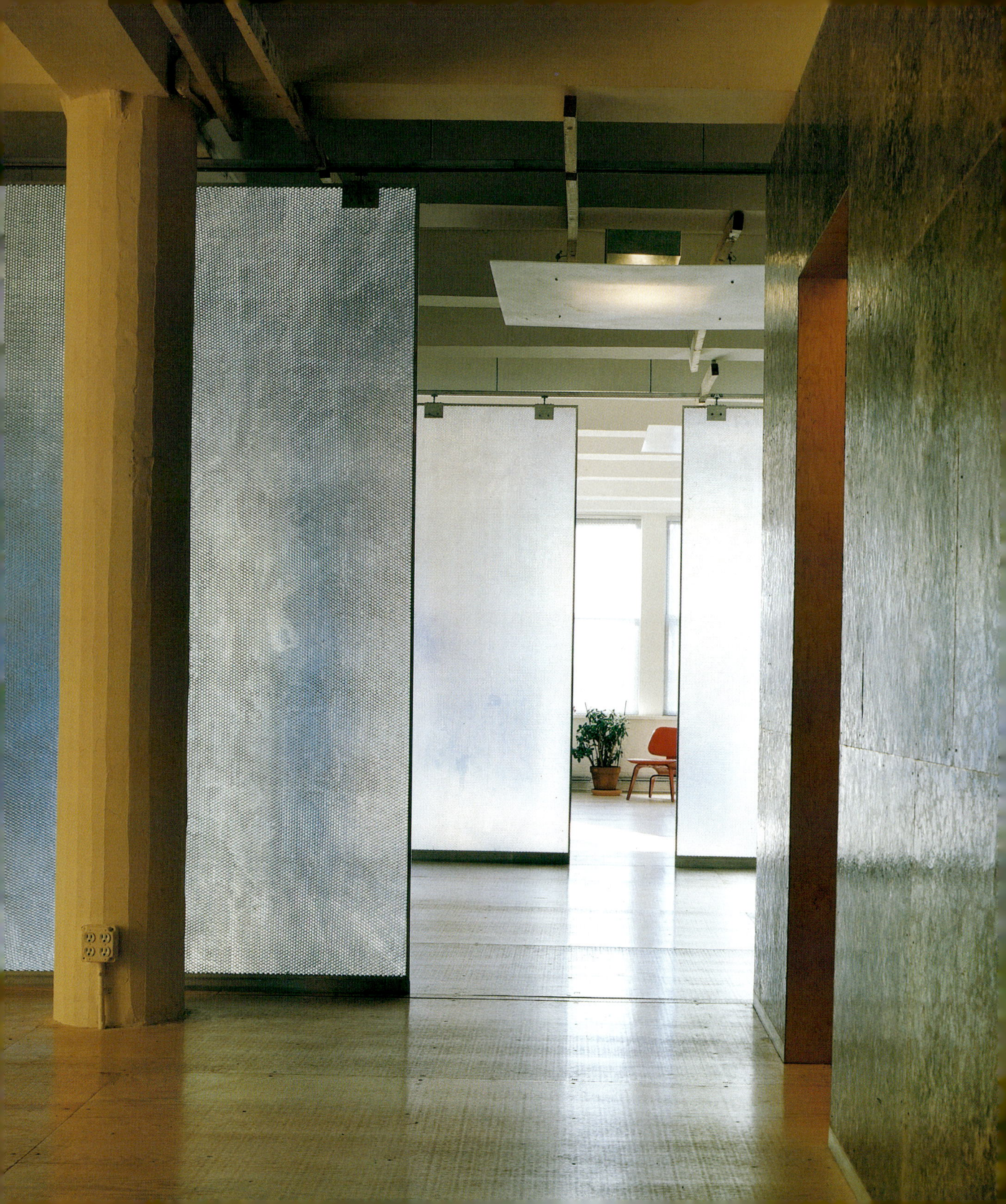

Moneo Brock Studio

Loft Davol

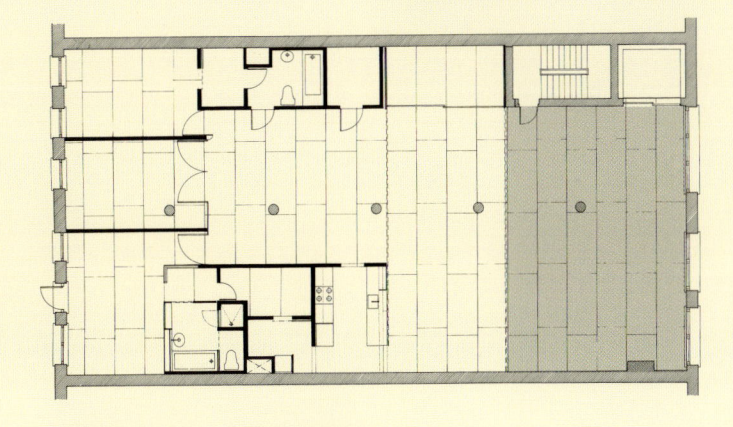

303

Vivir

Trabajar

Localización

Nueva York, Estados Unidos

Superficie

322 m²

Fotógrafo

Michael Moran

Este proyecto comenzó siendo un espacio rectangular vacío que poseía las típicas características de un loft: columnas en el centro que sostenían vigas que se extienden a lo largo del edificio, enormes ventanas y techos de más de 3 m de altura. Esta configuración espacial supuso un reto con relación al hecho de integrar la vivienda y una eficaz zona profesional, a causa de la necesidad de obtener luz natural en el centro del hogar. Los clientes, dos músicos profesionales, necesitaban dormitorios separados con baños, una cocina, una pequeña despensa y un amplio espacio abierto para el salón, además de un área de trabajo flexible para cada uno. Los arquitectos, trabajaron artísticamente, con un modesto presupuesto, y dejaron abierta la posibilidad de introducir acabados de mejor calidad en un futuro.

Paneles móviles y translúcidos sustituyen las particiones fijas. Un nuevo material, el panelite, fue decisivo en el diseño del loft. No sólo es translúcido, sino que su coloración varía según su iluminación. Los raíles facilitan que el sistema sea aún más adaptable. Los paneles pueden ser movidos fácilmente para delimitar las distintas áreas y sirven también para lograr una mayor opacidad.

La actitud que tuvieron los clientes fue crucial para lograr el éxito del proyecto. Desde el principio aceptaron el riesgo y el reto de experimentar con nuevos materiales. Su entusiasmo hizo posible la creación de este iridiscente oasis.

305

306 Paneles móviles y translúcidos sustituyeron las divisiones fijas. La transparencia y el resultado del panelite a la luz fueron factores determinantes en el diseño de este proyecto.

307

Servicios

308

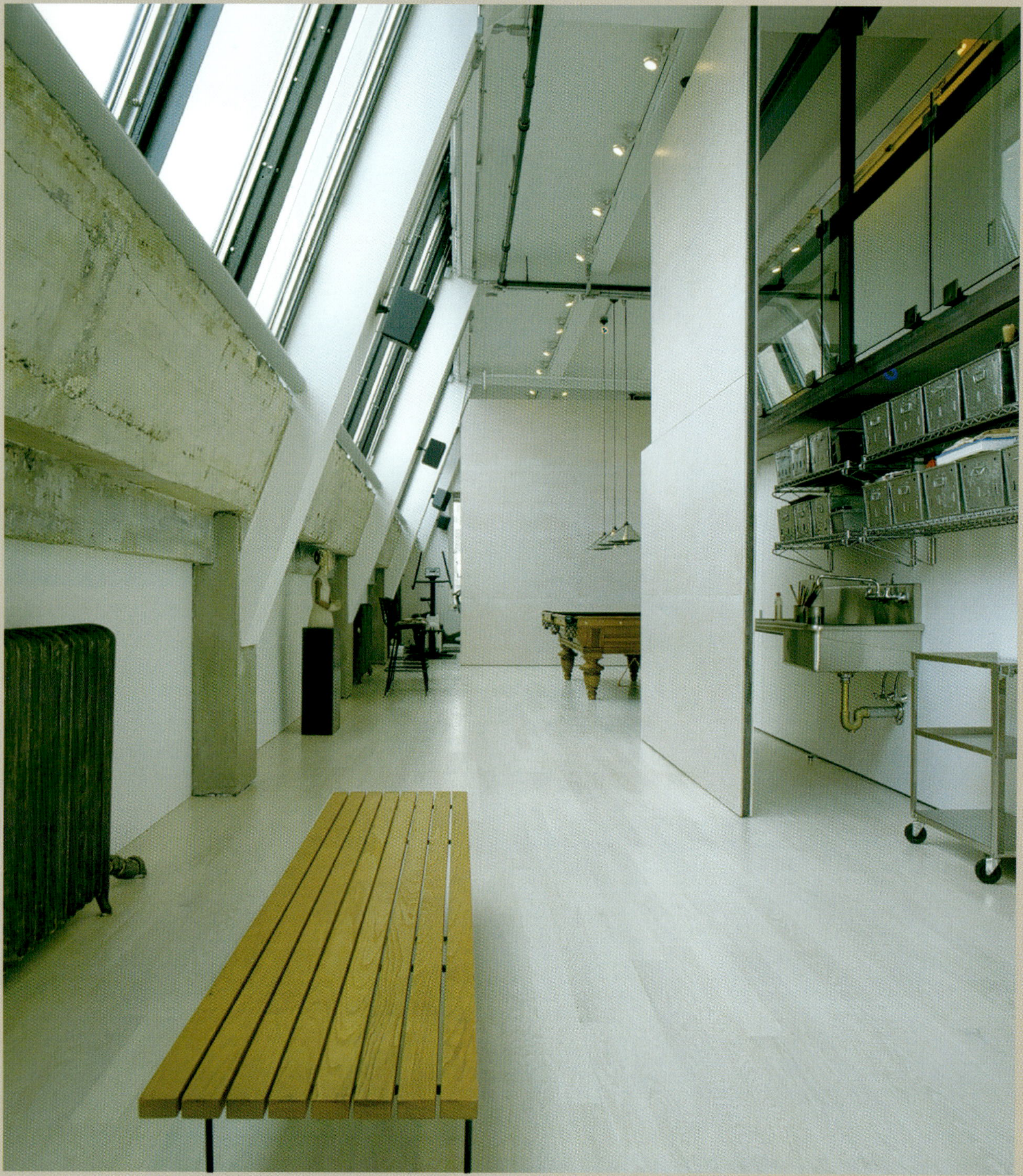

Smith-Miller & Hawkinson Architects
Loft Greenberg

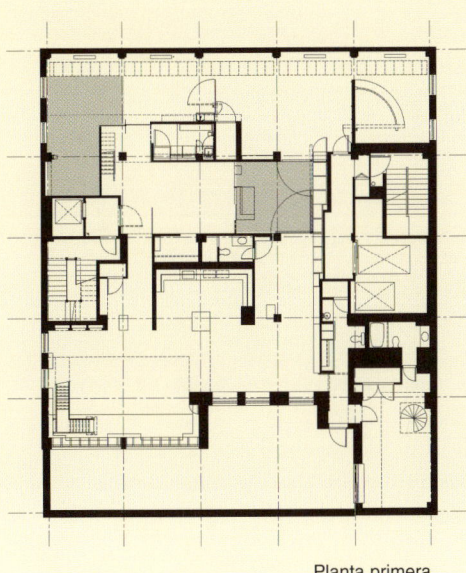

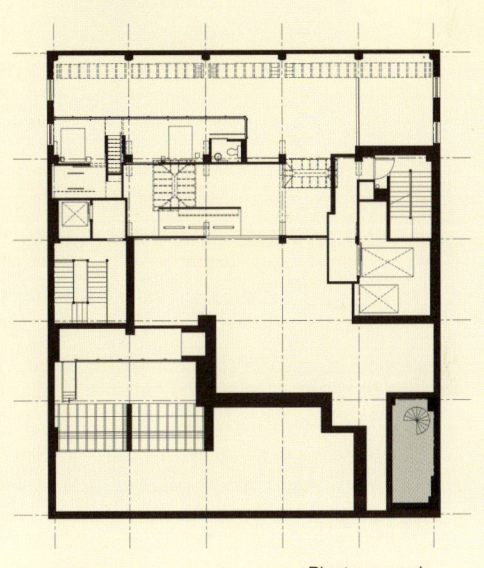

Vivir

Planta primera

Planta segunda

Trabajar

Localización

Nueva York, Estados Unidos

Superficie

558 m²

Fotógrafo

Matteo Piazza

El equipo Smith-Miller & Hawkinson Architects restauraró este loft para instalar una vivienda y un área de exhibición de obras de arte. Puesto que el cliente, un coleccionista, quería que estas dos funciones coexistiesen sin límites estrictos, los arquitectos desarrollaron un diseño que fusionara la galería con los espacios privados.

La planta primera del dúplex alberga el dormitorio principal, el salón, el comedor, la cocina, la sala de proyecciones, el estudio de pintura, la despensa y una amplia terraza. La planta segunda contiene dos subniveles: uno para los dormitorios de invitados y otro para el estudio. Estas áreas de trabajo no existían en la configuración original, pero los diseñadores se beneficiaron de la altura de los techos para instalarlas, utilizando cemento reforzado, y revistiendo sus bordes con barandillas de acero pintado de negro o cristal templado. El mismo cemento fue utilizado en algunas columnas y revestimientos del nivel superior. No obstante, los arquitectos eligieron yeso blanco para las particiones y madera de abedul para los suelos.

Una de las características más interesantes del proyecto es la división del espacio mediante divisiones unidas a los rodapiés del suelo, que crean la sensación de ingravidez. Estos elementos, junto con las enormes puertas correderas chapadas en madera, crean ámbitos flexibles y comunicados. El rasgo principal de la vivienda es la mezcla de materiales. Así como el marco del edificio incluye soluciones tanto industriales como convencionales, el mobiliario combina también el diseño contemporáneo con esculturas de los siglos XVIII y XIX.

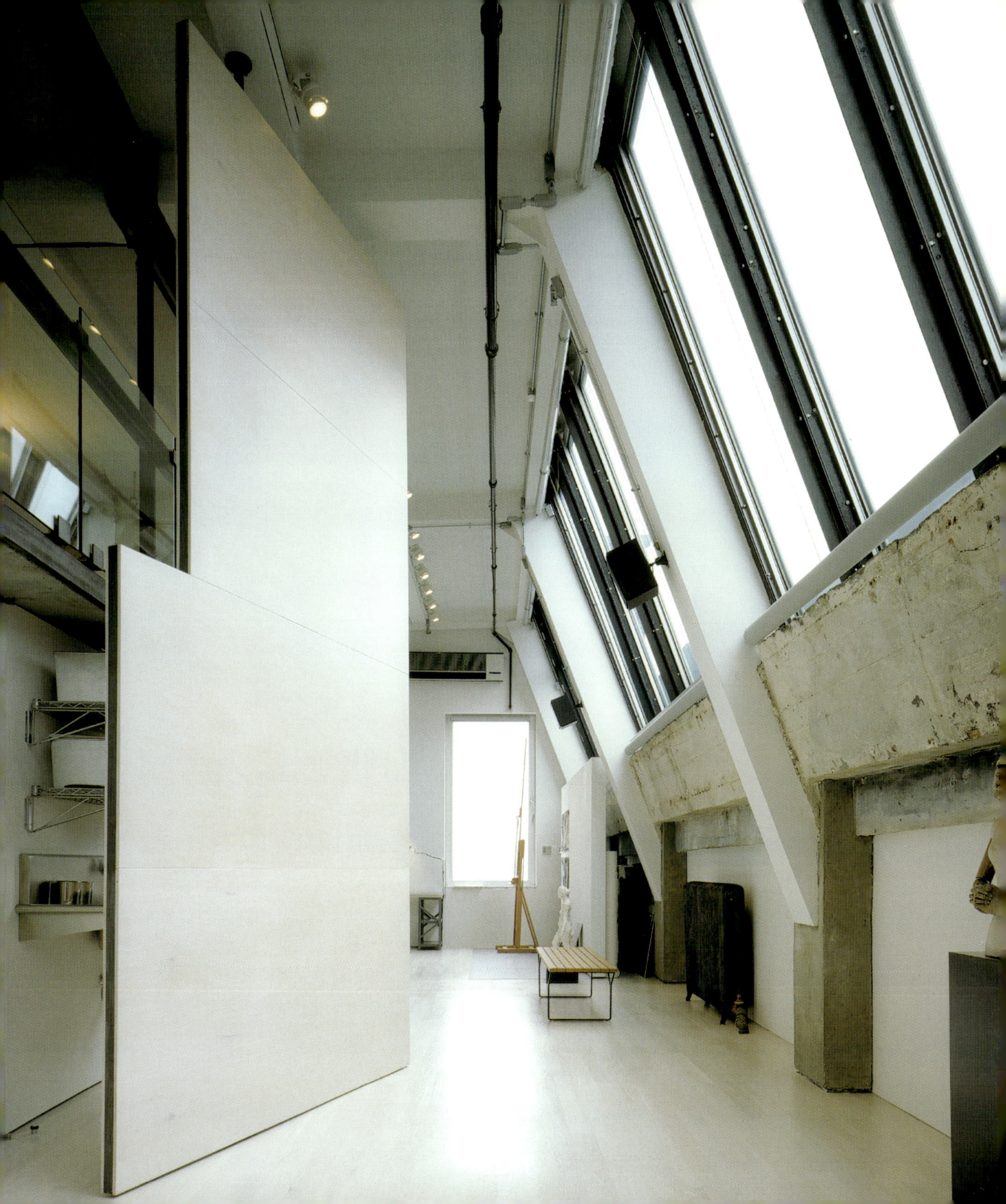

314   Particiones giratorias y enormes puertas correderas chapadas en madera crean espacios flexibles e intercomunicados.

315

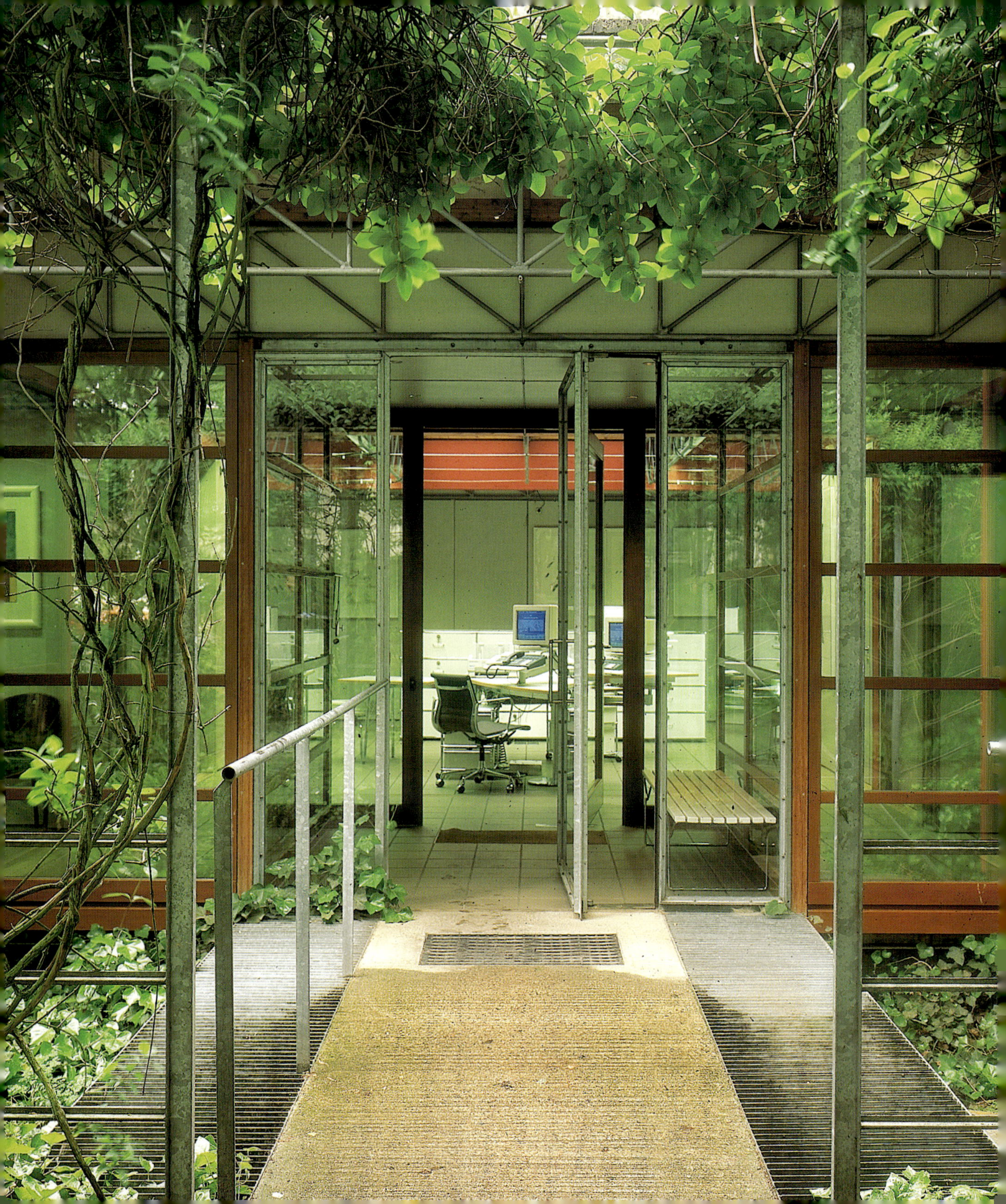

Herzog & Partner
Residencia cerca de Paderborn

317

Vivir

Planta primera

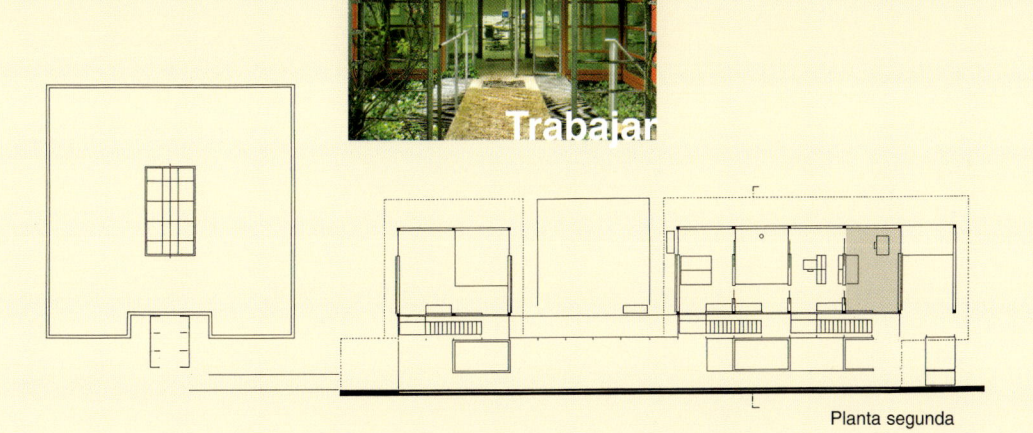

Trabajar

Planta segunda

Localización
Paderborn, Alemania |//
Superficie
225 m²
Fotógrafo
Dieter Leistner/ ARTUR

Este edificio de una sola planta alberga la oficina de un doctor especializado en medicina interna, y está dividido en nueve secciones de 25 m² cada una. La sala de consultas principal es un espacio diáfano gracias a un tragaluz que también ilumina la entrada y los corredores. Unos paneles se abren y se cierran para controlar la ventilación y para regular la cantidad de luz solar que accede. Los rincones acristalados acentúan las diagonales del pavimento. El interior refleja la estructura metálica, la cual distribuye el peso con un sistema de vigas de madera.

La disposición de la vivienda es sencilla: los espacios varían en función, materiales, luz y temperatura. La fachada, con vistas a la carretera de acceso, es un muro continuo reforzado con hormigón que provee de aislamiento visual y térmico. A lo largo de la cara interior del muro, un pasadizo comunica las distintas habitaciones y funciona como galería de arte. En invierno, cuando los ventanales permanecen cerrados, la casa se transforma en un invernadero con un sistema de calefacción bajo el suelo. La continuidad espacial se realza gracias al cristal en los techos y los muros laterales. Aunque en el proyecto predomine una geometría sencilla, el resultado es rico en sensaciones, acentuadas por la estrecha relación entre interiores y exteriores.

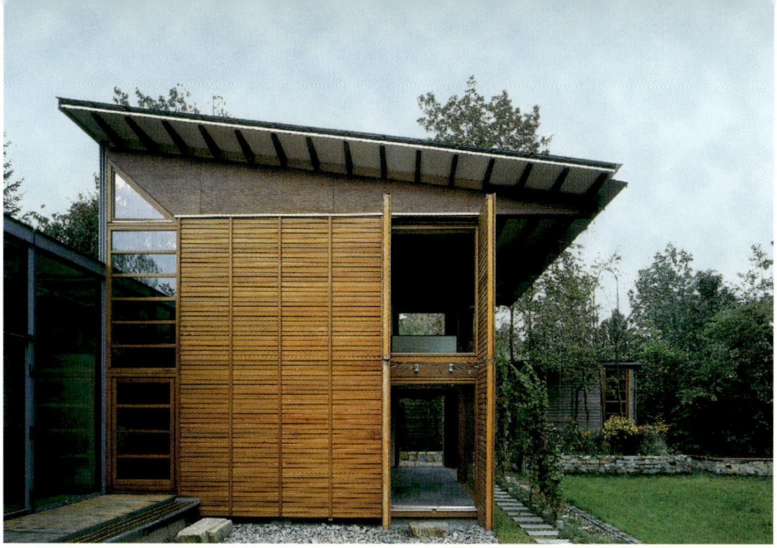

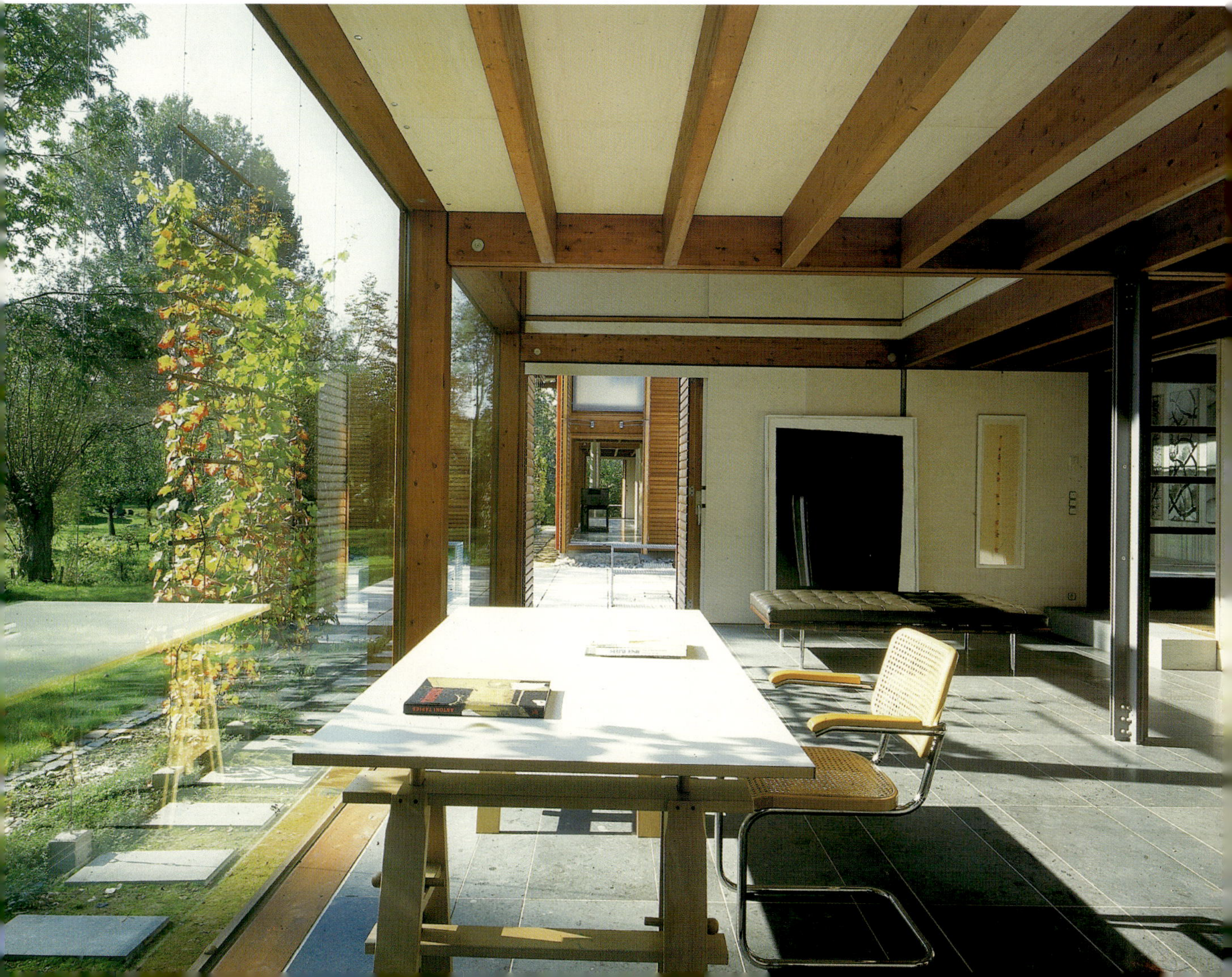

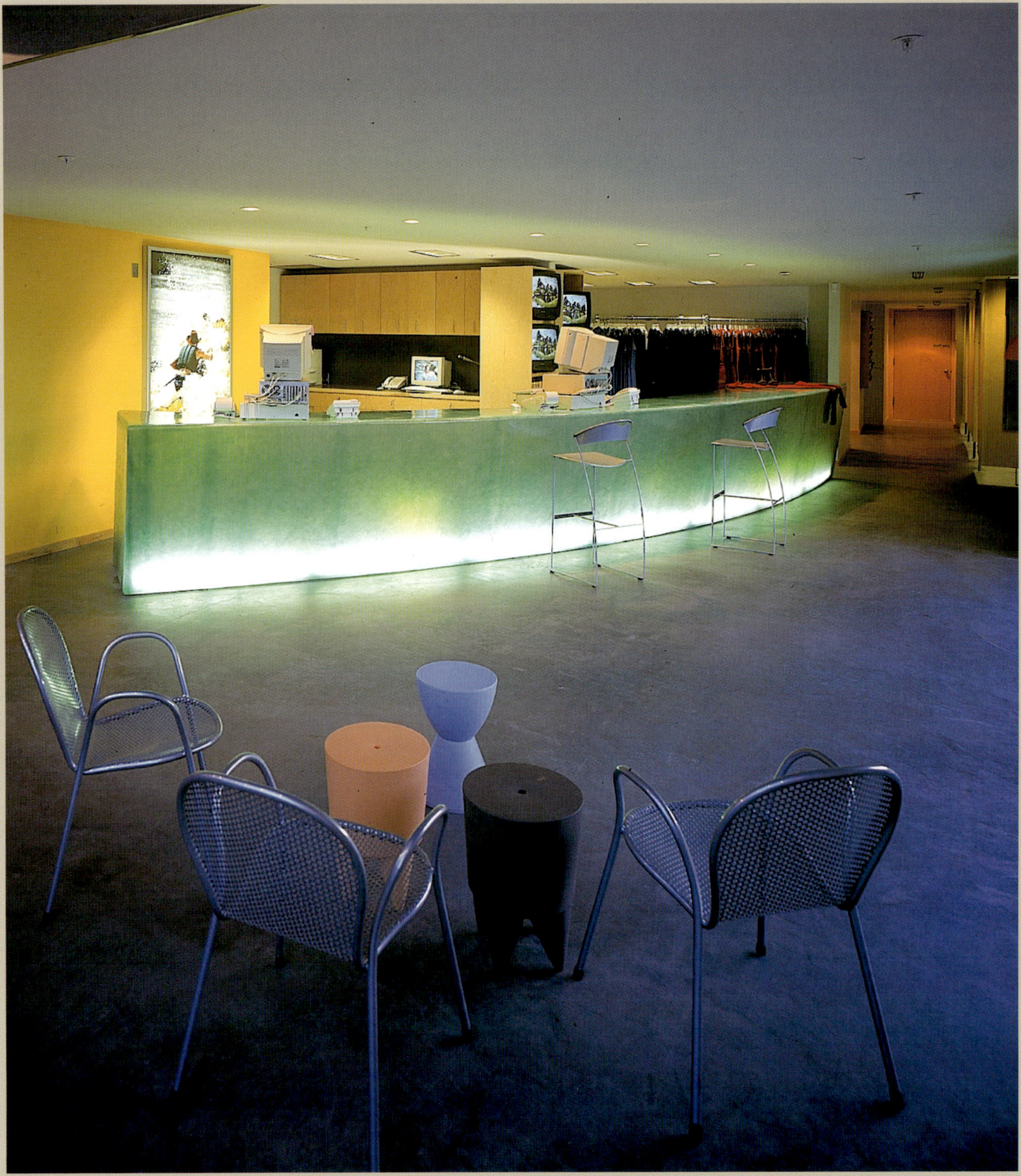

William P. Bruder

Mad River Boat Trips

321

Vivir

Trabajar

Planta primera

Planta segunda

Localización
Jackson, Wyoming, Estados Unidos
Superficie
268 m²
Fotógrafo
Bill Timermann

Este proyecto particularmente complejo –tienda-museo, almacén y hogar para aventureros– requería un diseño muy exigente. Las conexiones entre las distintas zonas tenían que ser sencillas, y los ámbitos públicos y privados no debían mezclarse.

En el almacén se guardan botes y equipamiento especial, como ropa impermeable, cuerdas y herramientas, y hay una pequeña recepción. El espacio público incluye un museo con información sobre la región, sus tradiciones y su folclore; mapas, fotos y textos están expuestos, mientras que barcas antiguas y otros artículos recuerdan vivamente el pasado. La esfera privada está dividida en dos zonas: una con habitaciones para los trabajadores y otra donde se sitúa la vivienda del propietario con una biblioteca y un estudio. A pesar de la considerable diversidad funcional, el arquitecto estableció una disposición lógica y compacta.

Para el edificio se emplearon sencillas técnicas de construcción en madera. Los niveles superiores quedan suspendidos por un altillo de madera soportado por vigas que añade una mayor flexibilidad al piso inferior. Dos vigas especiales de madera y acero sostienen la fachada de cristal orientada hacia el este. Se utilizó acero ondulado en el techo y en los muros que le otorgaron cierto aspecto de dureza; las ventanas están situadas estratégicamente para lograr una composición rítmica durante el día y la noche. El diseño de la iluminación resulta muy efectivo en el área de trabajo y espectacular en lo que a la tienda y al museo se refiere. El centro de operaciones está inspirado en los ranchos circundantes. Al mismo tiempo es un punto de referencia destacado en esta ambigua zona que se extiende a lo largo de una autopista interestatal. El edificio es una robusta y sofisticada expresión arquitectónica de la fortaleza de las personas que se deleitan con la naturaleza de Wyoming.

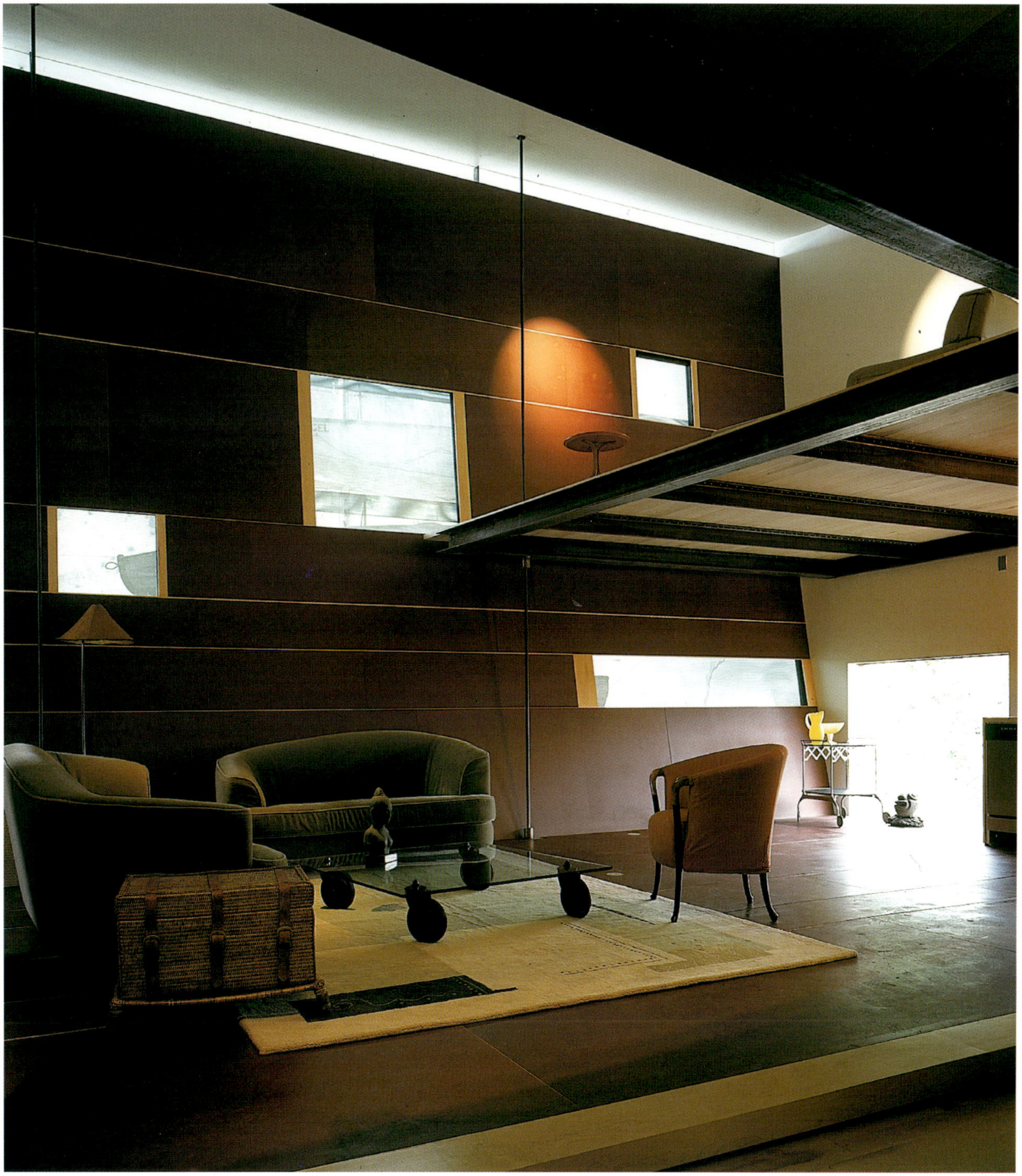

324　El almacén posee espacio para guardar botes y equipamiento especial, como ropa impermeable, cuerdas y herramientas. También se ubica una pequeña zona para recibir a los clientes.

325

Sin soportes

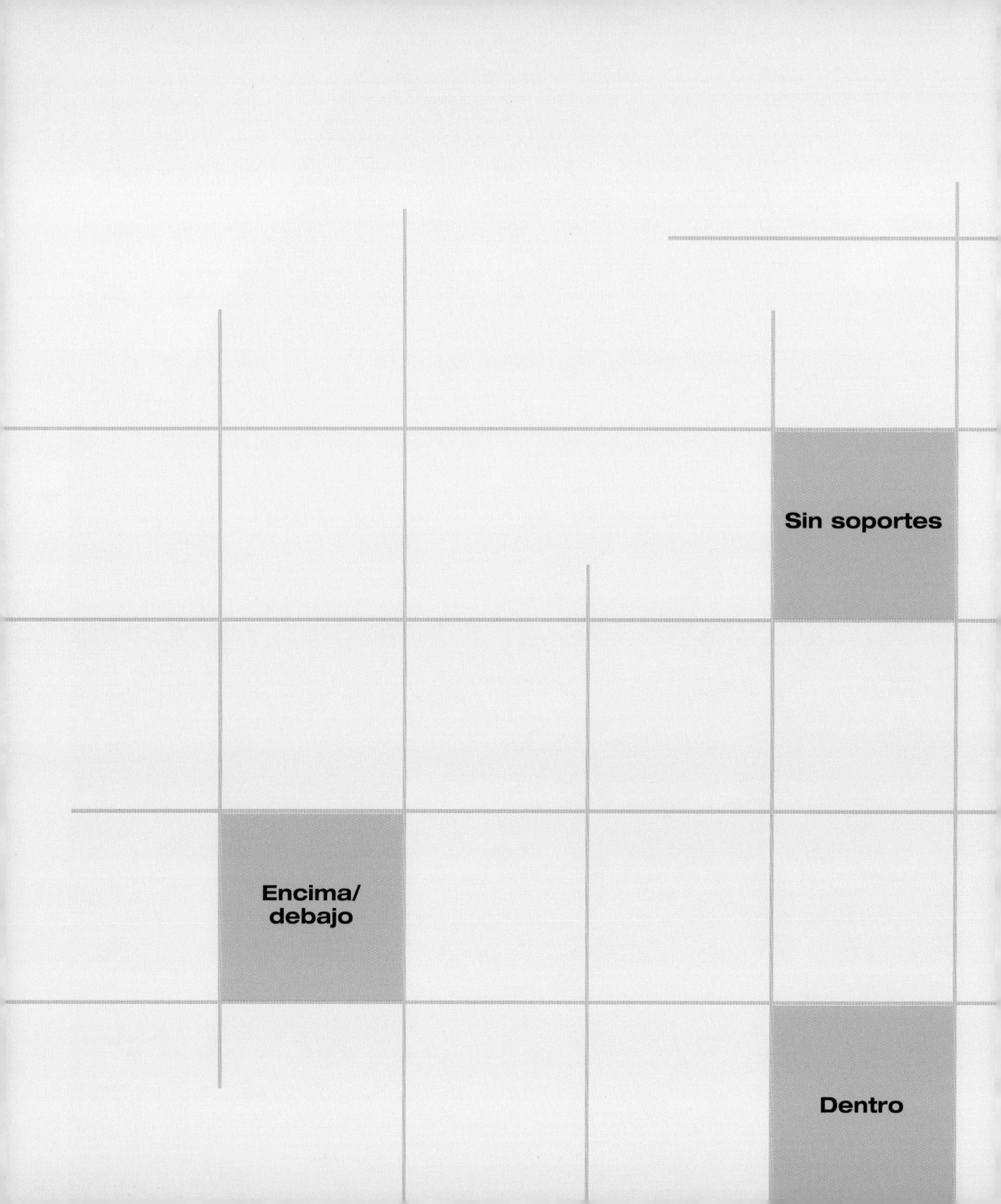

Encima/debajo

Dentro

Con apoyo

Mobiliario

La segunda parte centra su atención en las soluciones individuales sin poner especial atención en la profesión o actividad del cliente. A menudo es el tamaño, la forma y la localización de la vivienda lo que dicta las posibilidades de lograr una atmósfera armónica de trabajo y vivienda. La ubicación de una oficina o estudio en un área u otra es crucial en cuanto al resultado final y tiene un efecto relevante en el resto del espacio. Es necesario un cuidadoso análisis del ámbito para identificar el lugar adecuado y la mejor solución para lograr una zona de trabajo integrada. Intimidad, accesibilidad, confort, eficacia y luz son algunos de los factores a tener en consideración. Este apartado contiene una selección de oficinas clasificadas por su localización dentro de la vivienda. Estas pueden encontrarse contra una pared, dentro de un armario, tras divisiones, en una habitación aparte o integradas en el área de vivienda. Una capítulo final presenta una selección de mobiliario de oficina y piezas multifuncionales que pueden resultar prácticos. Aunque algunos de los diseños son anónimos, la mayoría quedan identificados por la firma de los arquitectos o el diseñador de interiores que los creó.

Esta obra consiste en una galería de fotografías, un libro de referencia y una guía informativa para aquellos que decidan aceptar el reto de crear su propio espacio de trabajo en casa.

Con apoyo

328

330

1. Fotógrafo: Red Cover/Jake Fitzjones. **2.** Fotógrafo: Red Cover/Brian Harrison.

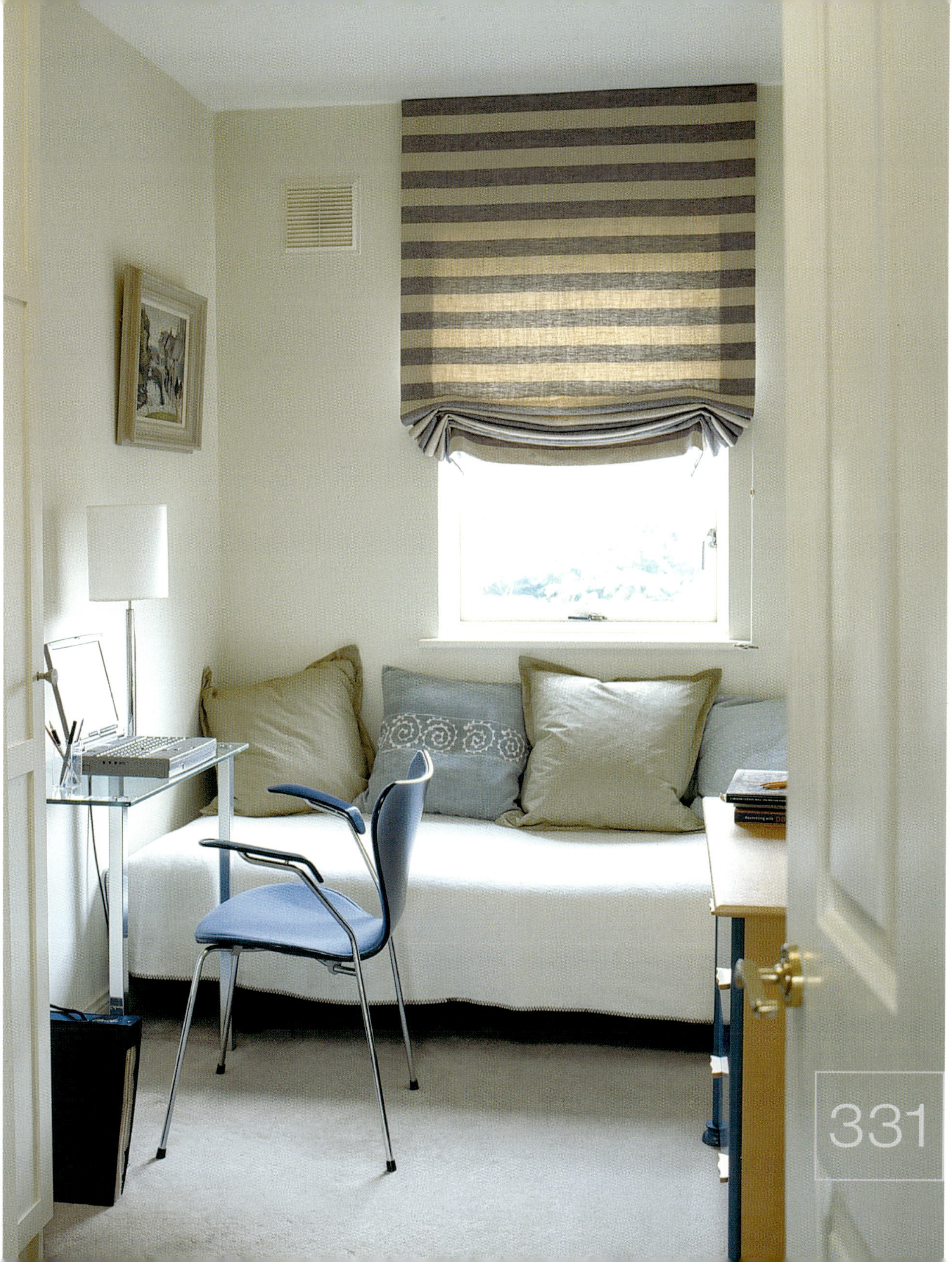

2

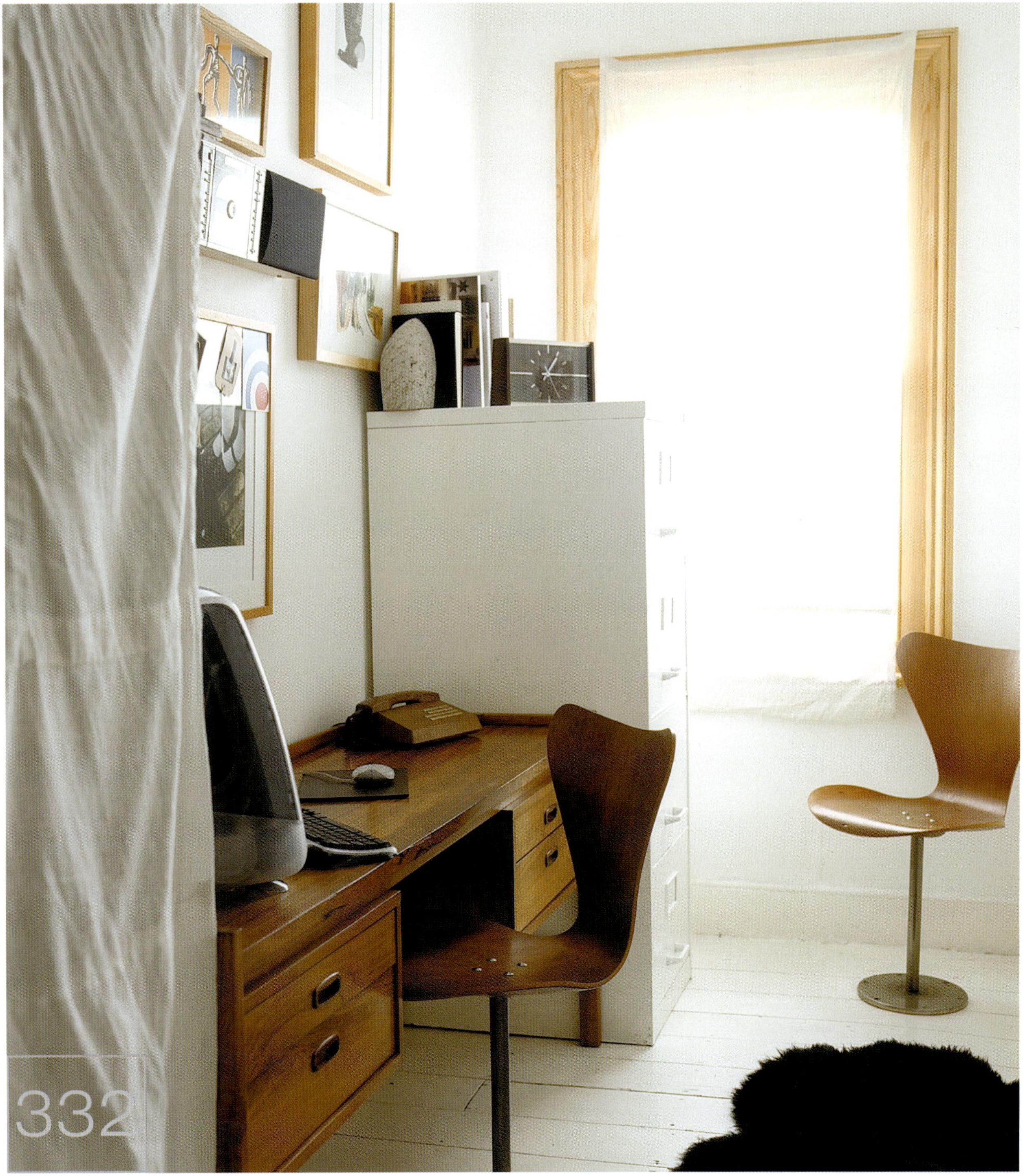

3

3. Propietario y diseñador: Jo & Graham Atkins-Hughes; Fotógrafo: Red Cover/Graham Atkins-Hughes.
4. Fotógrafo: Red Cover/Douglas Gibb.

5

6

334

5,6. Fotógrafo: Red Cover/Jon Bouchier. **7.** Arquitecto: Shindler & Howard; Fotógrafo: Red Cover/Grey Crawford.

8

8. Fotógrafo: Red Cover/Grey Crawford. **9.** Arquitecto: Michaelis Boyd Associates; Fotógrafo: Gunnar Knechtel.

337

338

10. Fotógrafo: Red Cover/Ken Hayden. **11.** Fotógrafo: Red Cover/James Mitchell.

12. Diseñador: John Minsha; Fotógrafo: Red Cover/Andreas von Einsiedel. **13.** Arquitecto: H.A. Hellermann; Fotógrafo: Werner Huthmacher. **14.** Arquitecto: Barkow-Leibinger; Fotógrafo: Werner Huthmacher.

13

14

341

15

342

15. Arquitecto: Vicente Wolf; Fotógrafo: Vicente Wolf. **16.** Diseñadora de interiores: Nona von Haeften; Fotógrafo: Red Cover/Reto Guntli.

17. Propietario y diseñador: Walter Haas; Fotógrafo: Red Cover/Reto Guntli. **18.** Arquitecto: McKay Lyons Architects; Fotógrafo: Undine Pröhl. **19.** Arquitecto: Dry Design; Fotógrafo: Undine Pröhl.

18

19

345

20. Diseñador: Sir Hugh Casson; Fotógrafo: Red Cover/Ken Hayden. **21.** Fotógrafo: Red Cover/Graham Atkins-Hughes.

347

22

23

22. Fotógrafo: Red Cover/Time Evan Cook. **23.** Fotógrafo: Red Cover/Wayne Vincent.
24. Fotógrafo: Red Cover/Wayne Vincent.

25

25. Arquitecto: Hartgelb Gruppe; Fotógrafo: Hendrik Blaukat. **26.** Diseñador de interiores: Mario Litchig; Fotógrafo: Red Cover/Winfried Heinze.

351

27

27. Arquitecto: AV62 Arquitectos; Fotógrafo: Graphein/Susana Arechaga. **28, 29.** Arquitectos: Anne Bugagnani y Diego Fortunato; Fotógrafo: Eugeni Pons.

30. Arquitecto: Studio Azzuro; Fotógrafo: Red Cover/Winfried Heinze. **31.** Arquitectos: Peter Wadley y Fleur Rossdale (The Interior Design House); Fotógrafo: Red Cover/Winfried Heinze.

31

356

32. Arquitecta: Alison Brooks; Fotógrafo: Red Cover/Mary York.
33. Diseñadores: Leo & Margret Santos; Fotógrafo: Red Cover/Wayne Vincent.

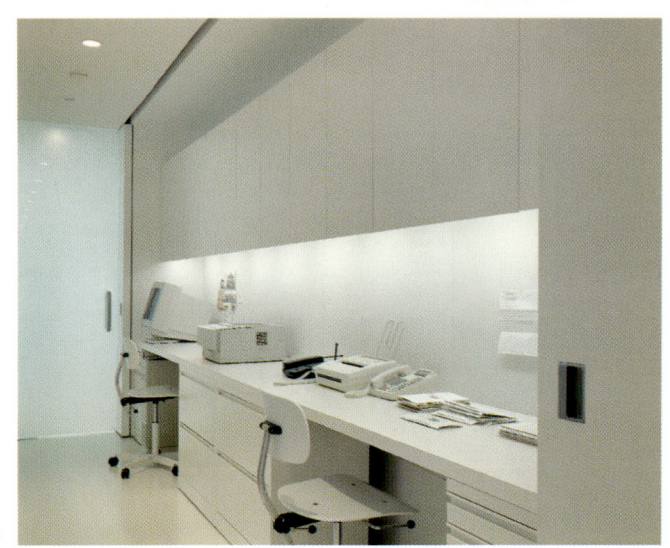

34. Arquitecto: Guillaume Dreyfuss; Fotógrafo: Kurt Arrigo. **35.** Arquitecto: Frank Lupo & Daniel Rowen; Fotógrafo: Michael Moran. **36.** Fotógrafo: Red Cover/Tim Evan Cook.

359

Dentro

360

362

1. Arquitecto: Kar-Hwa Ho; Fotógrafo: Björg Photography. **2.** Fotógrafo: Red Cover/Tim Evan Cook.
3. Arquitecta: Deborah Berke; Fotógrafa: Catherine Tighe.

4. Arquitecto: Ferhan Azman & Joyce Owens; Fotógrafo: Red Cover/Graham Atkins-Hughes.
5. Fotógrafo: Red Cover/Galvin Guglielmo.

5

365

366

6. Arquitecto: Josep Llobet; Fotógrafo: Eugeni Pons. **7.** Arquitecto: The Meusers; Fotógrafo: Mad Mogensen.
8. Diseño: Residentes; Fotógrafo: Ralf Feldmaier.

9

10

368

9, 10. Arquitecto: Lorcan O'Herlihy Architects; Fotógrafo: Undine Pröhl.
11, 12. Arquitecto: Hoyer & Schindele, Fotógrafo: Concrete.

13

14

13, 14. Diseño: Residentes; Fotógrafo: Reto Guntli. **15, 16.** Arquitecto: Michael Mullin; Fotógrafo: Roger Casas.

17. Arquitecto: Claesson Koivisto Rune; Fotógrafo: Patrik Engquist. **18, 19.** Arquitecto: Callas-Shortridge Architects; Fotógrafo: Callas-Shortridge Architects.

18

19

373

20

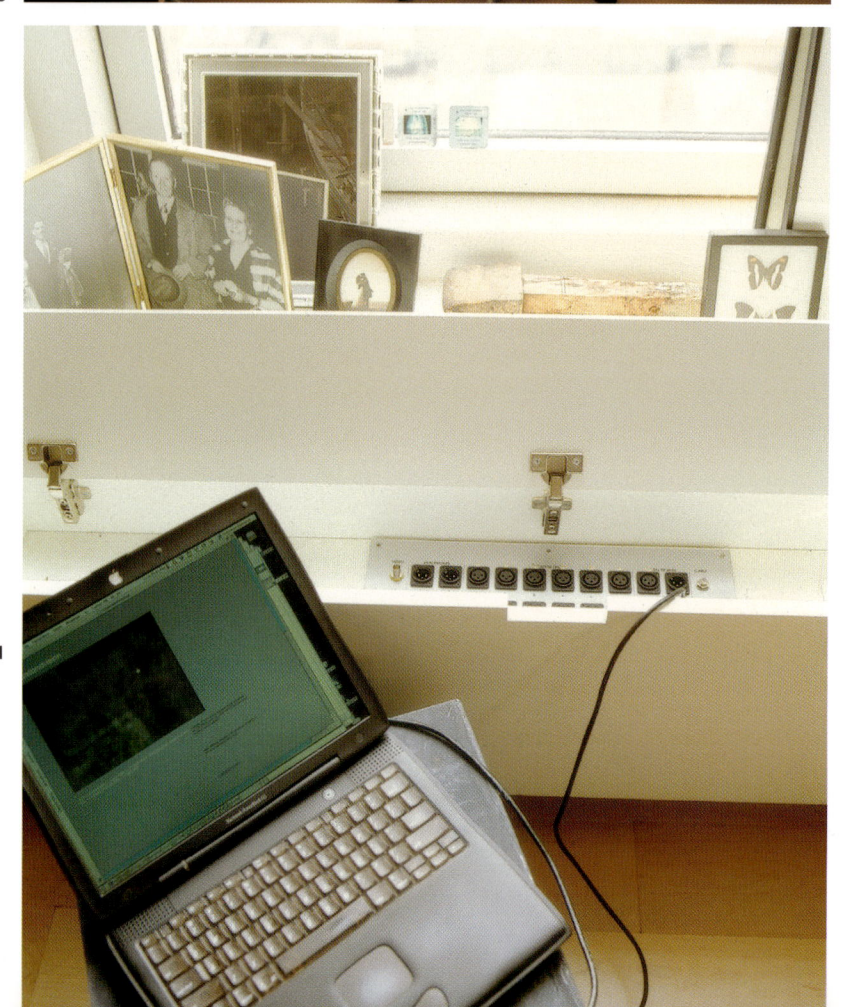

21

374

20, 21. Arquitecto: Desai/Chia Architects; Fotógrafo: Andrew Bordwin. **22.** Arquitecto: Jensen & Macy; Fotógrafo: Roger Casas.

375

23

24

376

25.

26.

23. Fotógrafo: Red Cover/Jake Fitzjones. **24.** Arquitecto: A+D Architecture; Fotógrafo: Roger Casas.
25. Arquitecto: Abcarius & Burns; Fotógrafo: Ludger Paffrath. **26.** Arquitecto: Francesc Rifé; Fotógrafo: Eugeni Pons.

27

27, 28. Arquitecto: Aidlin Darling Design; Fotógrafo: John Sutton (27), César Rubio (28).
Una hacienda de más de 32 Ha con vistas a la costa de Mendocino, que incluye una residencia principal, un garaje aparte y el estudio de un artista. El estudio tiene baño, un espacio para imprimir y un cobertizo.

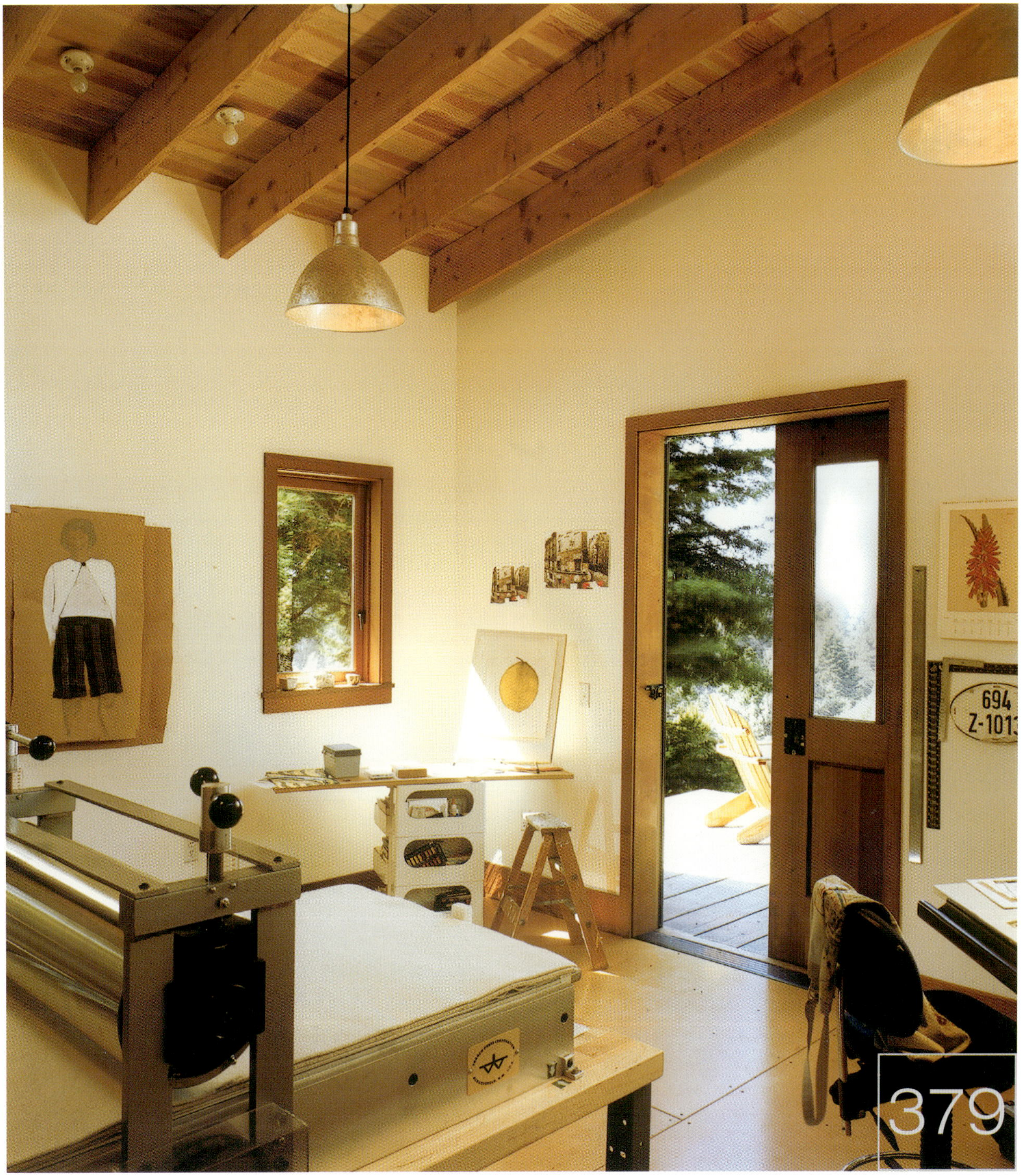

28

Sin soportes

380

1

382 **1.** Fotógrafo: Red Cover/Jake Fitzjones. **2, 3.** Diseñadora de interiores: Catherine Memmi; Fotógrafo: Red Cover/Ken Hayden.

383

4. Arquitecto: Gilles Bouchez; Fotógrafo: Olivier Hallot. **5.** Arquitecto: Claudi Nardi; Fotógrafo: Davide Virdis.
6. Fotógrafo: Red Cover/Grey Crawford.

385

7. Arquitecto: John Wright; Fotógrafo: Red Cover/Ken Hayden. **8, 9.** Arquitecta: Ali Tayar; Fotógrafo: John Hall.

387

10, 11. Arquitecto: Josep P. Kleihues; Fotógrafo: Concrete. **12.** Diseñador de interiores: Eric Gizard; Fotógrafo: Red Cover/Tim Evan Cook.

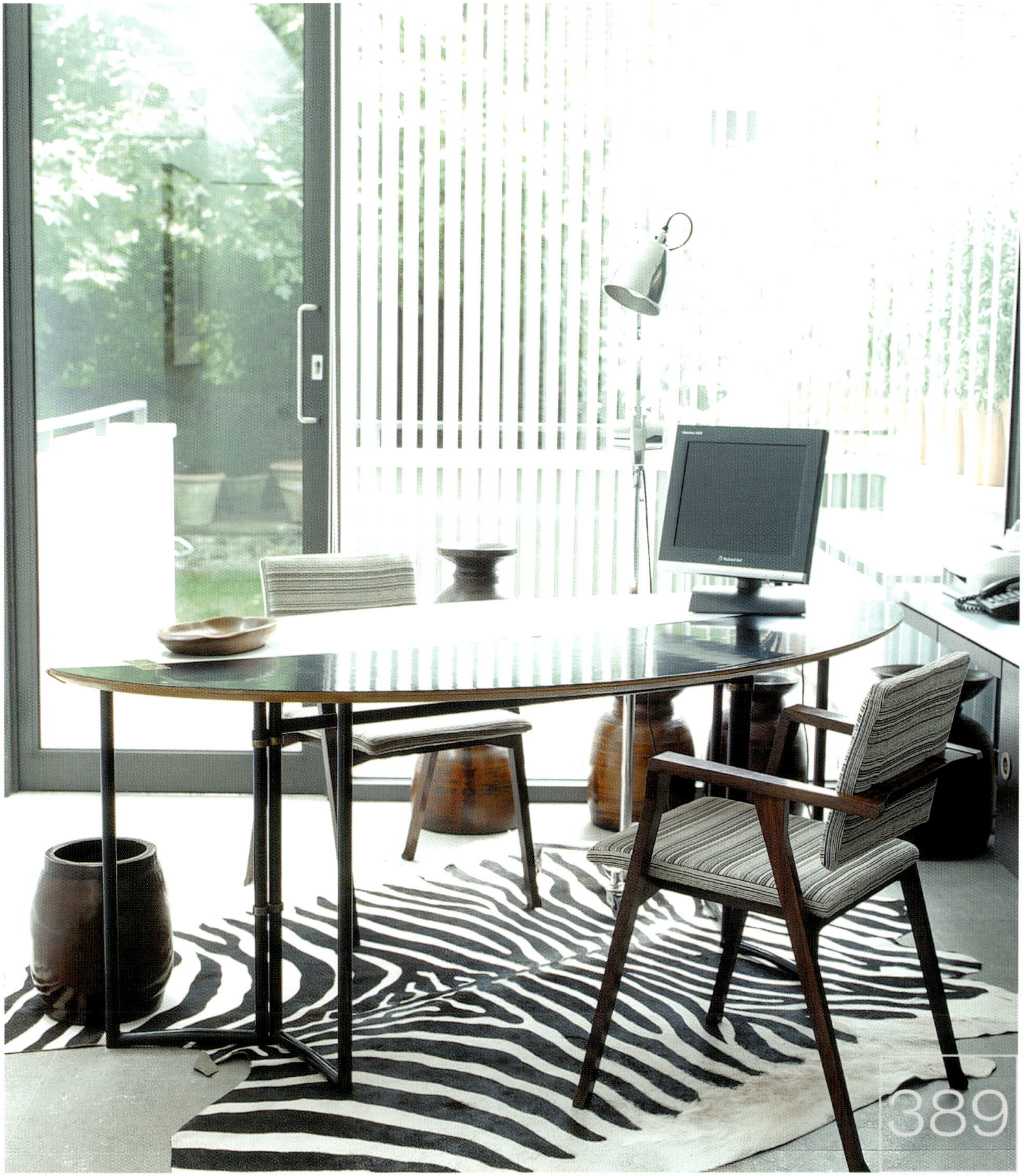

13. Arquitecto: Benson & Forsyth; Fotógrafo: Red Cover/Nick Carter. **14.** Diseñadora: Emily Todhunter; Fotógrafo: Red Cover/Winfried Heinze. **15.** Fotógrafo: Red Cover/Tim Evan Cook.

14

15

391

392

17

18

16, 17, 18. Arquitecto: Aidlin Darling Design; Fotógrafo: John Sutton.
El loft de Beale Street, de 232 m^2, se ubica en un antiguo almacén de cemento. Un estudio de la parte inferior funciona como sala de proyecciones, librería y oficina. Un escritorio, estanterías y armarios archivadores se ocultan mediante paneles correderos de tela que cubren del techo al suelo. El ordenador, el audio y el vídeo quedan ocultos en mobiliario a medida.

19. Arquitecto: Aidlin Darling Design; Fotógrafo: John Sutton.
Residencia de 300 m² aproximadamente, en Vermont Avenue (Moss Beach, California), cercana al mar. La habitación principal del nivel superior alberga una oficina en casa para el estudio de diseño gráfico del propietario.

20, 21. Arquitecto: Aidlin Darling Design; Fotógrafo: J.D. Peterson (20), John Sutton (21). The Vineyard Estate Caretaker's. Residencia de 297m^2 de madera, cristal y tierra golpeada. El espacio de desayuno, con vistas hacia un jardín privado, funciona también como oficina. La mesa de acero inoxidable incorporada tiene electricidad oculta a la vista, teléfono y data ports cat-5, y en la parte cerrada de las estanterías que la flanquean se encuentran la impresora y el fax.

22

23

22. Arquitecto: Child Graddon Lewis; Fotógrafo: Dennis Gilbert/VIEW. **23.** Arquitecto: Francesc Rifé; Fotógrafo: Eugeni Pons; Estilista: Sarah Martin Pearson. **24.** Fotógrafo: Red Cover/Andrew Twort.

25

398   **25.** Arquitecto: Elisa Ovanesoff & Stephen Quinn; Fotógrafo: Jordi Miralles. **26.** Arquitecto: Hartgelb Gruppe; Fotógrafo: Hendrik Blaukat. **27.** Diseño: Residente; Fotógrafo: E. Wentorfe.

26

27

Encima/debajo

400

1. Fotógrafo: Red Cover/Ed Reeve. **2, 3.** Arquitecto: Stephen Chung; Fotógrafo: Eric Roth Photography.

2

3

403

4. Arquitecto: Hoyer & Schindele; Fotógrafo: Concrete. **5.** Arquitecto: Orefelt Associates; Fotógrafo: Alberto Ferrero. **6.** Fotógrafo: Red Cover/Ed Reeve.

405

7

8

406

7. Arquitecto: Voon Wong; Fotógrafo: Henry Wilson. **8.** Arquitecto: Kennedy Violich Architects; Fotógrafo: Undine Pröhl.
9, 10. Arquitecto: Francesc Rifé; Fotógrafo: Eugeni Pons; Estilista: Sarah Martin Pearson.

Mobiliario

408

410

1. Módulo de cocina que incorpora una mesa de mezclas de DJ. Proyecto: Jensen & Macy; Fotógrafo: Roger Casas.
2. Estantería diseñada para colocar libros. Proyecto: Desai/Chia; Fotógrafo: Andrew Bordwin.   **3.** Cajones diseñados para guardar planos arquitectónicos y dibujos. Proyecto: Carles Gelpi; Fotógrafo: Eugeni Pons.   **4.** Escritorio de dibujo y escritura. Fotógrafo: Jordi Sarrá.

3

4

411

5

6

412

5, 6, 7, 8. Oficina, escritorio y accesorios. Fotógrafo: Jordi Sarrá.

9. Diseño: Pearson Lloyd. **10.** Talle por King Miranda Design. **11.** Surf por O. Gossart.

10

11

415

12

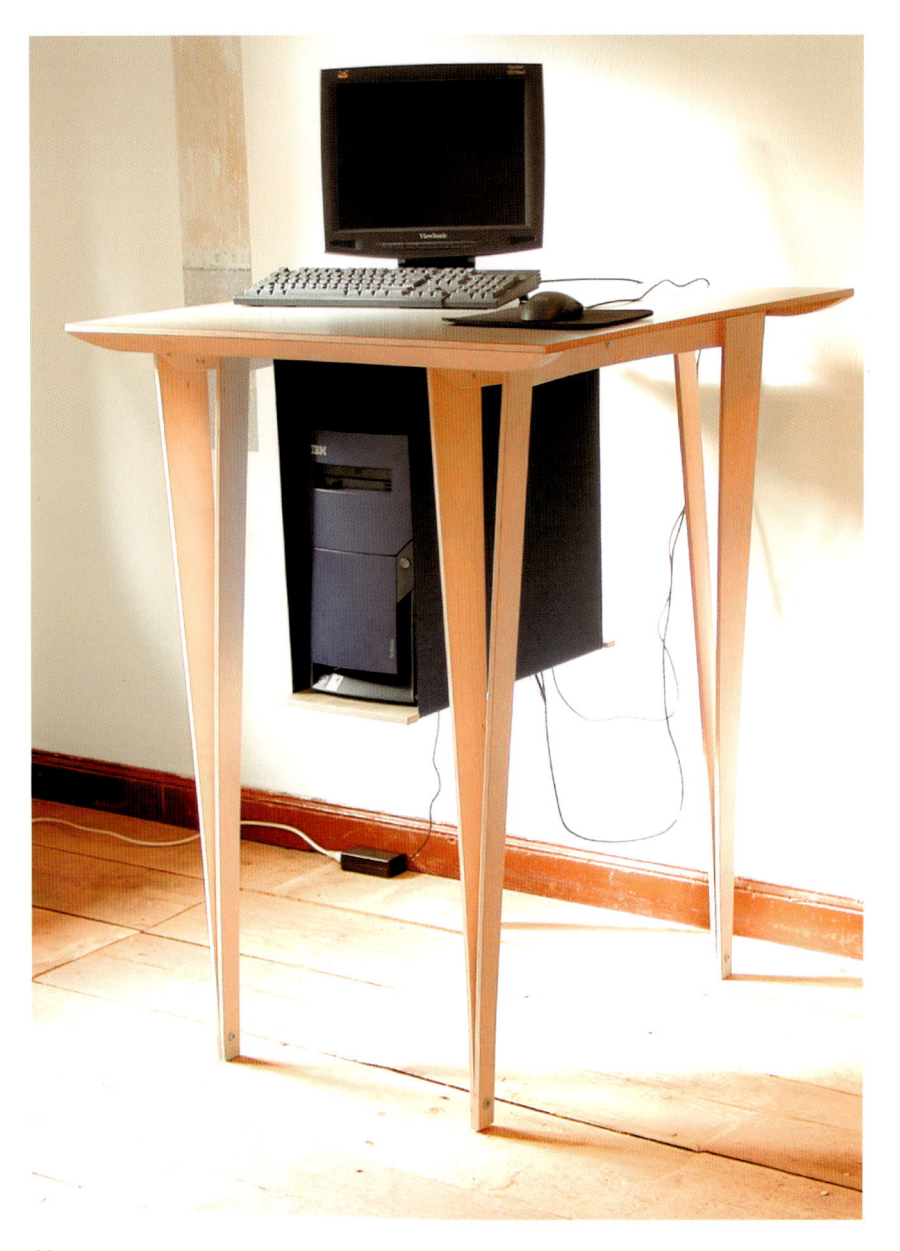

12. Stehtisch mit Rechner por Nils Holger Moormann, Möbel Produktions. **13.** Artica por O.T.S. Sellex.

13

14

15

16

17

418

14, 16, 17. Diseño: Mónica Armani. **15.** Diseño: Ycami. **18.** Diseño: DO+CE.

19. Diseño: Ycami. **20.** Navigator por Bellato; Fotógrafo: Andrea Pitari. **21.** Diseño: Nueva Línea.

20

21

421

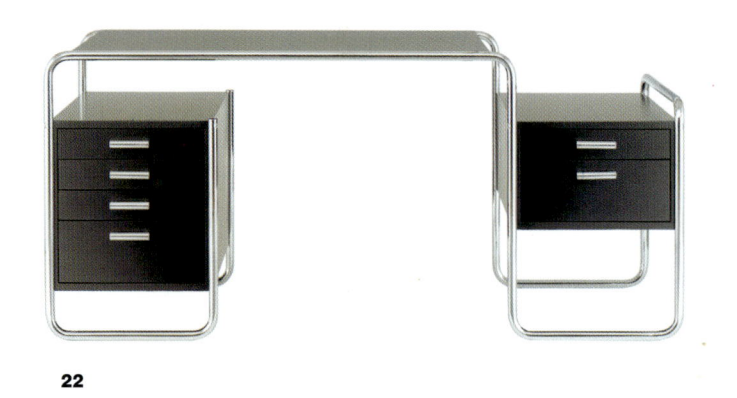

22. Diseño: Marcel Breuer, Thonet; Fotógrafo, Michael Gerlach. **23.** Diseño: Jean-Marc Gady. **24.** Diseño: Pearson Lloyd. **25.** Diseño: Nueva Línea. **26.** Glass por Raul Barbieri para Rexite. **27.** Dry por Prospero Rasulo para Glas.

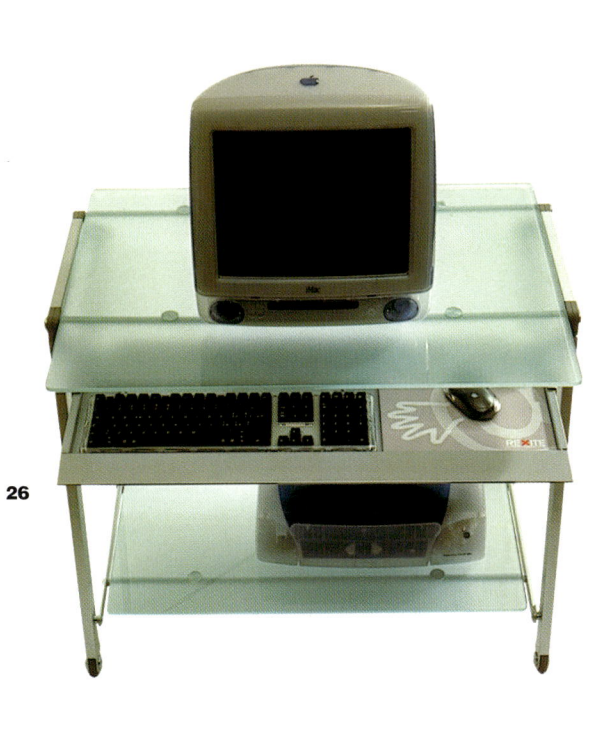

25

26

27

423

Otros títulos de la editorial

La Fundición, 15 Polígono Industrial Santa Ana 28529 Rivas-Vaciamadrid Madrid Tel. 34 91 666 50 01 Fax 34 91 301 26 83 asppan@asppan.com www.onlybook.com

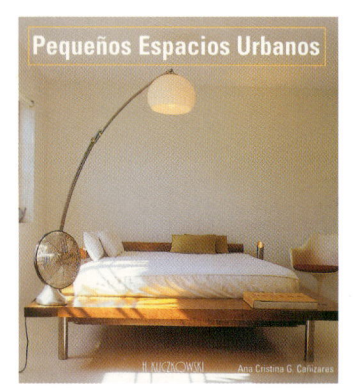

Pequeños espacios urbanos
ISBN (E): 0-7893-0667-0

Cafés. Designer & Design
Cafés. Arquitectura y diseño
ISBN (E/GB): 84-89439-69-9

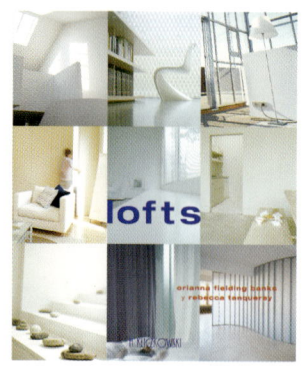

Lofts
ISBN (E): 84-89439-27-3

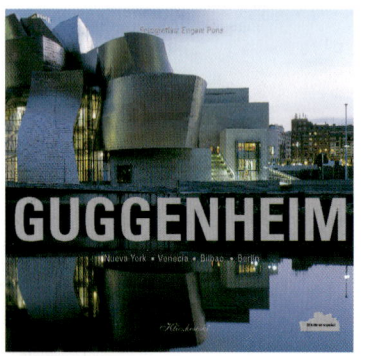

Guggenheim
ISBN (E): 84-89439-52-4
ISBN (GB): 84-89439-53-2
ISBN (D): 84-89439-54-0
ISBN (IT): 88-8058-183-X
ISBN (P): 84-89439-63-X

Offices. Architecture & Design
Oficinas. Arquitectura y diseño
ISBN (E/GB): 84-96137-57-0

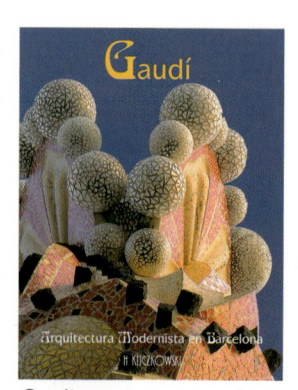

Gaudí, arquitectura modernista en Barcelona/Gaudí, Modernist Architecture in Barcelona
ISBN (E): 84-96048-16-0
ISBN (GB): 84-96048-17-9

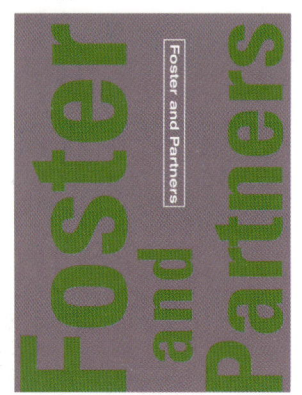

Foster and Partners
SBN (E): 84-96048-01-2

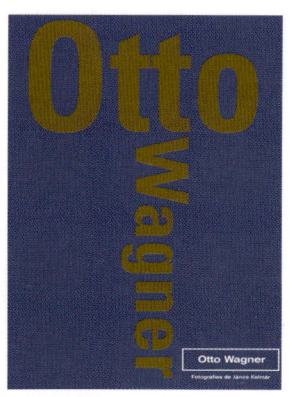

Otto Wagner
ISBN (E): 84-89439-83-4

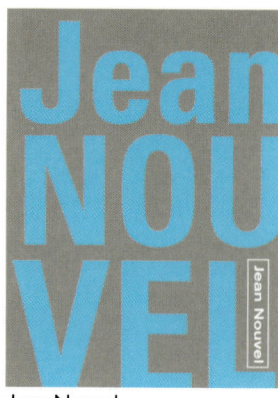

Jean Nouvel
ISBN (E): 84-96048-00-4